Thomas von Aquin

Das Wort

Kommentar zum Prolog des Johannes-Evangeliums

Übersetzt von Josef Pieper

Thomas von Aquin
Einführende Schriften
Band 1

Herausgegeben von
Hanns-Gregor Nissing
und Berthold Wald

Thomas von Aquin

Das Wort
Kommentar zum Prolog des Johannes-Evangeliums

Übersetzt von Josef Pieper

Thomas von Aquin, Einführende Schriften, Band 1,
herausgegeben von Hanns-Gregor Nissing und Berthold Wald

Bibliographische Information
der Deutschen Nationalbibliothek

Die Deutsche Nationalbibliothek verzeichnet diese Publikation in der Deutschen Nationalbibliographie; detaillierte bibliographische Daten sind im Internet über http://dnb.dnb.de abrufbar.

Das Umschlagbild zeigt eine Darstellung des Thomas von Aquin aus dem *Scriptum super quartum librum Sententiarum*, Codex Claustroneoburgensis 309, fol. 5r (13./14. Jhd.), Stiftsbibliothek Klosterneuburg

Hergestellt in der Europäischen Union – Printed in EU

ISBN 978-3-942013-35-2

www.pneuma-verlag.de

Thomas von Aquin

Das Wort

PNEUMA VERLAG

Inhalt

Thomas von Aquin – Einführende Schriften

Übersetzt von Josef Pieper

Vorwort zur Gesamtausgabe

Person und Denken des Thomas von Aquin (1224/5-1274) für unsere Zeit zu erschließen, war eines der zentralen Anliegen im philosophischen Schaffen Josef Piepers (1904-1997). Nicht nur seine „[Kurze Auskunft] Über Thomas von Aquin" (zuerst 1940) oder seine „Hinführung zu Thomas von Aquin" (zuerst 1958, später: „Thomas von Aquin. Leben und Werk", 1986) geben eindrücklich Zeugnis davon. In ihrem Anspruch, den „letzten großen Lehrer der noch ungeteilten Christenheit" über ein akademisches Publikum hinaus einer breiten Öffentlichkeit zugänglich zu machen, besitzen sie unter den Einführungen mittlerweile den Rang von „Klassikern".

Piepers Textsammlungen „Ordnung und Geheimnis. Brevier der Weltweisheit" (1946) und „Das Auge des Adlers. Ein Brevier der Heilslehre" (1947, später zusammengefaßt als „Thomas-Brevier", 1956, dann als „Sentenzen über Gott und die Welt", 1987) zeugen von einer umfassenden Kenntnis des thomanischen Gesamtwerks und einem ausgeprägten Sinn für eine gedankliche Verdichtung seiner Argumentationen. Seine Interpretationen zum „Negativen Element in der Weltsicht des Thomas von Aquin" (1953, später: „Unaustrinkbares Licht", 1963) oder zum Begriff der „Kreatürlichkeit" (1974)[1] oder auch der kleine Aufsatz „Thomas von Aquin als Lehrer" (1949)[2] führen zum Zentrum, aus dem das Denken des Thomas lebt und verständlich wird.

Aber auch Piepers Bücher über die drei theologischen und die vier Kardinaltugenden, die über einen Zeitraum von 38 Jahren entstanden sind und sich wie ein roter Faden durch das Gesamtwerk ziehen, lassen die abendländische Lebenslehre vom menschlichen Richtigsein in beständigem Rückbezug auf die Schriften des Aquinaten lebendig werden. Von der frühen Dissertation „Die Wirklichkeit und das Gute" (1928/1931) über die

---

[1] Vgl. J. Pieper, „Kreatürlichkeit. Bemerkungen über die Elemente eines Grundbegriffs", in: ders., *Werke Bd. 2: Darstellungen und Interpretationen: Thomas von Aquin und die Scholastik*, ed. B. Wald, Hamburg 2001, 441-464.

[2] Vgl. ders., „Thomas von Aquin als Lehrer", in: ders., *Werke Bd. 8,1: Miszellen. Register und Gesamtbibliographie*, ed. B. Wald, Hamburg 2005, 29-39.

Habilitation „Wahrheit der Dinge. Eine Untersuchung zur Anthropologie des Mittelalters" (1944) bis zu den Traktaten über „Glück und Kontemplation" (1957), „Tod und Unsterblichkeit" (1967) oder „Über den Begriff der Sünde" (1977) ist Thomas in fast jeder Schrift als Gesprächspartner und Lehrer präsent – wobei es Pieper nie in erster Linie um die Vermittlung philosophiehistorischen Wissens ging, sondern darum, die im Werk des Thomas formulierten Einsichten in Sinn und Ziel des menschlichen Lebens unter den Bedingungen der gegenwärtigen Existenz fruchtbar zu machen und zu aktualisieren.

Zu dieser Aktualisierung gehörte auch das Unternehmen einer Übersetzung verschiedener Texte des Thomas von Aquin ins Deutsche. Zu unterschiedlichen Zeiten und aus verschiedenen Anlässen entstanden, ergeben sie in ihrer Gesamtheit ein Porträt, das geeignet ist, nicht nur einen Zugang zum Denken des Thomas zu eröffnen, sondern auch seine geistige wie geistliche Persönlichkeit sichtbar werden zu lassen. In der mit diesem Band beginnenden Reihe „Thomas von Aquin – Einführende Schriften. Übersetzt von Josef Pieper" sollen sie erstmals gesammelt herausgegeben werden.

Die von Pieper getroffene Auswahl unterscheidet sich dabei in signifikanter Weise von den üblicherweise bekannten und rezipierten Texten des Thomas, wie sie etwa in philosophiegeschichtlichen Einführungen oder in Schulbüchern anzutreffen sind und sein Bild in ganz bestimmter Weise geprägt haben. Thomas erscheint dort zumeist als typisch mittelalterlicher Repräsentant eines harmonischen Ausgleichs zwischen Vernunft und Glaube, als Vertreter von Gottesbeweisen, welche die Existenz Gottes mit den Mitteln der natürlichen Vernunft erschließen, als spekulativer Metaphysiker und als paradigmatischer Vordenker der politischen Ordnung im Hochmittelalter. Die „Fünf Wege" (*quinque viae*) der *Summa theologiae* (I, 2, 3) sowie die Opuscula „Vom Seienden und vom Wesen" (*De ente et essentia*) und „Von der Herrschaft des Fürsten" (*De regno*) sind zentrale Bezugstexte für eine solche Wahrnehmung.

Demgegenüber macht die von Pieper getroffene Textauswahl Thomas vor allem als biblischen Theologen und als Predigerbruder sichtbar – und kommt damit dem Kern seines Selbstverständnisses wesentlich näher. Denn die Lebensform des Dominikanermönchs und seine Aufgabe als Magister der Theologie, die er an der Universität Paris und an den Generalstudien der Dominikaner in Orvieto, Rom und Neapel wahrnahm, waren für sein Leben und Schaffen von prägender Bedeutung: „Im Grunde ist er die ganze Zeit und an jedem Orte vor allem eines: Lehrer. [...]. In der *Summe wider die Heiden*, in dem ersten großen systematischen Entwurf, an den er sich wagt, findet sich eine schamhafte, indirekte Hindeutung auf das, was er als seine Lebensaufgabe, als *propositum nostrae intentionis*, betrachtet; aber sogleich gibt er einem anderen das Wort, um sich darin zu verbergen: ‚um die Worte des Hilarius zu gebrauchen: ›Ich bin mir bewußt, es Gott schuldig zu sein, dies als die vornehmste Pflicht meines Lebens zu sehen, daß all mein Sinnen und Reden Kunde gebe von Ihm‹'". [3]

Gemäß der Studienordnung der mittelalterlichen Universität oblag dem theologischen Magister die dreifache Aufgabe, zu lesen (*legere*), zu disputieren (*disputare*) und zu predigen (*praedicare*): Hatte die wissenschaftliche Tätigkeit in der Lesung (*lectio*) autoritativer Schultexte (der Heiligen Schrift, der Kirchenväter, der Philosophen) ihre Wurzel, so ergaben sich daraus mit Notwendigkeit Fragen (*quaestiones*), die in der Form des mittelalterlichen Streitgesprächs, der *disputatio*, zu verhandeln waren. In der Verkündigungsform der Predigt schließlich fand das wissenschaftliche Bemühen von Lesung und Disputation seinen Abschluß und sein eigentliches Ziel.[4]

Um diese drei Tätigkeiten des mittelalterlichen Magisters lassen sich auch die von Pieper übersetzten Thomas-Texte ordnen.

– So zeigt die Auslegung zum Prolog des Johannes-Evangeliums (*Joh* 1,1-18) Thomas als biblischen Theologen, der in der Lesung und Interpretation der ersten Verse des vierten Evangeliums die Lehre vom Ewigen, Fleisch gewordenen Wort eruiert, die für ihn gleichermaßen das Prinzip und Fundament seiner Bibelauslegung wie seines Daseins als Predigerbruder ist („Das Wort", zuerst 1935, 2. völlig neu bearbeitete Auflage 1955).

– Im Traktat zum Sakrament der Eucharistie aus der *Summa theologiae*, der in der Form von Quaestionen und Artikeln verfaßt ist, begegnet Thomas vor allem als disputierender „Problematiker" (E. Przywara), der die wirkliche Gegenwart Christi unter den eucharistischen Gestalten mit Hilfe der philosophischen Kategorien des Aristoteles erschließt. Zugleich enthält der Traktat in wissenschaftlicher Gestalt jene Lehre vom Altarsakrament,

---

[3] J. Pieper, *Thomas von Aquin. Leben und Werk*, in: ders., *Werke Bd. 2: Darstellungen und Interpretationen: Thomas von Aquin und die Scholastik*, ed. B. Wald, Hamburg 2001, 233 und 236.

[4] Zum Ganzen vgl. M.-D. Chenu, *Das Werk des Thomas von Aquin*, Graz u.a. ^{2}1982, 83-107.

die Thomas in poetischer Form mit den Hymnen und der Sequenz zum Fronleichnamsfest der Kirche als sein geistliches Vermächtnis hinterlassen hat („Das Herrenmahl", 1937).

– Die Predigtreihen zum Apostolischen Glaubensbekenntnis, zum Vater unser und zu den Zehn Geboten schließlich geben den Prediger Thomas zu erkennen, der die Komplexität seiner wissenschaftlichen Überlegungen zu bündeln und in pointierter Weise geistlich fruchtbar zu machen versteht (zusammengefaßt in: „Thomas-Fibel", zuerst 1936). Ihren Zusammenhang finden diese Auslegungen in der Einsicht, daß die genannten Texte dem Christen das Wesentliche darbieten, was er zu glauben (das Bekenntnis des Credo), was er zu erhoffen (das Gebet des Vater unser) und war er zu lieben hat (die Vorschriften der Zehn Gebote einschließlich des Doppelgebots der Gottes- und Nächstenliebe). Mit der Strukturierung durch die drei theologischen Tugenden Glaube, Hoffnung und Liebe (vgl. 1 *Kor* 13,13) aber tragen sie überdies eindeutig die Handschrift der thomanischen Tugendethik, wie sie insbesondere in seinem Hauptwerk, der *Summa theologiae*, zum Tragen kommt.[5]

Zweifellos sind die genannten Texte primär theologischen Inhalts und machen Thomas in erster Linie als Theologen sichtbar (der er seiner „Profession" nach ja auch war). Doch geben sie ihn zugleich in seinem spezifisch philosophischen Denkstil zu erkennen, für den die Natur und die Schöpfung, und insbesondere der Mensch, der Ausgangs- und Bezugspunkt ist, um die Wirklichkeit Gottes zu erkennen. Mit ihren begrifflichen Klärungen und Argumenten eröffnen sie überdies zentrale Zugänge zu den wesentlichen Grundmotiven seines Denkens.

Erklärtes Ziel der Übersetzungen Piepers war die Erstellung von Lesetexten, die den „Sprachhabitus des heiligen Thomas", vor allem aber „die Schlichtheit seiner Sprache" bewahren:[6] Pieper „versuchte einfach die Gedanken des Thomas so schlicht, klar und durchsichtig wie möglich ins Deutsche zu übertragen, ohne Aufwand, ohne Applomb, ganz natürlich und unwillkürlich –

---

[5] Vgl. Thomas von Aquin, *Auslegung zu den Zehn Geboten*, Prolog (n. 1128): „Drei Dinge sind für den Menschen heilsnotwendig: die Kenntnis dessen, was er glauben muß, die Kenntnis dessen, um was er beten muß, und die Kenntnis dessen, was er tun muß. Das erste wird im Glaubensbekenntnis gelehrt, das zweite im Gebet des Herrn, das dritte aber im Gesetz."

[6] J. Pieper, *Noch wußte es niemand*, in: ders., *Werke. Erg.-Bd. 2: Autobiographische Schriften*, ed. B. Wald, Hamburg 2003, 120.

und siehe da: ein Denk- und Sprechstil trat ans Licht, der philosophischen Texten, die als unlesbar, zumindest als schwer verständlich gegolten hatten, ein neues breites Publikum erschloß."[7] Mit diesem Anliegen entsprach Pieper bewußt jener Orientierung am allgemeinen Sprachgebrauch, der seit Aristoteles als die natürliche Grundlage philosophischen Nachdenkens gilt:[8] „Für die wahrhaft philosophische Äußerung [...] kommt es darauf an, in einem sehr genauen Umgehen mit der Sprache die im Grunde jedermann vertraute Aussagekraft des natürlich gewachsenen Wortes auf solche Weise vernehmlich zu machen, daß der gleichfalls jedermann betreffende Gegenstand der Weisheitssuche vor die Augen kommt und im Blick bleibt".[9] Hierbei konnten die besonderen stilistischen Fähigkeiten Piepers zur Entfaltung kommen, die auch für seine philosophischen Werke namhaft gemacht worden sind: „Das Deutsch dieses Philosophen quält den Leser nicht, es setzt ihm nicht zu, es spricht ihn ruhig an. Es breitet sich nicht pompös und herrisch fordernd aus. Piepers Sprache ist lakonisch genau, durchsichtig, nirgends unnötig schwer oder künstlich leicht - sie hat etwas Ausgeruhtes, Normales."[10] - Und was für den Umfang der Pieperschen Schriften gilt, gilt auch für seine Übersetzungen: sie sind schmal und überschaubar, „sie besitzen [...] ein menschliches Maß"[11].

Den guten Traditionen zweisprachiger Übersetzungen folgend, wurde in der vorliegenden Ausgabe auf die Hinzufügung des lateinischen Originaltextes nicht verzichtet. Ein Vorwort ordnet die übersetzte Schrift überdies historisch in den Zusammenhang von Leben und Werk des Thomas von Aquin ein und erläutert ihre Entstehung, ihren Aufbau sowie zentrale theologische und philosophische Begrifflichkeiten und Argumente.

---

[7] H. Maier, „Das Heilige denken. Zum Werk Josef Piepers", in: H. Fechtrup u.a. (ed.), *Aufklärung durch Tradition. Symposion der Josef-Pieper-Stiftung zum 90. Geburtstag von Josef Pieper, Mai 1994 in Münster,* Münster 1995, 28-40, hier: 32.

[8] Vgl. Aristoteles, *Topik* II 2 (109a29), aufgenommen von Thomas zu Beginn der *Summa contra gentiles* I 1 (n. 2).

[9] So J. Pieper programmatisch in dem Aufsatz „Der Philosophierende und die Sprache. Bemerkungen eines Thomas-Lesers" (in: ders., *Werke, Bd. 3: Schriften zum Philosophiebegriff,* ed. B. Wald, Hamburg 2004, 199-211) mit entsprechenden Bemerkungen zur mitunter allzu terminologischen Künstlichkeit bestimmter Thomas-Übersetzungen ins Deutsche.

[10] H. Maier, „Das Heilige denken. Zum Werk Josef Piepers" (Anm. 5), 33.

[11] *Ebd.*

Für die Umsetzung des Projekts und die allzeit gute, ja: freundschaftliche Zusammenarbeit gilt unser Dank dem Leiter des Pneuma Verlages, Dr. Dr. Thomas Schumacher. Für die gründliche Durchsicht des Manuskripts danken wir Frederik Brand und André Hille.

Hanns-Gregor Nissing Berthold Wald

Hanns-Gregor Nissing

Zeuge des Wortes

Thomas von Aquin und sein Kommentar zum Prolog des Johannes-Evangeliums

Der Kommentar zum Prolog des Johannes-Evangeliums (*Joh* 1,1-18) muß als einer der zentralen Texte im Werk des Thomas von Aquin (1224/25-1274) gelten. In ihm kristallisieren sich die verschiedenen Elemente seiner Person und seines Schaffens:

(1) seine Berufung zum Dominikanermönch in der Nachfolge Christi, die in besonderer Weise im Zeichen der Verkündigung des Wortes stand;

(2) seine besondere Nähe zum Denken des Aristoteles (384-322 v. Chr.), dessen Inhalte und logische Methode er für das christliche Denken fruchtbar zu machen wußte;

(3) sein Selbstverständnis als Magister der Theologie, für den das Wort Gottes und seine Auslegung Quelle und Ursprung aller weiteren systematischen Entfaltung war;

(4) seine persönliche gedankliche Entwicklung, in welcher er in der Thematik des Prologes offenbar einen Gegenstand von solcher Wichtigkeit erkannte, daß er ihm immer neue Lösungsansätze widmete, ehe sein Verständnis des göttlichen Wortes im *Johannes-Kommentar* schließlich eine endgültige Gestalt fand; ja:

(5) seine Theologie insgesamt, die in den ersten Versen des vierten Evangeliums ihren archimedischen Punkt zu haben scheint, von dem aus die verschiedenen Themen und Traktate der thomanischen Theologie zugänglich werden können.

Nicht zu Unrecht hat man den *Johannes-Kommentar* daher als „das theologische Werk par excellence" des Thomas von Aquin bezeichnet und ihm „einen einzigartigen Platz" unter seinen Schriften eingeräumt.[1] Die Auslegung sei „ein wahres Meisterstück seiner Art in der mittelalterlichen Literatur" und zeige den Geist des Thomas „auf seinem Gipfel".[2] Zumal der Kommentar

[1] Vgl. M.-D. Philippe (1981), 10.

[2] Vgl. J. Weisheipl (1980), 8 und 16. – Ebenso C. Spicq (1946), 695.

zum Prolog gilt in seiner Verbindung von systematischer Geschlossenheit und sachlicher Vollständigkeit als „Höhepunkt in der Rezeptionsgeschichte dieser neutestamentlichen ‚magna Charta' des Christentums"[3], ja: als „die großartigste Formulierung der Logos-Lehre, die sich in der abendländischen Theologie überhaupt finde[t]"[4]. Er zeigt eine „durchweg zu spürende Liebe des Verfassers zu dessen Gegenstand"[5] und „enthüllt uns, was zutiefst in seinem Herzen ist"[6]. – Schon die Zeitgenossen bedachten den Kommentar im ältesten offiziellen Katalog der Schriften des Thomas von Aquin am Ende des 13. Jahrhunderts mit der bewundernden Bemerkung: „qua non invenitur melior".[7]

1. Biblische Ursprünglichkeit: In der Nachfolge des armen Predigers Christus

Ganz im Zeichen des Wortes Gottes hatte der hl. Dominikus (um 1170-1221) die Gemeinschaft der Predigerbrüder im Jahre 1216 in Toulouse gegründet:

(1) *Leben in Armut*. – Das Ideal des apostolischen Lebens, wie es in der Heiligen Schrift durch das Beispiel Christi und seiner Jünger bezeugt war, galt den ersten Dominikanern als Vorbild, das man in größtmöglicher Buchstäblichkeit nachzuahmen und für die eigene Lebensform umzusetzen gedachte. Es bestand – und dies war ein vollkommenes Novum in der Konzeption eines Ordens – vor allem im Verzicht auf jeglichen Luxus und in einem Leben in radikaler Armut. Die Predigerbrüder bewegten sich damit bewußt auf den Spuren der evangelischen Armutsbewegung, die sich seit dem 12. Jahrhundert in Südfrankreich und Nordspanien im Anliegen einer Erneuerung der Kirche aus ihren Ursprüngen gebildet hatte, jedoch in ihrer Radikalität in Irrlehre und Ketzerei abgeglitten war. Zu „leben wie die Ketzer, aber […] [zu] lehren wie die Kirche" (H. Grundmann), war, auf ein Schlagwort gebracht, der Anspruch des Predigerordens.

---

[3] M. Enders (2011), 145, der die organische Verbindung von metaphysisch-prinzipientheoretischer und heilsgeschichtlich-offenbarungstheologischer Perspektive herausstellt.

[4] J. Pieper (^{3}1955), 7.

[5] C. Berchtold (2000), 48.

[6] Vgl. M.-D. Philippe (1981), 10.

[7] Vgl. M. Grabmann (^{3}1949), 265. – Vgl. I.T. Eschmann (^{2}1961), 398: „This exposition has been much admired from the earliest days to our own age" (mit weiteren Zitaten aus der handschriftlichen Tradition).

(2) *Studium und Wissenschaft*. – Ihre zentrale Sendung erkannten die Dominikaner darin, durch Predigt und Verkündigung die Wahrheit zu lehren und die Irrtümer zu widerlegen (eine Aufgabe, die bis dato Privileg der Bischöfe war). Dazu bedurfte es einer entsprechenden Kenntnis der Heiligen Schrift, der Quelle aller Predigt, durch Betrachtung und Studium. Von Anfang an war daher die intensive Beschäftigung mit der Bibel ein Schwerpunkt im Leben der Konvente und in der theologischen Ausbildung der Brüder. So entstanden die erste Gesamtausgabe der Vulgata, der lateinischen Bibelübersetzung, und die frühsten Wortkonkordanzen im Umkreis des Pariser Dominikanerkonvents St. Jacques.[8]

Der junge Thomas hatte den Orden der Predigerbrüder 1244 in Neapel kennengelernt und sich ihm gegen den Willen seiner Eltern angeschlossen, die ihn ursprünglich für ein mönchisches Leben in der Benediktinerabtei Monte Cassino ausersehen und seinen Ordenseintritt mit Nachdruck bekämpft hatten.[9] Als Magister der Theologie an der Universität in Paris – ein Amt, das Thomas während seines Lebens gleich zweimal innehatte (1252-59 und 1268-72) – sollte es ihm zukommen, dem Orden im sog. „Mendikantenstreit" seine theologische Legitimation innerhalb der Gesamtkirche zu geben und ihm ein Selbstverständnis zu vermitteln, „das ihn beinahe ebenso prägte wie das die Verfassung von 1228 auf rechtlicher Ebene getan hatte."[10] – Die von Thomas gefundene Kurzformel, die das Ideal der Predigergemeinschaft zusammenfaßte, lautete: „Contemplata aliis tradere" – „Die Früchte der Betrachtung anderen weitergeben"[11]. Die ungewöhnliche Leidenschaftlichkeit, mit der der ansonsten so gemäßigte und zurückhaltende Thomas im Rahmen der universitären Streitigkeiten für dieses Ideal focht, zeigt, „daß er es hier mit dem für ihn Wertvollsten, mit der Berufung, für welche er seit seiner Jugend kämpft, zu tun hat."[12] – Das intensive Studium der Heiligen Schrift galt ihm dabei als

---

[8] Vgl. M.-D. Chenu ([2]1982), 271ff,; C. de Hamel (2002), 114-139.

[9] Bekannt ist die Gefangennahme auf der Burg Roccasecca und der Verführungsversuch durch eine Kurtisane: vgl. J.-P. Torrell (1995), 30-34.

[10] U. Horst (1995), 10. – Eben hierin bestand die Aufgabe der „zweiten" Generation der Dominikaner: in der Integration ihrer Sendung in die Philosophie und Theologie ihrer Zeit: „Theologie, Seelsorge und Predigt werden zu einer Einheit gefügt, die die Ideale des Stifters in die gelehrte Sprache einer späteren Zeit übersetzt, um ihnen Dauer zu verleihen" (*ebd.*, 11).

[11] Vgl. Thomas, *S.th.* II-II 188, 6 c.

[12] J.-P. Torrell (1995), 109.

um der Heiligen Schrift galt ihm dabei als erstes Prinzip und Fundament aller lehrenden Weitergabe:

> *Die Worte Christi in der Heiligen Schrift müssen wir so aufnehmen, als würden wir sie aus dem Mund des Herrn selbst hören.*[13]

So heißt es in einer Streitschrift, mit der Thomas das dominikanische Ordensleben empfehlen will und die zugleich viel von seiner persönlichen Motivation zum Ordenseintritt verrät.[14] Der Lehrer Christus, der „doctor doctorum" und „magister magistrorum"[15], ist für ihn daher – angefangen von der frühen Antrittsvorlesung in Paris über die Ausführungen in der *Quaestio disputata de magistro* bis hin zur Darstellung des Lebens Jesu in der IIIa Pars der *Summa theologiae* – der entscheidende Maßstab für sein eigenes Selbstverständnis als Prediger und Lehrer.

Im Prolog des Johannes-Evangeliums nun findet Thomas die letzte und tiefste Begründung dieser Sicht: Christus ist nicht nur Lehrer und Verkünder des Wortes Gottes, er ist das göttliche Wort selbst. Und in diesem Wort hat nicht nur jedes Wort in Predigt und Theologie, hat nicht nur jedes Wort der Heiligen Schrift, sondern jedes Wort des Menschen überhaupt seine Quelle und seinen Ursprung: Alle Wesen, die ein Wort besitzen oder sprechen, sind Sprechende (*dicentes*) aufgrund ihrer Teilhabe an dem einen ewigen, göttlichen Wort (vgl. I 1, n. 33).[16] Und alle Worte der Heiligen Schrift, alle Worte der Prediger und theologischen Lehrer stammen von ihm und künden von ihm. In ihrer Vielzahl sind sie überdies zugleich nicht imstande, das Eine Wort erschöpfend zum Ausdruck zu bringen. Dies ist, so Thomas, der Grund dafür, weshalb der Evangelist Johannes am Ende seines Evangeliums davon spricht, daß „wenn man alles aufschreiben wollte, [was Jesus gesagt und getan hat], die ganze Welt die Bücher nicht fassen könnte, die man schreiben müßte"

[13] Thomas, *Contra retrah.* 9 (C 55, Z. 103-105). – Vgl. *Super Ps.* 21,11, wo er die Heilige Schrift das „Herz Christi" nennt.

[14] Vgl. hierzu U. Horst (2009).

[15] Vgl. Thomas, *Princ. bibl.* I (n. 1212).

[16] Vgl. Thomas, *Super Ad Hebr.* IV 2 (n. 217): „Von ihm leiten sich alle anderen Worte her. [...] Daher ist dieses Wort der Ausdruck (*expressio*) aller Worte, sozusagen ihre Quelle". – Verweise auf den in diesem Band edierten Text bzw. die Übersetzung Piepers erscheinen in Klammern im Text, alle übrigen Verweise in den Fußnoten.

(*Joh* 21,25).[17] Es ist eben diese Unausschöpflichkeit des Einen Wortes, die das Amt des theologischen Lehrers zugleich notwendig und sinnvoll macht.[18]

Durch seinen besonderen Gegenstand ist das vierte Evangelium ohnehin gegenüber den drei anderen ausgezeichnet: während jene die Menschheit Christi in ihren verschiedenen Dimensionen darstellen, hat dieses die Göttlichkeit Christi, genauer gesagt: die Erkenntnis der Göttlichkeit des Wortes (*cognitio divinitatis Verbi*) zum zentralen Thema.[19] Während

> *die anderen drei Evangelisten sich damit beschäftigen, was Christus im Fleisch vollbracht hat [...], schaut Johannes, der über dem Nebel der menschlichen Schwäche fliegt, das Licht der unveränderlichen Wahrheit mit höchsten und sichersten Augen des Herzens [...], er schaut nämlich das Wort Gottes selbst im Schoß des Vaters.*[20]

Der Evangelist Johannes gilt Thomas daher als Inbegriff und Verkörperung des kontemplativen Menschen: hierauf deutet schon sein Name „Johannes" = „In ihm ist Gnade" hin („weil die Geheimnisse der Göttlichkeit niemand sehen kann, außer denen, die die Gnade Gottes in sich haben"), hierzu befähigt ihn in besonderer Weise die Tugend der Jungfräulichkeit („solchen nämlich kommt es zu, den Herrn zu sehen")[21], hierzu hat ihn

---

[17] Thomas, *Super Ioan.* XXI 6 (n. 2660): „Die unendlichen Worte der Menschen können nämlich nicht an das Eine Wort Gottes heranreichen. So ist vom Beginn der Kirche stets von Christus geschrieben worden, jedoch nie hinreichend. Und wenn auch die Welt zehntausend Jahre dauern würde, könnten die Bücher, die von Christus gemacht würden, nicht vollkommen bis ins Einzelne entfalten, was er gesagt und getan hat" (Übersetzung hier und im folgenden von mir).

[18] Vgl. Thomas, *S.th.* III 42, 4 c., wo dies zudem mit der Tatsache belegt wird, daß Christus seine Lehre nicht schriftlich hinterlassen hat: „Wenn er aber etwas geschrieben hätte, hätte seine Lehre unmittelbar zu allen gelangen können. Daher heißt es von der Weisheit in *Spr* 9,3, daß sie ihre Mägde ausgesandt hat, um in ihre Burg zu rufen."

[19] Vgl. Thomas *Super Ioan.* prol. (n. 11); *Princ. bibl. II* (n. 1208).

[20] *Ebd.*; vgl. ferner I 1 (n. 66).

[21] Thomas greift hiermit eine Information aus dem Prolog des Hieronymus zur Vulgata-Übersetzung auf, in der dieser den Verfasser des vierten Evangeliums als denjenigen von den Jüngern des Herrn vorstellt, „der jungfräulich von Gott erwählt wurde, den von der Hochzeit, da er heiraten wollte [die Hochzeit zu Kana], Gott rief. Ihm wird darin ein zweifaches Zeugnis der Jungfräulichkeit gegeben im Evangelium; sowohl daß er vor den anderen von Gott geliebt genannt wird; und ihm

der Herr selbst auserwählt als „Jünger, den er liebte" und der beim letzten Abendmahl an seiner Brust ruhte („denn seine Geheimnisse hat er diesem besonders geliebten Jünger besonders mitgeteilt").[22] Sein Evangelium selbst ist Ausdruck seiner Schau.

Zugleich richtet sich Johannes mit seiner Botschaft gegen die Irrlehren:

> *Weil, nachdem die anderen Evangelisten ihre Evangelien geschrieben hatten, Irrlehren aufgekommen sind hinsichtlich der Göttlichkeit Christi, die besagten, daß Christus ein bloßer Mensch war, so wie Ebion und Cerintus fälschlich meinten, deshalb hat der Evangelist Johannes, der die Wahrheit der Göttlichkeit des Wortes aus der Quelle der göttlichen Brust selbst geschöpft hat, auf die Bitten der Gläubigen hin, dieses Evangelium geschrieben, in dem er uns die Lehre von der Göttlichkeit Christi überliefert und alle Häresien widerlegt hat.*[23]

Gerade in dieser doppelten Gestalt von Kontemplation und Lehre, von Verkündigung der Wahrheit und Widerlegung der Irrtümer, aber scheint das Evangelium des Johannes nicht weit entfernt zu sein von dem oben beschriebenen ursprünglichen Ideal der Predigerbrüder.

Über die allgemeine Wertschätzung hinaus, die der Prolog des Johannes-Evangelium von jeher in der christlichen Theologie als „Höhepunkt der Offenbarung", als „Vollendung der Schriften des Neuen Testaments"[24], als „Credo des christlichen Glaubens"

---

vertraute der Herr, als er am Kreuz hing, seine Mutter an, damit die Jungfrau der Jungfräuliche rettete" – Zur Sicht des Johannes vgl. ferner *Super Ioan*. XXI 6 (n. 2652-2654).

[22] Thomas stellt eine Analogie her zwischen Johannes, der an der Brust Jesu geruht und aus dieser intimen Kenntnis seine Botschaft verkündet hat, und Christus selbst, der im Schoß des Vaters ruht und Kunde brachte. – Vgl. dazu *Super Ioan*. XIII 4 (n. 1807).

[23] Die Ebioniten waren Judenchristen in Palästina, Syrien und auf Zypern, die Jesus für einen natürlichen Menschen hielten, der zwar nicht Gott war, aber von Gott mit besonderen Gaben versehen wurde. Sie hatten vermutlich Einfluß auf die Entstehung des Islams. – Cerinth war ein um 100 vermutlich in Ephesus lebender Gnostiker, der eine Trennung des „oberen Christus" von dem Menschen Jesus vor der Kreuzigung lehrte. – Irenäus von Lyon, *Adversus haereses* III 11, bezeugt den Kampf des Johannes gegen die Ebioniten und Cerinth.

[24] Vgl. M.-D. Philippe (1981), 7ff.

oder „Matrix im Verstehen der Botschaft des Christentums"[25] gefunden hat, besitzen die ersten Verse des vierten Evangeliums für die Theologie des Thomas von Aquin eine *gedanken- und stilprägende Bedeutung*.

(1) *Die vorrangige Bezeichnung für Christus.* – Sie zeigt sich etwa an der Favorisierung des Namens „Verbum" bzw. „Verbum incarnatum" zur Bezeichnung Christi. Nicht nur in der Christologie im dritten Teil der *Summa theologiae* erscheint dieser Name gewissermaßen als der „Lieblingsname"[26], unter dem Thomas von Jesus spricht und den er anderen in der Heiligen Schrift bezeugten Namen, wie „Sohn" (*Filius*; vgl. *Mt* 3,17 par., *Mt* 17,5 par.; *Apg* 13,33; *Hebr* 1,5), „Ebenbild" (*Imago*; vgl. 2 *Kor* 4,4; *Kol* 1,15) oder „Lichtglanz" (*Splendor*; vgl vgl. *Hebr* 1,3), eindeutig vorzieht. Denn gerade er bringt, so Thomas, den besonderen geistigen Charakter des Hervorgehens des Sohnes, die Immaterialität und Impassibilität seines Gezeugt- oder Geborenwerdens zum Ausdruck – und bezeichnet damit zugleich eine besondere Dynamik (vgl. I 1, n. 42).[27] In diesem Sinne erschließen die volks-tümlichen *Auslegungen zum Apostolischen Glaubensbekenntnis* (*Collationes in Symbolum Apostolorum*) die thomanische Präferenz mit Bezug auf die menschliche Selbsterfahrung:

> *Nichts […] ist Gott so sehr ähnlich wie die Seele des Menschen. Die Weise, etwas in der Seele hervorzubringen, besteht darin, daß der Mensch in seiner Seele etwas denkt, und das nennt man Empfängnis des Verstandes. Diese Empfängnis wird durch die Seele gezeugt wie durch einen Vater, und diese Empfängnis heißt „Wort" des Verstandes oder des Menschen. Die Seele zeugt durch das Denken ihr Wort. – So ist auch der Sohn Gottes nichts anderes als das Wort Gottes. Nicht wie ein*

---

[25] G. Kruck (2009), 14 und 16. – Hinzuweisen ist nicht zuletzt auf die Bedeutung, die er in der katholischen Liturgie als Schlußevangelium gefunden hat. Zu den Ursprüngen der Gewohnheit, *Joh* 1,1-14 als zusätzlichen Segen zu sprechen, in dem sich das Evangelium wie das Geschehen der Heiligen Messe konzentriert findet, vgl. J.A. Jungmann (1949), II 542-547, der auf eine erste Bezeugung ausgerechnet in einem Dominikanerordinarium um 1256 hinweist.

[26] Vgl. etwa Thomas, *S.th.* III 1,2 c.; 1,3 ad 1; 1,5 c.; 1,6 c.; 2,1 c.; 2,2 c. etc.

[27] Vgl. ferner Thomas, *S.th.* I 34,2 ad 3; v.a. *Coll. in Symb. Apost.* 1 (n. 891 ff.). – Demgemäß ist von einer Integration der Sohneschristologie in die Theologie des *Verbum* gesprochen worden: vgl. C. Bertchold (2000), 162, Anm. 399. – Zu den irdischen Namen für den Menschgewordenen („Jesus", „Christus") und ihrer Bedeutung vgl. *S.th.* III 37,2.

> *nach außen hin gesprochenes Wort, welches vergeht, sondern Er ist das innerlich empfangene Wort.*[28]

In der genannten geistigen Dynamik ist dabei zugleich eine eigentümliche Hinordnung des Wortes auf seine *Mitteilung* oder *Offenbarung* (*manifestatio*) mitgedacht.[29] Dementsprechend macht Thomas sich ein Argument des Augustinus (354-430) zu eigen, um die Frage zu beantworten, warum die lateinischen Übersetzer der Bibel das Wort *logos* im griechischen Urtext mit „Wort" (*verbum*) und nicht mit „Begriff" (*ratio*) übersetzt haben, wie es für die Bezeichnung einer inneren Wirklichkeit in Gott doch naheliegender gewesen wäre. Der Grund liegt, so Thomas, darin, daß „Begriff" im eigentlichen Sinne die Erfassung des Geistes meint, „sofern sie im Geiste Dasein hat, auch wenn keinerlei Äußerung geschieht", „Wort" dagegen zugleich „den Bezug auf das Außen" besagt. Der Name „Wort" deutet somit auf die besondere *Wirkmacht* des Sohnes (*potentia operativa Filii*) hin, wie sie in Schöpfung und Offenbarung zum Ausdruck kommt (vgl. I 1, n. 32).

(2) *Das Leitmotiv für die Exposition und Gliederung der theologischen Darlegung.* – Thomas verknüpft das Motiv des Ewigen Wortes eng mit den Begriffen „Wahrheit" (*veritas*) und „Weisheit" (*sapientia*): Das göttliche Wort, das von sich selbst gesagt hat: „Ich bin die Wahrheit" (*Joh* 14,6), ist die „Quelle der Weisheit in der Höhe" (*Sir* 1,5; vgl. I 1, n. 33)[30] – und wie sich die vielen Wahrheiten der menschlichen Rede partizipativ auf die eine absolute Wahrheit zurückführen, durch die alle Wahrheiten Wahrheit und alle Worte Worte sind (vgl. I 1, n. 33), so geht auch die Weisheit, in

[28] Thomas, *Coll. in Symb. Apost.* 2 (n. 892).

[29] In innerer Entsprechung zu dieser dynamischen Beschreibung des sprachlichen Phänomens hat man auch für Thomas' eigene Diktion gesagt, man habe sie sich mit dem Temperament und in der Geschwindigkeit süditalienischen Sprechens vorzustellen: „rasch und sehr energisch" (J. Pieper [2001b], 162. Auch seine Handschrift, die berühmte *littera illegibilis*, trägt in ihrer Eile und Ungeduld alle Züge seiner geistigen Dynamik (vgl. dazu: J.-P. Torrell [1995], 112.)

[30] Vgl. ferner *Super Ioan.* VI 4 (n. 914); XV 1 (n. 1995); XVII 6 (n. 2267); *Super IV Sent.* prol.; *S.th.* III 3, 8 c.; 10, 4 c.; *Princ. I* (n. 1211) u.ö. – Ferner stellt Thomas in I 1 (n. 33) den Bezug zu *Offb* 19,13 her, wo in der letzten großen Christus-Vision der Apokalypse der Reiter auf dem weißen Pferd als das „Wort Gottes" bezeichnet wird. Dieses Bild ist im Übrigen der Hintergrund für die letzten Verse der ersten Strophe des Hymnus *Pange lingua*: „rex effudit gentium". – Zur biblischen Identifikation von Wort Gottes und Weisheit vgl. bereits *Sir* 24,23-34.

welcher der Weise (*sapiens*), d.h. der theologische Lehrer, spricht, auf die eine göttliche Weisheit zurück, an der sie teilhat.[31]

In dieser besonderen Verbindung begegnet die Erwähnung des göttlichen Wortes an hervorgehobenen Stellen seiner Schriften - und zwar gerade zu Beginn, in den Prologen und Einleitungen, die das Thema eines Werkes exponieren und den Weg der Darstellung strukturieren.

(a) So stellt etwa bereits der junge Magister Thomas seiner ersten theologischen Gesamtdarstellung, dem *Kommentar zu den Sentenzen des Petrus Lombardus* (Paris 1252-54), das als Selbstzeugnis Christi verstandene Zitat aus *Sir* 24,40 Vg voran:

> *Ich, die Weisheit, habe Flüsse entströmen lassen und fließe wie ein Strom reißenden Wassers hinab, ich bin wie der Fluß Dorix und wie ein Wasserlauf bin ich ausgegangen vom Paradies. Ich sagte: Ich will den Garten meiner Pflanzungen tränken und die Früchte meiner Wiesen tränken.*

Von hier aus läßt sich der große Kreislauf von Ausgang und Rückkehr entfalten, in den die Gesamtdarstellung der theologischen Thematik eingefügt ist und von dem sie ihre Strukturierung erhält:

> *Die Weisheit wird auf eine besondere Weise dem Sohn zugeschrieben, weil die Werke der Weisheit in vielem mit den Eigentümlichkeiten des Sohnes übereinzustimmen scheinen. Durch die Weisheit Gottes nämlich*
> *[1] wird das in Gott Verborgene offenbar gemacht [= Buch I],*
> *[2] werden die Werke der Geschöpfe hervorgebracht [= Buch II],*
> *[3] ja: sie werden nicht nur hervorgebracht, sondern auch wiederhergestellt [= Buch III]*
> *[4] und vollendet, und zwar in jener Vollkommenheit, so sage ich, in der ein jegliches vollkommen heißt, insofern es sein eigentümliches Ziel erreicht [= Buch IV].*
>
> *Daß aber die Offenbarung des Göttlichen der Weisheit Gottes zugehört, geht daraus hervor, daß Gott durch seine Weisheit sich selbst ganz und gar erkennt. [...] Diese Offenbarung aber*

[31] Demgemäß erläutert Thomas in seiner Antrittsvorlesung im Ausgang vom Bild aus *Ps* 104,13 („Die Berge lassen strömen von ihren Höhen; von der Frucht deiner Werke wird die Erde satt.") die von den theologischen Lehrern verkündete Weisheit als Derivat jener göttlichen Weisheit, die in ihren Verstand einströmt: vgl. *Princ. bibl. I* (n. 1209).

> *erscheint in besonderer Weise durch den Sohn vollbracht; er ist nämlich das Wort des Vaters, wie es in Joh 1 heißt, daher kommt ihm die Offenbarung des sprechenden Vaters und der gesamten Dreifaltigkeit zu.*[32]

In verschiedenen Modifikationen wird dieses Grundschema von Hervorbringung und Vollendung bzw. Rückführung, von Ausgang aus Gott und Rückkehr zu ihm (*exitus–reditus*), alle theologischen Gesamtdarstellungen des Thomas bis hin zur *Summa theologiae* strukturieren.[33] In seinem Ursprung ist es allerdings – und dies verdient hier nachdrückliche Betonung – christologischer Natur[34], ja: als solches ist es im Johannes-Evangelium explizit bezeugt![35]

(b) Auch die populär gewordene *Catena aurea* (Orvieto, Rom 1262-68), ein aus Kirchenväterzitaten zusammengefügter Kommentar zu den vier Evangelien, den Thomas auf Bitten von Papst Urban IV. (vor 1200-1264) verfaßt hat, beginnt in ihrem Widmungsschreiben mit einem Lobpreis auf „die Quelle der Weisheit, das eingeborene Wort Gottes", um von hier aus das Evangelium, „in dem die Richtschnur des katholischen Glaubens gelehrt wird und die Vorschriften des ganzen christlichen Lebens enthalten sind", sowie dessen Auslegung der Aufmerksamkeit zu empfehlen:

> *Die Quelle der Weisheit, das eingeborene Wort Gottes, das in der Höhe thront und durch das der Vater alles mit Weisheit geschaffen und in Schönheit geordnet hat, wollte am Ende der Zeiten Fleisch annehmen, damit unter dem Gewand der leibli-*

---

[32] Thomas, *Super I Sent.* prol.

[33] Vgl. ergänzend den Prolog zu *Super III Sent.*, der seine Darlegungen unter das Motiv der Flüsse stellt, die zum Ursprung zurückkehren, um wieder zu entspringen (vgl. *Koh* 1,7). – Zum Schema von *exitus* und *reditus* vgl. ferner *Super I Sent.* d. 2 div. text.; *S.c.G.* I 9 (n. 57); *S.th.* I 2 prol.; I 1,7 c. – Während die Darstellung der Rückkehr bis zur *S.c.G.* unter der Leitung der göttlichen Vorsehung beschrieben wird, stellt die *S.th.* den Rückweg im Ausgang vom Menschen und seiner Bestimmung als Ebenbild Gottes (*imago Dei*) als Glückseligkeits- und Tugendlehre dar.

[34] Dieser Gesichtspunkt verdient gerade innerhalb der im 20. Jahrhundert vielfältig geführten Diskussionen um den „Plan der *Summa*" besondere Beachtung! – Vgl. hierzu zusammenfassend B. Johnstone (2002).

[35] Vgl. *Joh* 13,3: „Sciens [Iesus] […] quia a Deo exivit et ad Deum vadit"; *Joh* 16,28: „Exivi a Patre et veni in mundum, iterum relinquo mundum et vado ad Patrem".

> *chen Natur des Menschen Blick seinen Glanz erschauen könne, den er in der Erhabenheit der göttlichen Majestät nicht zu berühren vermochte.*[36]

(c) Und im *Compendium theologiae* (Rom-Neapel 1265-1267, unvollendet), einer „kurzen Zusammenstellung der Heilslehre" (*brevis compilatio theologiae*), die Thomas für seinen Sekretär Reginald von Piperno verfaßt hat, zeigt sich eine stilbildende Wirkung des Wort-Motivs, insofern Thomas seine eigene Darstellung als Prolongation des göttlichen Wortes darstellt, das sich – als „kurzgefaßtes Wort" (*Verbum abbreviatum*) – in seiner Offenbarung „klein" (*brevis*) gemacht und seine Lehre, die „ausführlich und klar (*dilucide*) durch die verschiedenen Bücher der Heiligen Schrift überliefert" ist, in einem kurzen „Abriß des menschlichen Heils" (*sub brevi summa humanae salutis*) mitgeteilt hat, um den durch die Sünde erniedrigten Menschen zur Höhe der göttlichen Herrlichkeit zurückzurufen.[37] *Kürze* und *Klarheit* werden von hier aus zum Stilideal, das auch das Anliegen des thomanischen Hauptwerks, der *Summa theologiae*, an der er die längste Zeit seines Lebens (Rom 1266-Neapel 1273) gearbeitet hat, tiefgreifend prägt.[38]

(3) *Die geistliche Bedeutung des Wortes.* – Eine geistliche Bedeutung, die das Motiv des „göttlichen Wortes" für Thomas besitzt, wird schließlich nicht zuletzt an den von ihm verfaßten liturgischen Texten zum Fest Fronleichnam sichtbar. So beginnt der Hymnus der Laudes mit den Versen:

> *Verbum supernum prodiens*
> *nec patris linquens dexteram,*
> *ad opus suum exiens*
> *venit ad vitae vesperam.*[39]

---

[36] Thomas, *Catena aurea*, dedicatio. – Die Anklänge zur Semantik des Johannes-Prologs sind unverkennbar!

[37] Vgl. Thomas, *Comp. theol.* I 1 (1-20). – Die Rede vom *Verbum [ab]breviatum* geht auf Paulus, *Röm* 9,28 zurück. –Vgl. von hier aus auch die besondere Wertschätzung des *breviloquium* des Aristoteles gegenüber der weitschweifigen Redeweise der Platoniker: vgl. *Exp. Perih.* I 7 (34f.); I 8 (397f.) u.ö.; *Super De caelo* II 17 (n. 457); *Super Eth.* I 19 (73-85).

[38] Vgl. hierzu Thomas, *S.th.* prol.: „Wir wollen es im Vertrauen auf die göttliche Hilfe unternehmen, demjenigen, was zur heiligen Lehre gehört, in Kürze und Klarheit (*breviter ac dilucide*) nachzugehen, so wie es der Stoff gestattet."

[39] „Das höchste Wort, das hervorgeht und, / ohne daß es die Rechte des Vaters verläßt,/ zu seinem Werk ausgeht,/ kommt zum Abend seines Lebens."

Und die Verse der vierten Strophe des Vesperhymnus „Pange lingua" enthalten in ihrer Betrachtung des Geschehens der eucharistischen Wandlung, die dem bekannten „Tantum ergo sacramentum" der Strophen 5 und 6 unmittelbar vorangeht, Formulierungen, die in ihrer poetischen Dichte in der lateinischen Dichtung des Abendlandes ihresgleichen suchen:

Verbum caro panem verum
verbo carnem efficit,
fitque sanguis Christi merum,
et si sensus deficit,
ad firmandum cor sincerum
sola fides sufficit.[40]

Neben dem *Kommentar zum Johannes-Evangelium*, das die Worte Christi als Ausdruck des Ewigen Wortes in ihren verschiedenen Qualitäten für den Gläubigen bedenkt[41], sind es vor allem die bereits genannten *Auslegungen zum Apostolischen Glaubensbekenntnis*, durch die sich das Bemühen um eine Fruchtbarmachung dieser Wahrnehmung des Wortes für das geistliche Leben wie ein roter Faden zieht[42] – wobei Thomas insbesondere die Begegnung und den liebevollen Umgang mit dem Ewigen Wort durch das Wort der Heiligen Schrift nachdrücklich empfiehlt.[43]

In diesen Rahmen fügen sich schließlich wohl auch jene Bemerkungen, die Thomas seinem ersten Versuch eines eigenständigen theologischen Gesamtentwurfs, der *Summa contra gentiles* (Paris 1259-Orvieto 1265), als eine Art Selbstcharakterierung seiner Aufgabe voranstellt, wenn er es – mit einem Zitat des hl. Hilarius von Poitiers (um 315-367) – als die wesentlichste Aufgabe seines Lebens formuliert, „daß all meine Rede und all mein Sinn spreche von ihm"[44].

---

[40] „Das Wort-Fleisch macht wahres Brot/ durch sein Wort zu Fleisch,/ und Blut Christi wird der Wein./ Und wenn der Sinn auch versagt,/ genügt, um ein zagendes Herz zu festigen,/ der Glaube allein."

[41] Das Wort Christi reinigt (vgl. XV 1, n. 1987, zu 15,3), richtet (vgl. VIII 3, n. 1185, zu 8,26), spricht im Innersten an (vgl. I 16, n. 313, zu 1,43), läßt die Wahrheit erkennen und macht frei (vgl. VIII 4, n. 1194 ff., zu 8,31).

[42] So werden der ewige Hervorgang aus Gott und die zeitliche Geburt in der Menschwerdung mit dem Verhältnis von innerem Wort des Geistes und äußerem gesprochenem Wort analogisiert (vgl. *Coll. in Symb. Apost.* 3; n. 897) oder die Tötung Jesu mit dem Zerreißen der Urkunde eines Königs verglichen (vgl. *ebd.*, 4, n. 912).

[43] Vgl. *ebd.* 3 (n. 895).

[44] Thomas, *S.c.G.* I 2 (n. 9). – Auch wenn das Zitat allgemein von Gott

2. Aristotelische Wissenschaftlichkeit: Mit der Logik des „Philosophen"

Neben dem Ideal biblischer Ursprünglichkeit, wie es für Thomas durch die Lebensform des Predigerordens repräsentiert war, bilden das Denken und die Schriften des Aristoteles die zweite wesentliche Quelle seines Lebens und Schaffens (auch wenn die Thomas häufig zugedachte Kennzeichnung als „christlicher Aristoteliker" zu kurz greift[45]).

„Aristoteles" – das war der Name für die große Herausforderung seines Zeitalters. Seit dem Untergang der Antike weitgehend unbeachtet und nur bruchstückhaft rezipiert, waren die Schriften des griechischen Philosophen erst seit der Mitte des 12. Jahrhunderts in einem komplexen Prozeß der Übersetzung und Aneignung – nicht zuletzt vermittelt durch arabische Aristoteles-Ausleger – der christlichen Welt des Hochmittelalters bekannt geworden und wurden von den Gelehrten gleichermaßen als Faszination wie als Bedrohung wahrgenommen. Das Werk des „Philosophus" (wie sein mittelalterlicher Ehrentitel lautete) trat ihnen als ein umfassendes System von Wissenschaften entgegen, das auf dem Boden der heidnischen Antike gewachsen und rein mit den Mitteln der bloßen Vernunft – also ohne den Einfluß christlicher Offenbarung – entworfen worden war. Seine rationale Ordnung verdankte es einer eigenen Logik und einer Methode, die in der „Wissenschaftstheorie" der *Zweiten Analytiken* reflex gemacht war.

Eine besondere Attraktivität besaß das aristotelische Werk für die Denker des 13. Jahrhunderts aber wohl vor allem deswegen, weil es dem Lebensgefühl jener Epoche in besonderer Weise entsprach: Die Wertschätzung des Sichtbaren und Sinnfälligen, die das Denken des Aristoteles kennzeichnete, das Bewußtsein für das Naturhafte und das Natürliche sowie für die im Natürlichen liegende Dynamik und Teleologie, kurz: die „Weltlichkeit" seiner Philosophie, „diese ganze, von gegenständlicher Fülle überquellende Wirklichkeitslehre"[46], die ihn so deutlich vom „Idealismus"

---

spricht, so ist der Kontext doch durch den ständigen Bezug auf die Weisheit christologisch imprägniert und darf auf das Ewige Wort bezogen werden. – Dementsprechend stellt Thomas seine „Visitenkarte" als theologischer Lehrer unter das Schriftwort „Die Wahrheit wird meine Kehle sprechen, und mein Mund wird den Gottlosen verwünschen" (*Spr* 8,7) und entfaltet von hier aus die doppelte Aufgabe des Weisen, dem es vor allem zukommt, zu ordnen (*sapientis est ordinare*, vgl. Aristoteles, *Metaph.* I 2, 982a18).

[45] Vgl. hierzu etwa J. Pieper (2001b), 191ff.

[46] J. Pieper (1973), 641.

seines Lehrers Platon (428/7-348/7 v. Chr.) unterschied, entsprach der Mentalität des Hochmittelalters; sie ermöglichte eine Art unmittelbarer „Wiedererkennung" und ließ die Aneignung seines Werkes als epochale Aufgabe erscheinen. – Zugleich enthielt das *Corpus aristotelicum* freilich Elemente und Aussagen, die mit dem christlichen Denken unvereinbar waren, wie etwa die Lehren von der Ewigkeit der Welt, von der Einzigkeit eines Intellekts in allen Menschen, von einer nur unvollkommenen Vorsehung Gottes sowie von einer deterministischen Festlegung des Weltgeschehens und der menschlichen Handlungen.

Die besondere historische Leistung des Thomas von Aquin bestand darin, die Herausforderung des Aristoteles angenommen und in einer kongenial zu nennenden Rezeption und Interpretation für das christliche Denken fruchtbar gemacht zu haben. Hierzu gehörten insbesondere die Aufnahme des aristotelischen Hylemorphismus für das Selbstverständnis des Menschen als Einheit aus Leib und Seele, die Übernahme der Tugendlehre der *Nikomachischen Ethik*, die Würdigung der natürlichen Gotteslehre der *Metaphysik* und ihre Verhältnisbestimmung zur christlichen Theologie[47] sowie die Fruchtbarmachung der aristotelischen Methode für die Schriftauslegung und für die Ausformung der Theologie als Wissenschaft. Nicht unangemessen hat man daher von einer „Taufe des Aristoteles" durch Thomas gesprochen.[48]

Thomas' erste Berührung mit dem Denken und Werk des Aristoteles geht ebenfalls auf seine Studienzeit in Neapel zurück, wo er durch einen Magister Martin und durch Petrus von Irland mit dessen Logik und Naturphilosophie bekannt gemacht wurde. Die Biographen berichten ferner, daß er während seiner Inhaftierung durch die Familie auf Burg Roccasecca eine Abhandlung über die Trugschlüsse des Aristoteles verfaßt habe.[49] Während seiner Zeit als Student und Assistent in Köln sollte Thomas in Albertus Magnus (1200-80) einen Lehrer finden, dessen erklärtes Anliegen es war, „alle Teile der [aristotelischen] Philosophie den Lateinern bekannt zu machen"[50] und durch den er eine umfassende Kenntnis der aristotelischen Philosophie erhielt. Vor allem die zweite Pariser Lehrtätigkeit (1269-72) steht im Zeichen von akademischen Auseinandersetzungen um Aristoteles, namentlich mit den sog.

---

[47] Vgl. Thomas, *S.th.* I 1-10.

[48] Vgl. G.K. Chesterton (1960), 60, der die Formulierung selbst bereits zitiert. Möglicherweise geht sie auf J. Maritain zurück.

[49] Vgl. J.-P. Torrell (1995), 30-34.

[50] Vgl. Albertus Magnus, *Physica* I 1 1 (Ed. Col. IV/1, 1, 48f.).

lateinischen „Averroisten" in der Professorenschaft der dortigen philosophischen Fakultät (Siger von Brabant, 1235/40-1284, Boethius von Dacien, +1284), die eine heterodoxe Auslegung des griechischen Philosophen vorgelegt hatten. Thomas' Streitschriften *Von der Einheit des Intellekts* (*De unitate intellectus*) und *Von der Ewigkeit der Welt* (*De aeternitate mundi*) stammen aus dieser Zeit.

Schon zuvor hatte Thomas während seiner Zeit als Leiter des Generalstudiums in Rom (1265-68) mit der Auslegung der Schriften des Aristoteles ein Œuvre begonnen, das in insgesamt zwölf (zumeist unvollendet gebliebenen) Kommentaren das *Corpus aristotelicum* in einer Weise erschloß. Sie haben spätere Interpretatoren zu dem Urteil veranlaßt, ohne die Interpretation des Thomas wäre Aristoteles stumm geblieben (*sine Thoma mutuus esset Aristoteles*).[51]

Mit seiner abstrakten Semantik und seinem spekulativen Duktus steht der Johannes-Prolog in unmittelbarer Berührung zum Denken der Philosophie wie de „Philosophus".[52] Dementsprechend liegt es nahe, sich beim Bemühen um sein Verständnis besonders auf deren Auskünfte zu stützen - wie freilich auch umgekehrt dem Bibeltext selbst als Zeugnis seitens der christlichen Offenbarung eine Relevanz für das philosophische Forschen und Fragen zukommen kann.

(1) Definition des sprachlichen Zeichens. - So ist in der Auslegung des Johannes-Prologs signifikanterweise Aristoteles die erste zitierte Autorität. Von ihm stammt die Definition des Menschen als „Wesen des Wortes", als *zoon logon echon*,[53] und seine Bestimmung des sprachlichen Zeichens bildet den Ausgangspunkt, wenn es darum geht zu eruieren, was „Wort" im ersten Vers des Evangeliums bedeutet (vgl. I 1, n. 25).[54] Diese erkenntnispsy-

---

[51] Pico della Mirandola (zitiert nach M. Grabmann [1936], 85).

[52] In dieser Hinsicht hat er von jeher Interesse unter philosophischen Denkern gefunden, wie bereits Augustinus in seinen *Confessiones* bezeugt (vgl. VII 9, 13). - Vgl. hierzu zuletzt F. Amerini (2014). - Zur Interpretation des Johannes-Prologs mit Hilfe der aristotelischen Hermeneutik vgl. L. Jansen (2000), dessen Einschätzungen ich allerdings nicht zustimme.

[53] Vgl. Aristoteles, *Politik* I 2 (1253a, 7-10).

[54] Die Definition selbst findet sich in der kleinen Schrift *De interpretatione/ Peri hermeneias* 1 (16a3ff.): „Sunt ergo ea, quae sunt in voce, earum quae sunt in anima passionum notae". - Sie war für die Entwicklung der Logik im Abendland von grundlegender Bedeutung. Thomas interpretiert sie im Ausgang von den zwei Tätigkeiten des Verstandes, die Aristoteles in *De anima* III 5 (430a26ff.) unterscheidet.

chologische Erschließung der Lehre vom inneren Wort zeigt nicht nur die elementare Prägung des thomanischen Denkens durch die Anthropologie und Logik des Aristoteles, sie markiert zugleich ein besonderes Proprium der Überlegungen des Thomas in der Auslegungsgeschichte des Prologs.[55]

(2) Wissenschaftliche Methodik. – Daneben beeinflußt Aristoteles mit seiner Philosophie in entscheidender Weise Form, Methode, Begrifflichkeit des Kommentars. Sie bildet den Rahmen für das grundlegende Verstehen des Textes und eröffnet den zentralen Zugang zu ihm. So orientieren sich etwa die im Prolog getroffenen Bestimmungen zu Thema, Autor, Ziel und Darstellungsweise an der Vier-Ursachen-Lehre[56], und auch die Art und Weise der Textgliederung geschieht mit den Mitteln der aristotelischen Logik, wovon im nächsten Abschnitt noch die Rede sein wird.

(3) Inhaltliche Relevanz für die verschiedenen philosophischen Wissenschaften. – Doch sind nicht nur die Begriffsbestimmungen des Philosophen die Grundlage für das Verständnis des Bibeltextes. Auch umgekehrt mißt Thomas dem Prolog und dem Evangelium in ihren verschiedenen Aussagen eine Relevanz für das philosophische Nachdenken und seine einzelnen Disziplinen – Ethik, Naturphilosophie, Metaphysik – zu, ja:

> *Was die genannten Wissenschaften für sich getrennt haben, enthält das Evangelium des Johannes alles zugleich, und daher ist es das vollkommenste.*[57]

Gerade die ersten vier Aussagen des Prologs zeigen sich dabei geeignet, die verschiedenen philosophischen Irrtümer bezüglich der Erschaffung der Welt zu korrigieren, führen sich diese nun auf materielle Prinzipien (wie bei Demokrit und den griechischen Naturphilosophen), auf Ideen (wie bei Platon) oder die Emanation aus einem *nous* (wie bei den Platonikern) zurück – oder auf die Behauptung einer Gleichewigkeit der Welt mit Gott (wie bei Aristoteles; vgl. I 1, n. 64-67).[58]

---

[55] Die „wunderbare Seinsverwandtschaft" des Wortes zum Menschen ist daher auch ein Konvenienzargument für die Fleischwerdung (vgl. I 7, n. 178).

[56] Vgl. Thomas, *Super Ioan.* prol. (n. 11). – Zur Vier-Ursache-Lehre vgl. Aristoteles, *Physik* II 3 (195a29 ff.); *Metaphysik* I 3 (983a26 ff.).

[57] Thomas, *Super Ioan.* prol. (n. 9).

[58] Vgl. auch Thomas, *Coll. in Symb. Apost.* 1 (n. 892).

(4) Vollendung der philosophischen Gotteslehre. – Insbesondere im Hinblick auf die Gotteslehre, die innerhalb der philosophischen Disziplinen das Thema der Metaphysik ist, schreibt Thomas den Aussagen des Johannes eine vollendende Bedeutung zu. So zeichnet er in seinem eigenen Prolog – analog zu den bekannten fünf Gottesbeweisen (den *quinque viae*) seiner *Summa theologiae* – vier Wege natürlicher Gotteserkenntnis nach (aus der Zielgerichtetheit der Welt, aus der Bewegung, aus dem Gedanken der Partizipation und aus der Vorstellung einer höchsten Wahrheit), die durch die Schau des vierten Evangelisten eine Weitung und Überhöhung erfahren.[59]

In solcher Weise läßt sich die Gotteslehre des Aristoteles mit Hilfe des vierten Evangeliums organisch weiterführen: Der „Philosoph" hatte Gott mit den Mitteln der natürlichen Vernunft als „reinen Akt" und „subsistierendes Sein", als „Einheit von Denken und Sein", ja: als „Denken des Denkens" erschlossen.[60] Hieran kann sich die Vorstellung eines in Gott existierenden Wortes unmittelbar anschließen: Gott nämlich

> *erkennt, indem er sich erkennt, alles andere (intelligendo se intelligit omnia). […] Somit ergibt sich, daß in Gott, der sich selbst erkennt, dasselbe sind: der Intellekt, der Gegenstand, der erkannt wird und die erkannte Intention (intentio intellecta).*
>
> *Ich nenne aber erkannte Intention dasjenige, was der Intellekt in sich hervorbringt […] und diese Intention wird inneres Wort (verbum interius) genannt*[61].

Dementsprechend kann Thomas im Kontext der soeben zitierten Stelle aus dem großartigen 11. Kapitel im IV. Buch der *Summa contra gentiles* die gesamte Wirklichkeit, die Gegenstand der verschiedenen philosophischen Disziplinen ist, in ihrer natürlichen Dynamik als durch die Signatur des Ewigen Wortes geprägt wahrnehmen.[62]

---

[59] Thomas, *Super Ioan.* prol. (n. 2-6).

[60] Vgl. Thomas, *Super Metaph.* XII 11 (n. 2614).

[61] Thomas, *S.c.G.* IV 11 (n. 3474).

[62] Vgl. Thomas, *S.c.G.* IV 11 (n. 3461-3479): Unter der Fragestellung, auf welche Weise im Göttlichen eine Zeugung (*generatio*) anzunehmen sei und was vom Ewigen Wort in den Heiligen Schriften gesagt wird, bietet das Kapitel einen groß angelegten Durchgang durch die verschiedenen Stufen der Schöpfung, der bei den unbelebten Körpern ansetzt und im innergöttlichen Leben endet. Den Leitfaden der Aufführungen bildet dabei der Nachweis, daß bei den Hervorgängen, die sich auf den verschiedenen Stufen der

3. Theologie im Ursprung: Auf den Fundamenten der Heiligen Schrift

Wie für die Lebensform des Predigerbruders, so besitzt das Wort Gottes auch für das wissenschaftliche Tätigsein des Theologen eine elementare Bedeutung. Der mittelalterliche Magister der Theologie ist ja zunächst und vor allem *magister in sacra pagina* (oder *sacra scriptura*), und Theologie ist ihrem Ursprung nach Interpretation von Offenbarung, d.h. Schriftauslegung – wie nicht zuletzt an der wechselweisen Benennung dieser Disziplin als *sacra doctrina, sacra pagina* oder *sacra scriptura* deutlich wird. Die erste und grundlegende Aufgabe und Pflicht des Theologen ist daher die Lesung und Kommentierung der Heiligen Schrift.[63]

In seiner Pariser Antrittsvorlesung (1256), die unter dem bezeichnenden Titel „Principium biblicum" überliefert ist, verbindet Thomas die dreifache Aufgabe des theologischen Magisters, zu lesen, zu disputieren und zu predigen, ausdrücklich mit einer Empfehlung und Einteilung der Heiligen Schrift. Damit aber rükken die Kommentare zu den verschiedenen biblischen Büchern, die Thomas im Laufe seiner Tätigkeit als Theologe verfaßt hat, in einen zentralen Rang. Sie sind keineswegs „der am wenigsten originelle Teil des Gesamtwerks"[64] des Aquinaten (wie gesagt worden ist), sondern bilden vielmehr „das grundlegende, kritische und maßgebende Element" seines Denkens.[65] Von der frühen Assistentenzeit in Köln, wo er die Kommentare zu den Propheten *Jesaja* und *Jeremia* sowie zu dessen *Klageliedern* verfaßte (1252), über

Seienden finden, der höheren Komplexität einer Natur (die in der Regel an der Komplexität ihres organischen Körperaufbaus ablesbar ist) eine größere Innerlichkeit des in ihr geschehenden Hervorgangs sowie seines Produktes entspricht: „[Q]uanto aliqua natura est altior, tanto id quod ex ea emanat, magis est ei intimum" (n. 3461). Über die Stufen der unbeseelten Körper, Pflanzen, Tiere hinaus findet sich erst auf der Stufe der geistbegabten Lebewesen, der Menschen, Engel und Gottes, ein Hervorgang in der Weise eines inneren Wortes. – R. Guardini hat dementsprechend vom „Wort-Charakter der Dinge" gesprochen.

[63] Vgl. hierzu M.-D. Chenu (^{2}1982), 84-105, mit Bezug auf die drei Aufgaben des Theologen: *legere – disputare – praedicare*. – Zum Begriff „Theologie" vgl. ferner W.H. Principe (1997).

[64] H. Denifle (1905), 136. – Durch ein solches, keineswegs singuläres Urteil wurde die Rezeption der exegetischen Werke des Thomas zweifellos „an den Rand gedrängt" (C. Spicq [1944], 5) und einer „rationalistischen Engführung" seiner Theologie Vorschub geleistet (M.A. Reyero [1971], 131), was zu seiner weitgehenden Unbekanntheit als biblischer Theologe geführt hat.

[65] G. Lafont (1961), 493.

seine Tätigkeiten als Lektor an den Dominikanerkonventen in Orvieto, wo neben der *Catena aurea* die Auslegung zum Buch *Ijob* (1261-65) entstanden ist, seinen Aufenthalt in Rom und Neapel, wo Thomas sämtliche Paulus-Briefe vermutlich sogar zweimal auslegte (Italien 1259-68; Neapel 1272/3), bis hin zur zweiten Pariser Lehrtätigkeit mit den Evangelienkommentaren zu *Matthäus* (1269-70) und *Johannes* (Paris, 1270-72) und schließlich zur *Postilla super Psalmos*, die er kurz vor seinem Tod unvollendet liegen ließ (Neapel, 1273) – zu allen Zeiten haben die Schriftkommentare das Schaffen des Thomas nicht nur begleitet, sondern waren die entscheidende Quelle seiner Inspiration und haben seinem theologischen „Handwerk" das Fundament gegeben.[66]

(1) Erstes Ziel der hochmittelalterlichen Schriftauslegung war es dabei, den wörtlichen Sinn eines Bibeltextes herauszuarbeiten, indem man dessen logische Struktur und Aufbau sichtbar machte. Dies geschah durch eine detaillierte Gliederung des Textes in Form der sog. *divisio textus*: jeder Vers eines Kapitels und eines Buches wurde in seiner argumentativen Funktion im ganzen des Textes klassifiziert, so daß eine umfassende logische Struktur sichtbar wurde. Die Formulierungen „primo ponit", „secundo probat", „tertio exemplificat" usw. gehörten zum Standardrepertoire der Exegese des 13. Jahrhunderts, mit denen die jeweilige Lesung und Kommentierung eines Textes begann. Ausgangs- und Bezugspunkt der *divisio textus* war dabei ein zentraler Gedanke, unter dem das jeweilige biblische Buch stand und der sich wiederum organisch in das große Ganze der Heiligen Schrift einfügte. Ähnlich den Baumeistern der gotischen Kathedralen jener Zeit, denen es in der Reduktion des Bauwerks auf die tragenden Teile vor allem um eine „Durchlichtung" des Raumes ging, sollte auch die *divisio textus* die gedankliche Architektur des Bibeltextes herausbringen, um dem Licht der göttlichen Wahrheit Raum zu geben.

Wichtigstes methodisches Element war dabei das Instrumentarium der aristotelischen Logik mit seinen verschiedenen Schlußfiguren, inklusive der rhetorischen und poetischen Mittel. Man ging davon aus, daß sich der Text der Heiligen Schrift gemäß den Regeln des wissenschaftlichen Beweisverfahrens verstehen ließ, dessen Kern der demonstrative Syllogismus bildete.

Mit der eigentlichen Textauslegung, der *expositio*, verbanden sich in der Folge Fragestellungen, deren Behandlung mitunter zu *quaestiones* und kleinen *articuli* ausgestaltet wurde. Sie dienten

[66] Zur Übersicht über den Inhalt der Kommentare vgl. T. Weinandy (2005). – Zu den Forschungen zur Exegese des Thomas vgl. T. Domanyi (1979).

zusätzlich dem Erweis der inneren Konsistenz des Textes und seiner Nichtwidersprüchlichkeit zu anderen Aussagen im selben Text oder in einem anderen biblischen Buch. Kennzeichnend dafür sind feststehende Wendungen wie „Sed videtur quod" und die entsprechende Antwort „Respondeo dicendum" oder „ad cuius evidentiam sciendum est" – wodurch insbesondere Thomas die Wichtigkeit eines Gedankens hervorzuheben pflegt (vgl. hierzu etwa I 1, n. 26; n. 30ff.; n. 41 u.ö.).

Den Horizont dieser Auslegungspraxis bildete dabei eine Auffassung der Heiligen Schrift, die nicht nur die einzelne biblische Schrift, sondern die Bibel im Ganzen als eine geordnete Einheit verstand. Thomas hat dieses Verständnis in seinem bereits genannten *Principium biblicum* dargelegt, das als „Programmschrift" für seine exegetischen Werke gelten kann.[67] In ihm erscheint Gott als erster Urheber (*auctor*) der Heiligen Schrift[68], der die ewige Wahrheit lehrt und dem Menschen zeigt, was ihm zu seiner ewigen Vollendung dient. Die besondere Autorität und Wirksamkeit der Bibel gründet daher u.a. „in der Einheitlichkeit des Gesagten",

> *denn alle, die die heilige Lehre überliefert haben, haben dasselbe gelehrt: „Ob aber ich predige oder andere: ihr habt geglaubt" (1 Kor 15,11). Und dies notwendigerweise, denn alle haben einen Lehrer: „Einer ist euer Lehrer" (Mt 23,8), sie haben einen Geist: „Wandeln wir etwa nicht im selben Geist?" (2 Kor 12,18).*[69]

Die gedankliche Ordnung, die Gott, der alles „nach Maß, Zahl und Gewicht geordnet hat" (vgl. *Weish* 11,21), in seine Offenbarung hineingelegt hatte, mußte sich in der Struktur der Aussagen der Heiligen Schrift erkennen und durch eine entsprechen-

---

[67] Zur mittelalterlichen Kontextualisierung vgl. T. Prügl (2004).

[68] Vgl. Thomas, *Princ. bibl.* II. (n. 1200): „Einem solchen Urheber ist auf unfehlbare Weise Glauben zu schenken: sowohl wegen der Beschaffenheit seiner Natur, denn er ist Wahrheit: ‚Ich bin der Weg, die Wahrheit und das Leben' (*Joh* 14,6); als auch wegen der Fülle des Wissens: ‚O Größe des Reichtums der Weisheit und des Wissens Gottes'(*Röm* 11,33); als auch wegen der Kraft der Worte: ‚Lebendig ist Gottes Rede und wirksam, eindringlicher als jedes zweischneidige Schwert' (*Hebr* 4,12)".

[69] Thomas, *Princ. bibl.* II (n. 1200). – Von Gott als *auctor principalis* der Bücher der Heiligen Schrift ist freilich der menschliche Verfasser als *auctor secundarius* zu unterscheiden: vgl. dazu die Ausführungen zu den jeweiligen Autoren in den Prologen der Schriftkommentare, z.B. Thomas, *Super Is.; Super Ad Rom.*

de Auslegung nachvollziehen lassen. In diesem Sinne ist es Thomas etwa auch möglich, eine Stelle bei Johannes mit einer Aussage des Apostels Paulus zu erklären (vgl. z.B. I 1, n. 35).

(2) Entgegen dem Verdacht einer Rationalisierung der göttlichen Offenbarung mit den Mitteln menschlicher Logik, die mit dieser Auslegungsmethode verbunden sein könnte, ist als zweites zentrales Prinzip thomanischer Exegese eigens die Einsicht zu betonen, daß sich die Auslegung einer Schriftstelle nicht in *einer* definitiven Auslegung erschöpft, daß es vielmehr mehrere Interpretationen und Auslegungsweisen gibt, die nebeneinander bestehen können und entsprechend angeführt werden.[70] Thomas greift dabei auf die reiche Auslegungstradition der Kirchenväter zurück. Neben Albertus Magnus gehört er zu jenen wenigen Theologen seiner Zeit, die die Schriftsteller der ersten Jahrhunderte ausgiebig in ihren Quellen studiert und rezipiert haben.[71]

Dieser Einbezug der Kirchenvätertradition, der zugleich jedem Versuch einer Entgegensetzung von Patristik und Scholastik widersprechen läßt, besagt dabei nicht nur eine Pluralität der exegetischen Auslegung, in der sich ein Sinn für den Reichtum des Gotteswortes und die Unerschöpfbarkeit seines Verständnisses niederschlägt. Mit der Tradition der Patristik ist zugleich das Bewußtsein für einen neben dem „wörtlichen Sinn" (*sensus historicus*) bestehenden „geistlichen Sinn" (*sensus spiritualis*) des Gotteswortes und die Lehre von den vier Schriftsinnen in der Exegese des Thomas präsent.

> *Urheber der Heiligen Schrift ist Gott, in dessen Macht es steht, daß er nicht nur Worte dazu verwendet, etwas zu bezeichnen (wie es auch der Mensch tun kann), sondern auch die Dinge selbst. Und während in allen anderen Wissenschaften es [ausschließlich] die Worte sind, die bezeichnen, ist es dieser Wissenschaft [der Heiligen Schrift] eigentümlich, daß in ihr auch die Dinge, die durch die Worte bezeichnet werden, [ihrerseits] etwas bezeichnen.*
> *[1] Jene erste Bezeichnungsweise also, in der Worte die Dinge bezeichnen, gehört zum ersten Sinn, der der historische oder wörtliche Sinn (sensus historicus vel litteralis) ist.*

---

[70] In den Vorbemerkungen zu seiner Übersetzung spricht Pieper von „einer Art respektvoller Verlegenheit, [die] sich vor dem Wort der Offenbarung beugt".

[71] Vgl. J.-P. Torrell (1995), 154-159. – Insbesondere die Zeit in Orvieto und der Zugang zu den dortigen Archiven der päpstlichen Kurie boten Thomas Gelegenheit dazu.

> *[2] Jene Bezeichnung aber, in der die durch die Worte bezeichneten Dinge wiederum andere Dinge bezeichnen, heißt geistlicher Sinn (sensus spiritualis).*
> *Diese gründet sich auf den wörtlichen Sinn und setzt ihn voraus.*[72]

In diesem Sinne bedeutet der „Fels", aus dem nach *Ex* 17,6 (vgl. *Num* 20,7-11) Mose auf Forderung der Israeliten in der Wüste den lebensspendenden Trank schlug, nicht nur diesen Felsen selbst, er deutet zugleich auf Christus, den Lebensspender, hin, wie Thomas zu Beginn seiner Auslegung zu *Joh* 1,1, mit Verweis auf 1 *Kor* 10,4 anführt (vgl. I 1, n. 26). – Der „geistliche Sinn" des Schriftwortes nun kann seinerseits ein dreifacher sein:

> *[1] Soweit also dasjenige, was zum Alten Gesetz gehört, dasjenige bezeichnet, was zum neuen Gesetz gehört, handelt es sich um den allegorischen Sinn (sensus allegoricus),*
> *[2] soweit aber dasjenige, was an Christus selbst geschehen ist oder an demjenigen, was Christus bezeichnet, Zeichen dessen ist, was wir tun sollen, handelt es sich um den moralischen Sinn (sensus moralis),*
> *[3] sofern es aber dasjenige bezeichnet, was in der ewigen Herrlichkeit sein wird, handelt es sich um den anagogischen Sinn (sensus anagogicus).*
> *Weil es aber der wörtliche Sinn ist, den der Autor beabsichtigt, der Autor der Heiligen Schrift aber Gott ist, der in seiner Erkenntnis alles zugleich begreift, ist es nicht unangemessen, wie Augustinus im 12. Buch der Bekenntnisse sagt, wenn auch dem wörtlichen Sinne nach sich in einem Wort der Schrift mehrere Sinne finden.*[73]

Die doppelte Zeichenhaftigkeit, die den Worten der Heiligen Schrift eigentümlich ist, ermöglicht damit nicht nur eine Lektüre, in der das Alte Testament in seinem besonderen Zielsinn auf Christus hin und von ihm her verstanden werden kann.[74] Sie erweitert

---

[72] Thomas, *S.th.* I 1, 10. – Zum Ursprung der Lehre von den vier Schriftsinnen vgl. *Gal* 4,21-31 sowie Thomas, *Super Ad Gal.* IV 7 (n. 254); *Quaestiones quodlibetales* VII 6, 1-3. – Es war v.a. H. de Lubac, der mit seinen Arbeiten zur Patristik das Bewußtsein für den geistlichen Sinn der Heiligen Schrift in der Theologie des 20. Jahrhunderts neu präsent gemacht hat: vgl. de Lubac (1959-1964).

[73] Thomas, *S.th.* I 1, 10 c.; Augustinus, *Confessiones* XII 31.

[74] Weil Christus der Mittelpunkt der Schrift ist, enthüllt sich der Sinn des Alten Testaments im Neuen, wie umgekehrt auch das Neue Testa-

zugleich den wörtlichen Sinn des Bibelwortes in eine geistliche Dimension hinein und macht gerade so die Geheimnishaftigkeit des Wortes Gottes wahrnehmbar.[75] Besitzt der wörtliche Sinn der Heiligen Schrift seine Relevanz im Hinblick auf die theologische Argumentation und ihre Beweiskraft, so ist der geistliche Sinn auf das Wachstum von Glaube, Hoffnung und Liebe des Hörers angelegt; ist die Orientierung am *sensus litteralis* grundlegend für eine Interpretation der Schrift im Sinne systematischer Theologie, so bringt der Einbezug des *sensus spiritualis* eine Ergänzung der theologischen Wissenschaft durch mystische Weisheit.[76]

(3) Schließlich steht das Bemühen darum, die Widerspruchslosigkeit der Aussagen der Heiligen Schrift zu erweisen und so eine in sich kohärente Gottesrede, eine „Theologie" im ursprünglichen Sinne des Wortes, auszuweisen, (ganz im Sinne des o.g. Dominikanerideals) in der doppelten Perspektive von Bestätigung und Verteidigung bzw. Selbstvergewisserung des katholischen Glaubens einerseits und Widerlegung von Irrtümern andererseits. Die Stelle aus 2 *Tim* 3,16 kann dabei als entscheidender Beleg gelten:

> *Jede von Gott eingegebene Schrift ist nützlich zur Belehrung, zur Widerlegung, zur Besserung, zur Erziehung in der Gerechtigkeit.*

Die Exegese des Thomas enthält demgemäß einen beständigen Bezug auf Irrlehren und Häresien, die mit Hilfe des Schriftwortes widerlegt werden. Wenn Thomas sich dabei in der Regel auf Irrtümer und Häresien konzentriert, die sich in der Frühzeit der Theologiegeschichte und d.h. in unmittelbarer Nähe zum Ursprung der Lehre finden, so folgt er dem Prinzip, daß alle späteren Irrtümer nur die logischen Konsequenzen der früheren sind und daher direkt in ihren Anfängen zu bekämpfen sind.[77] Insgesamt enthält die zitierte Stelle aus 2 *Tim* 3,16 für Thomas eine umfas-

---

ment im Licht des Alten verstanden sein will – mit Augustinus: „Novum in Vetere latet et in Novo Vetus patet" (*Hept.* 2,73).

[75] Vgl. M.-D. Philippe (1981), 27: „[I]l y a aussi une profondeur quasi infinie de ces significations".

[76] Vgl. *ebd.*, 25: „La théologie scientifique ne doit-elle pas s'accomplir en une sagesse mystique?"

[77] Parallel dazu findet sich auch in den Aristoteles-Kommentaren ein Verfahren, das sich v.a. auf die ‚klassischen' Kommentare konzentriert und ‚neuere' Auslegungen unberücksichtigt läßt. Dazu sowie zu seiner Begründung in der *S.c.G.* vgl. R.-A. Gauthier (1989), 82*. – Vgl. dazu das bekannte Aristoteles-Zitat aus *De caelo et mundo* zu Beginn von *De ente* prol.: „Quia parvus error in principio magnus est in fine."

sende Aussage über den Charakter der Heiligen Schrift und ihre Wirkung: sie ist dazu da, in theoretischer Hinsicht (1) die Wahrheit zu lehren und (2) gegen die Falschheit zu argumentieren sowie in praktischer Hinsicht (3) vom Bösen fernzuhalten und (4) zum Guten hinzuführen. „Ihr letztes Ziel aber ist es, den Menschen zur Vollkommenheit zu führen".[78]

Theologiegeschichtlich hat Thomas mit seiner Bibelauslegung zweifellos der modernen Exegese vorgearbeitet und kann als einer ihrer Vorläufer gelten.[79] Auch wenn er selbst kein Griechisch konnte und den Schrifttext in der Vermittlung durch die lateinische Vulgata-Übersetzung zur Grundlage seiner Auslegungen hatte, sind seine philologischen Beobachtungen und Analysen etwa zu strittigen Interpunktionen und Textvarianten oder sprachphilosophische Erörterungen zur Grammatik in ihrer Genauigkeit vorbildlich und verdienen auch seitens der modernen Exegese Beachtung.[80] – Vor allem aber hat Thomas mit seiner Exegese den Weg „von der Schrift zur Summa", d.h. von der Bibelauslegung zur systematischen Theologie, gewiesen. So entwirft die erste Quaestio der *Summa theologiae* in paradigmatischer Weise das Konzept einer Theologie (*sacra doctrina*) nach wissenschaftlichem Vorbild, der ihre Herkunft aus der Schriftauslegung deutlich anzumerken ist: in der grundlegenden Herleitung ihrer Notwendigkeit für das Heil der Menschen und ihrer praktischen Ausrichtung auf die Glückseligkeit als letztes Ziel, in der Bestimmung ihrer Einheit, ihrer Sicherheit und ihres Vorranges vor den anderen Wissenschaften durch den einen und einheitlichen Offenbarungsgesichtspunkt, in ihrer Kennzeichnung als höchste Weisheit, in der Herausstellung ihrer argumentativen Gestalt oder in der

[78] Thomas, *Super II Ad Tim* III 3 (n. 127-128). – Summarisch faßt das Dedikationsschreiben zur *Catena aurea* die Intention der Schriftauslegung des Thomas zusammen: „Meine Absicht ging aber bei diesem Werk dahin, nicht nur den wörtlichen Sinn anzugeben, sondern auch den mystischen Sinn hervorzuheben, bisweilen auch die Irrlehren zu bekämpfen und die katholische Wahrheit darzulegen. Letzteres hielt ich darum für notwendig, weil vorzüglich in dem Evangelium die Richtschnur des katholischen Glaubens gelehrt wird, und die Vorschriften des ganzen christlichen Lebens enthalten sind."

[79] Vgl. B. Smalley (^{2}1970). – Zu den verschiedenen Kommentargattungen, die sich nach ihrer Ausführlichkeit als *lectura, expositio, postilla* oder *commentum* unterscheiden, vgl. O. Weijers (1996).

[80] Gerade die Auslegung des Johannes-Prologs kann in dieser Hinsicht als Paradigma gelten: vgl. etwa die Überlegungen zur Bedeutung der sog. *syncathegoremata* (I 1, n. 43-57), zur Bedeutung der Tempora des Verbs (I 1, n. 67).

Rechtfertigung ihres Gebrauchs von Bildern und Metaphern (deren sich im Übrigen Christus selbst bei seiner Verkündigung ausgiebig bedient hat). Nicht zufällig bildet die o.g. Lehre von den Schriftsinnen den krönenden Abschluß dieser Quaestio.[81] – In historischer Hinsicht ist dieses Unternehmen einer minutiösen Selbstvergewisserung der Theologie an der Heiligen Schrift im Übrigen kennzeichnend für die Generation der Theologen um Thomas von Aquin und Albertus Magnus. Bereits eine Generation später wird an die Stelle einer „Theologie im Ursprung", die ihre Quellen unmittelbar in der Bibel sucht, eine „Konklusionstheologie" treten, die ihre Aussagen als Folgerungen mittels logischer Schlüsse aus einem Prinzip ableitet, das sein Kriterium lediglich im Nicht-Widerspruch zur Heiligen Schrift und zur Lehre der Kirche hat.[82]

Es ist nun aber gerade der Johannes-Prolog, der für den exegetischen Umgang mit der Heiligen Schrift *in inhaltlicher Hinsicht* die entscheidende wissenschaftlich-methodische Begründung bereithält:

(1) *Einzigkeit des Wortes und Einheit seiner Lehre.* – Christus ist das eine Ewige Wort, das alle Worte der Heiligen Schrift erklärt und verständlich macht. Daher kann die Bibel von ihm her (bzw. auf ihn hin) als eine Einheit gelesen und verstanden werden. In diesem Sinne hebt Thomas die Korrespondenz zwischen dem Beginn des vierten Evangeliums (*Joh* 1,1: „In principio erat Verbum") und dem Beginn des Alten Testaments (*Gen* 1,1: „In principio creavit Deus caelum et terram") hervor (vgl. I 1, n. 78). Und für seine umfassende *partitio sacrae Scripturae* im *Principium biblicum* ist *Joh* 1,17 das entscheidende Gliederungsprinzip: „Das Gesetz wurde durch Mose gegeben, Gnade und Wahrheit sind durch Jesus Christus geworden". – „Daher teilt sich die gesamte Heilige Schrift grundsätzlich in zwei Teile, nämlich in das Alte und das Neue Testament."[83]

Als höchster Lehrer (*doctor doctorum*) und göttliche Weisheit verbürgt das Ewige Wort überdies zugleich die vollkommene Ordnung der in der Heiligen Schrift niedergelegten Lehre. Be-

[81] Auf die biblische „Imprägnierung" der *Summa theologiae*, die mindestens drei Traktate enthält, bei denen es sich eigentlich um Schriftauslegung handelt (das Sieben-Tage-Werk, die Lehre vom Gesetz, das Leben Jesu), hat gerade J. Pieper hingewiesen: vgl. (2001b), 180.

[82] Vgl. U. Horst (1998), der die epochale „Verschiebung im traditionellen Argumentations- und Beweisverfahren" (100) anhand der Immaculata-Lehre des Duns Scotus namhaft macht.

[83] Thomas, *Princ. bibl.* II (n. 1203). – Zur Bedeutung des Mose als *maximus prophetarum* vgl. auch I 1 (n. 57); I 2 (n. 78); I 8 (n. 183f.,186); I 11 (n. 222).

reits im Bereich des rein Menschlichen ist es ja das vorrangige Kennzeichen des lehrenden Weisen, seine Einsichten zu ordnen und geordnet darzubieten (*sapientis est ordinare*).[84] Die Lehre der ewigen Weisheit selbst muß daher von höchster Ordnung, Logik und Rationalität sein und läßt die o.g. Anwendung der wissenschaftlichen Methodik zu ihrem Verständnis als höchst angemessen erscheinen.

(2) *Unausschöpfbarkeit des Einen Wortes.* – Auch findet die Lehre vom vierfachen Schriftsinn im Ewigen Wort seinen letzten Grund. Denn die Worte der Heiligen Schrift handeln nicht nur ihrem Inhalt nach von ihm, sondern geben bereits formal – in ihrem „Wort-Charakter" – Zeugnis vom Ewigen Wort, und können auch in ihrer Vielheit das göttliche Wort nicht fassen und zum Ausdruck bringen. So spiegelt sich gerade im *sensus spiritualis* das Bewußtsein für die Nicht-Begreifbarkeit des Ewigen Wortes und sein Mysterium. – Immerhin ist im Hinblick auf die Begründungsfunktion, die der Johannes-Prolog für Theologie und Schriftauslegung insgesamt hat, bemerkenswert, daß Thomas gerade hier nie auf eine mystische Auslegung zurückgreift.[85] Dies mag mit Rücksicht auf die literarische Eigenart des Textes unterblieben sein, jedenfalls wird darin noch einmal in signifikanter Weise deutlich, wie der wörtliche Sinn in der thomanischen Schriftauslegung dem geistlichen zugrunde liegt.[86]

(3) *„Im Anfang" ist alles enthalten.* – Schließlich kommt dem Johannes-Prolog auch in der doktrinellen, d.h. dogmatischen wie apologetischen Dimension der thomanischen Schriftauslegung eine elementare Begründungsfunktion zu. Gemäß dem Prinzip, nach dem im Anfang alles Weitere enthalten ist, bietet der Prolog, der ja auch ausdrücklich mit den Worten „Im Anfang ..." beginnt, nicht nur eine fokussierende Zusammenschau der Inhalte des gesamten Evangeliums, indem er von der Göttlichkeit

---

[84] Thomas, *S.c.G.* I 1 (n. 2) mit Bezug auf Aristoteles, *Top.* II 1 (109a27).

[85] Vgl. M.-D. Philippe (1981), 21, Anm. 9.

[86] Im Unterschied dazu sind die alttestamentlichen Kommentare stärker den geistliche Schriftsinnen verpflichtet, während die Auslegungen der Paulus-Briefe v.a. ein theologisches Interesse verfolgen. – In der Auslegungsgeschichte setzt sich die Exegese des Thomas freilich auch bei den Schriftkommentaren zum Alten Testament dadurch von der Tradition ab, daß sie die bibischen Bücher zunächst einmal wörtlich - und nicht, wie die Kirchenväter, allegorisch – liest. Dies kommt nicht zuletzt in ihrer Benennung zum Ausdruck: *Expositio super Isaiam „ad litteram"* oder *Expositio super Iob „ad litteram"*.

des Wortes (*Joh* 1,1) über die Schöpfung (*Joh* 1,3) bis zur Fleischwerdung (*Joh* 1,14) voranschreitet.[87] Insbesondere seine drei ersten Verse enthalten überdies alle Erkenntnis des göttlichen Wortes und sind dazu geeignet, sämtliche Häresien zu widerlegen.[88] Hinsichtlich der praktischen Bedeutung des Gotteswortes für die Vollendung und das Heil des Menschen zeichnen Prolog und Evangelium schließlich eine Linie vor, die von der Göttlichkeit des Wortes über die Menschwerdung bis zu den Sakramenten reicht. So lehrt Johannes

> *nicht nur, auf welche Weise Christus Jesus das Wort Gottes [...] ist und auf welche Weise alles durch ihn geschaffen ist, sondern auch, daß wir durch ihn geheiligt werden und ihm durch die Gnade, die er uns eingießt, anhaften, daher sagt er [unten 1,16]: „Von seiner Fülle haben wir alle Gnade um Gnade erhalten." [...] Von seiner Gnade aber werden die Gläubigen erfüllt durch die Sakramente seiner Menschheit.*[89]

Eben diese Linie wird die Grundstruktur der Christologie in der *IIIa Pars* der *Summa theologiae* bestimmen.

Schließlich ist der *Kommentar zum Johannes-Evangelium* und insbesondere zum Prolog bereits durch verschiedene *äußere Merkmale* im exegetischen Werk des Thomas hervorgehoben und bildet ein herausragendes Beispiel der „Theologie im Ursprung". Hierfür sprechen seine besondere Ausführlichkeit und Elaboriertheit: Es handelt sich um einen der umfangreichsten Schriftkommentare des Thomas. Das Vorwort, das ihn präsentiert, ist mit besonderer Sorgfalt komponiert, und die einzelnen Lektionen, in die sich die Auslegung gliedert, zeigen in ihren definitorischen Erörterungen der biblischen Grundbegriffe, in den vielfachen Zusammenfassungen, Querverweisen und Wiederholungen, eine besondere Gründlichkeit und Nachdrücklichkeit in der Darlegung. Nicht ohne Grund hat man der z.T. kunstvollen Gestaltung des Kommentars (vgl. z.B. I 1, n. 63), in welcher der biblische Text im besten Sinne des Wortes zum Klingen gebracht wird, mitunter poetische Qualitäten zugeschrieben.[90]

---

[87] Vgl. Thomas, *Super Ioan.* prol. (n. 10).

[88] Vgl. Thomas, Super Ioan. I 1 (n. 64; in der Übersetzung Piepers leider ausgelassen); prol. (n. 10); ferner *Coll. in Symb. Apost.* 2 (n. 892).

[89] Thomas, *Super Ioan.* prol. (n. 7).

[90] Vgl. C. Berchtold (2000), 165, Anm. 408. – Zu den Themen des *Johannes-Kommentars* vgl. die Beiträge in M. Dauphinais (2005).

Von den 222 Abschnitten, in die der Kommentar zum Prolog in der Ausgabe des lateinischen Textes gegliedert ist, entfallen dabei allein 59 auf die Exegese von *Joh* 1,1. Ein Alleinstellungsmerkmal des Kommentars zum Prolog in der Geschichte seiner Auslegung bildet schließlich auch die Tatsache, daß Thomas in seine Interpretation alle wichtigen Kommentare vor ihm einbezieht und mit seiner Exposition so eine „Synthese der Auslegungstradition" bietet.[91] Mit den Kirchenvätern sind dabei zugleich die Konzilien der ersten Jahrhunderte, ja: die Theologiegeschichte der Alten Kirche insgesamt präsent. Der *Kommentar zum Johannes-Evangelium* und zum Prolog „gehört so zweifellos zu Thomas' vollendetsten und besten Bibelkommentaren" und zum „tiefsten [was] aus seiner Feder" stammt.[92] In exzeptioneller Weise bietet er „Theologie im Ursprung" – und Theologie als Weisheit.

4. Ein Werk der Reife: Am Ziel der eigenen Lehrentwicklung

Mit ziemlicher Sicherheit ist der *Johannes-Kommentar* während der zweiten Pariser Lehrtätigkeit des Thomas in den Jahren 1270-72 entstanden. Der große Umfang des Kommentars legt es nahe, einen längeren Entstehungszeitraum anzunehmen. Der literarischen Gattung nach handelt es sich um eine *reportatio*, d.h. um die Niederschrift einer Vorlesung durch einen Schüler oder Sekretär. Den wichtigsten Handschriften zufolge hat Thomas' Sekretär Reginald von Piperno (1230/35-1285/95) auf Bitten einiger Mitbrüder und v.a. des Probstes von St. Omer, Adenulfus von Anagni (+ ca. 1290), die Vorlesung aufgeschrieben und überarbeitet. Daß Thomas selbst den Text des Kommentars vollständig durchgesehen hat, ist unwahrscheinlich. Gemeinhin wird eine eigenhändige Überarbeitung der ersten fünf oder sechs Kapitel angenommen.

Werkchronologisch schließt sich die *Lectura super Evangelium s. Ioannis* unmittelbar an den kurz zuvor entstandenen Kommen-

---

[91] Da die *Catena aurea* einige Jahre zuvor entstand, stößt man hier auf dieselben Quellen wie dort, v.a. auf Johannes Chrysostomus (344/54-407) und Augustinus (354-430), ferner auf Basilius den Großen (ca. 330-379), Hilarius von Poitiers (ca. 315-367) und Origenes (ca. 185-253/54). – Angeführt werden auch Ambrosius von Mailand (ca. 340-397), Gregor der Große (ca. 540-604), Beda Venerabilis (ca. 672-735), Johannes Damascenus (ca. 675-749), Alkuin (ca. 730-804), Johannes Scotus Eriugena (ca. 810-877) und Anselm von Canterbury (1033-1109).

[92] J.-P. Torrell (1995), 215.

tar zum Matthäusevangelium (1269-70) an. „Höchstwahrscheinlich behandelte Thomas die Bücher des Neuen Testaments in ihrer kanonischen Reihenfolge. Daß er von Matthäus gleich zu Johannes überging, ohne erst die anderen Synoptiker zu kommentieren, mag durch die Überzeugung bedingt sein, Matthäus könne man stellvertretend für die beiden anderen synoptischen Evangelien behandeln, wohingegen Johannes einen spezifisch anderen Charakter habe"[93]. Zeitlich parallel liegen die Arbeiten an den Aristoteles-Kommentaren sowie an der *Summa theologiae*, genauer gesagt: ihres dritten (christologischen) Teils.

Zugleich zeigt sich in der Auslegung zum Johannes-Prolog das Ende bzw. der Schlußpunkt einer Lehrentwicklung, die sich von den frühen Schriften an durch die verschiedenen Phasen seines Werkes hindurch verfolgen läßt. Dies ist um so bemerkenswerter, als die Lehren des Thomas in der Regel von großer Konsistenz und Kontinuität gekennzeichnet sind und vom Früh- bis zum Spätwerk nur wenige Veränderungen aufweisen. Bereits seine Zeitgenossen haben diese Entwicklung bemerkt[94], die gerade deswegen eine besondere Aufmerksamkeit verdient, weil sie den Kerngedanken des *Kommentars zum Johannes-Prolog* betrifft: die Lehre vom göttlichen Wort und dessen Personalität. Es geht um nicht weniger als darum, das „Wort" nicht nur als eines der vielen Attribute Gottes darzustellen, sondern es *als Person* wahrzuneh-

[93] *Ebd.*, 214. – Zu den verschiedenen Datierungsvorschlägen vgl. zusammenfassend *ebd.*, 212f.

[94] Vgl. bereits eine anonyme Marginalie in einem Manuskript des *Sentenzenkommentars* aus dem 13. Jahrhundert: „Communitas Parisiensis tenet quod verbum tantum personaliter dicatur, et quod etiam frater Thomas modo in hic consentit – non quod distinctio hic posita sit erronea, sed sancti communiter non utuntur hoc nomine nisi personaliter" (zitiert bei L. Boyle [1983], 425). – Vgl. Roger Marston, der in seiner *Q. de emanatione aeterna* (*Q. disp.*, 117) auf eine Disputation um 1271/72 anspielt: „Ego tamen praesens fui Parisius et corporeis auribus audivi, quando incepit Cantor de Perona, assistente Magistero Gerardo de Abbatisvilla, praesentibus fratre Thoma de Aquino et fratre Ioanne de Pecham et aliis Doctoribus sacrae theologiae usque ad XXIIII vel circiter, ubi haec opinio fuit excommunicata solemniter tamquam contraria Sanctorum assertionibus et doctrinae". Am Rande des Textes wurde hinzugefügt: „[F]ratre Thoma. Unde est quod Thomas fuit praesens illi excommunicationi et tamen in primo *super Sententias* dicit quod Verbum in divinis dicitur essentialiter et notionaliter, dist. 16 probl.? Respondeo: forte fecit librum primum *Sententiarum* ante excommunicationem. Quod patet, quia in prima parte *Summae* tenet quod non dicitur nisi notionaliter". – Zum Ganzen vgl. A. van Gunten (1993), 119-120, Anm. 2, der seinerseits auf Cajetan hinweist; ferner H. Paissac (1951).

men und sichtbar zu machen. Die Frage, die diskutiert wird, lautet dementsprechend, ob der Name „Wort" in Gott ein Name für eine Person oder für die eine göttliche Wesenheit sei, ob er *personaliter* oder *essentialiter* ausgesagt wird. Während Thomas im frühen *Sentenzenkommentar* keinen sachlichen Grund angeben konnte, warum der Name „Wort" auf die zweite göttliche Person zu beziehen sei, kennzeichnet er ihn in allen folgenden Werken nachdrücklich als Namen für den ewigen Sohn. Die Begründung dafür wird in einem mehrstufigen Prozeß erarbeitet, der hier nicht detailliert nachgezeichnet werden soll.[95]

Ihre maßgeblichen Impulse erhält diese Entwicklung erhält durch Überlegungen auf *anthropologischer* Ebene. Hier führt – unter dem Einfluß der Schriften des Aristoteles (v.a. *De anima, De sensu et sensato*) – eine verstärkte Wahrnehmung des Phänomens des äußeren Wortes, seines Expressions- und Manifestationscharakters, dazu, das innere *menschliche Wort* erkenntnispsychologisch als ein Produkt spontaner Formung durch den erkennenden Intellekt zu verstehen. Es ist dabei im Wesentlichen getragen von den zwei bzw. drei Tätigkeiten des Verstandes (*operationes intellectus*) nach *De an.* III 6 (einfache Erfassung, Verbinden und Trennen; die Tradition fügt als dritte Tätigkeit das Voranschreiten vom Bekannten zum Unbekannten hinzu): das innere Wort wird von meinem Intellekt im Akt des Erkennens nach der Weise seiner Tätigkeiten geformt, es ist nicht dasjenige, wodurch (*quo*), sondern in dem (*in quo*) der Intellekt erkennt. Mit diesem Konzept, das im Hintergrund der Erwähnung des „Philosophus" gleich zu Beginn der Auslegung von *Joh* 1,1 steht, gelingt es Thomas, die aristotelische Erkenntnistheorie organisch mit der augustinischen Lehre vom *Verbum mentis* zu verbinden.

Analog dazu erscheint auch das *göttliche Wort* unter einem zunehmend operativen Gesichtspunkt: die in der Wortbedeutung mitausgesagte Beziehung zur Schöpfung, von der oben in der Antwort des Augustinus auf die Frage nach der Übersetzung von *logos* mit *verbum* die Rede war, wird nicht mehr primär theoretisch, sondern operativ und expressiv bestimmt wird, sie ist getragen vom Sinn für die besondere *Wirksamkeit* und *wesensmäßige Aktualität* des göttlichen Wortes.[96] Denn ist Gott nach Aristoteles in

[95] Zum Ganzen vgl. H.-G. Nissing (2006), 121-176. – Die Entwicklung verläuft von *Super I Sent.* d. 27 über die frühen *Q. de ver.* 4, die in ihren Leitfragen deutlich an den Johannes-Prolog angelehnt sind, und die *S.c.G.* IV 11 – bis hin zur *S.th.* I 34,3 c. Sie hat im übrigen signifikante Parallelen in der Ideenlehre wie in der Lehre von der Sprache der Engel.

[96] Vgl. Thomas, *S.th.* I 34,3 c.

der Identität von Sein, Leben und Erkennen reines Denken, Leben sowie reine Tätigkeit (*actus purus*), so ist es das Ewige Wort, in dem Gott sich selbst und die Schöpfung spontan und fortwährend erkennt, das die Lebendigkeit dieser innergöttlichen Dynamik in besonderer Weise zum Ausdruck bringt: es ist *Akt von einem Akt*.[97]

(1) Im Unterschied zu den menschlichen Worten, die sukzessive geformt werden und durch Nachdenken entstehen, ist dieser Akt jedoch immerwährend (*semper est in actu*);

(2) anders als die menschlichen Worte, die unvollkommen und viele sind, ist das göttliche Wort *ein einziger* und *vollkommener* Ausdruck Gottes und der Kreatur.

(3) Und während die menschlichen Worte Eigenschaften (*accidentia*) der Seele und von deren Wesen unterschieden sind, ist das göttliche Wort etwas in der einen und einfachen göttlichen Natur Subsistierendes, ein in der Einheit von Erkennen und Sein hypostatisch Seiendes - es ist als Akt selbst *Person*, die lebt und wirkt (vgl. I 1, n. 29; vgl. n. 55).

Der Prolog des Johannes-Evangeliums entfaltet diese Wirksamkeit weiterhin mit Hilfe der Leitbegriffe „Leben" und „Licht" in den Bereichen Schöpfung (1,3-4), menschliche Erkenntnis (1,4-8), Inkarnation (1,14) und Gnadenmitteilung (1,16). Sie läßt sich zusammenfassen unter dem leitenden Begriff der „Offenbarung" (*manifestatio*). Summarisch unterscheidet Thomas die verschiedenen Weisen der Offenbarung in seinem Kommentar zum ersten Vers des *Hebräerbriefes*, der mit dem Hinweis auf die vielen Male und die vielfältigen Weisen beginnt, in denen „Gott einst zu den Vätern gesprochen hat durch die Propheten", ehe er „in dieser Endzeit zu uns gesprochen hat durch den Sohn" (*Hebr* 1,1). Ein göttliches Sprechen läßt sich in vierfacher Weise unterscheiden:

> *Wenn Gott spricht,*
>
> *[1] dann formt er erstens ein inneres Wort, und diese Formung war eine einzige und von Ewigkeit her, und dies war die ewige Zeugung des Sohnes, von der es in Ps 2,7 heißt: „Der Herr sprach zu mir: Mein Sohn bist du, heute habe ich dich gezeugt".*
>
> *[2] Zweitens brachte er dieses innere Wort zum Ausdruck, und zwar auf dreifache Weise:*
>
> *[2.1] Erstens im Aussprechen der Geschöpfe, weil nämlich das geformte Wort das Abbild des Vaters ist und zugleich das*

[97] Vgl. Thomas, *S.c.G.* IV 14 (n. 3499): „Generatio igitur verbi ipsius non est secundum exitum de potentia in actum: sed sicut oritur actus ex actu, ut splendor ex luce et ratio intellecta ex intellectu in actu".

Vorbild, auf das hin alle Geschöpfe gemacht sind: „Gott sprach: Es werde Licht" (Gen 1,3) etc.

[2.2] Zweitens durch bestimmte Erkenntnisse im Verstand heiliger Menschen, und zwar durch sinnenhafte oder geistige oder bildhafte Offenbarungen. Und daher wird jede solche Offenbarung, die vom Ewigen Wort ausgeht, Sprechen genannt: „Das Wort des Herrn erging an mich" (Jer 1,2) etc.

[2.3] Drittens durch die Fleischwerdung, von der es in Joh 1,14 heißt: „Das Wort ist Fleisch geworden, und wir haben seine Herrlichkeit gesehen".[98]

5. Im Anfang – das Wort: Am archimedischen Punkt der Theologie des Thomas

Schließlich kann die Theologie des Ewigen Wortes, wie sie im Johannes-Prolog enthalten ist, zugleich als archimedischer Punkt gelten, von dem aus sich die zentralen Themen im theologischen Denken des Thomas von Aquin erschließen. Christus ist, so Thomas, „der Beginn (*initium*) und der Ursprung (*principium*) unserer Weisheit" – an sich, sofern er die Weisheit und das Wort Gottes ist, d.h. in seiner Gottheit, für uns jedoch, sofern das Wort Fleisch geworden ist, d.h. in seiner Menschwerdung (vgl. I 1, n. 34).[99] In seiner Menschheit ist er zugleich die Vollendung der Theologie, wie es im dritten Teil der *Summa* heißt – so daß alle Gotteslehre sich nicht nur von ihm herleitet, sondern auch auf ihn hin strebt.[100]

Es sind nach Thomas vor allem zwei Geheimnisse, auf denen der christliche Glaube gründet: das Mysterium der Trinität und das Mysterium der Inkarnation.[101] Zu beiden Geheimnissen aber liefert der Johannes-Prolog die entscheidenden Aussagen, denn die Erkenntnis des Ewigen Wortes vermittelt die Erkenntnis beider: (1) durch sein ewiges Gezeugtsein werden der Bezug zum Vater und die drei göttlichen Personen in der einen Natur erkennbar; (2) durch seine Annahme des Fleisches die hypostatische Einheit von einer Person in zwei Naturen. Deswegen beginnt Johannes seine Rede auch mit dem Wort und nicht mit dem Vater,

[98] Thomas, *Super Ad Hebr.* I 1 (n. 15). Die Offenbarung hat von daher immer Wort-Charakter! – Vgl. J. Pieper (2000).

[99] Vgl. Thomas, *De articulis fidei* 1: „Der gesamte christliche Glaube dreht sich um die Gottheit und die Menschheit Christi. Daher sagt Christus mit der Stimme des Johannes in *Joh* 14,1: ‚Glaubt an Gott, und glaubt an mich'."

[100] Vgl. Thomas, *S.th.* III prol. - Vgl. Thomas, *Comp. theol.* I 2: Christi Menschheit ist daher für uns der Weg, zu Gott zu gelangen.

[101] Vgl. Thomas, *Comp. theol.* prol.

worin der spezifische neutestamentliche Zugang zur Wirklichkeit Gottes besteht (vgl. I 1, n. 30).

Unter dem Leitprinzip des göttlichen Wortes enthält die Auslegung zum Johannes-Prolog dabei nicht nur wesentliche Überlegungen zu den Geheimnissen (1) der Trinität und (2) der Inkarnation, sondern auch (3) zur Schöpfungslehre, (4) zur Anthropologie, (5) zur Erkenntnistheorie, (6) zur Gnadentheorie und (7) zur Geschichtstheologie. Vom göttlichen Wort her entwickelt, machen sie jeweils nicht weniger als den Kern der thomanischen Sicht erkennbar, die an anderen Stellen seines Werkes ausführlich entfaltet ist.[102]

(1) Trinitätstheologie

Es ist die Spekulation über das Wesen des göttlichen Wortes, die den entscheidenden Zugang zum dreifaltigen Leben Gottes vermittelt. Dabei sind es zwei zentrale theologische Aussagen, die in *lectio* I 1 entwickelt werden: (1.1) die Lehre von der Göttlichkeit des Wortes; (1.2) die Lehre von seiner Unterschiedenheit als Person. Der in der Interpretation von Joh 1,1-3 erhobene Grundduktus der Argumentation ist dabei derselbe, der auch den Aufbau des Trinitätstraktats der *Summa theologiae* bestimmt: er setzt bei den innergöttlichen Hervorgängen an, um von hier aus über die Ursprungsrelationen die Personen zu erschließen.[103]

(1.1) Die Göttlichkeit des Wortes ermittelt Thomas über (a) seine Urheberschaft gegenüber der Schöpfung, (b) seine Gleichheit mit dem Vater in der Natur und (c) seine Gleichewigkeit (vgl. I 1, n.

---

102 Diese Schwerpunkte lassen sich bereits an der *divisio textus* erkennen, nach der zunächst die göttliche Natur des Wortes (L. I 1), sodann seine Kraft und Wirksamkeit im Hinblick auf die Schöpfung (L. I 2) und den Menschen (L. I 3) bedacht werden, ehe es um die Menschwerdung Christi in ihren verschiedenen Dimensionen geht (L. I 4-7). – Die besondere Bedeutung der Erkenntnisthematik ergibt sich dabei durch die grundlegende thematische Zweiteilung des Prologs, weil Johannes zunächst die Göttlichkeit Christi darlegt (1,1-14a; vgl. L. I 1-7) und danach erörtert, wie uns diese Göttlichkeit bekannt wird (1,14b-18; vgl. L I 8-11). Die weiteren Themen sind letzterem untergeordnet. – Vgl. dazu auch unten S. LXIX.

103 Vgl. Thomas, *S.th.* I 27-43. – Wenn Thomas in seinem Trinitätstraktat im Unterschied zu seinen Zeitgenossen die göttlichen Personen nicht durch ihre Ursprünge (*origines*), sondern durch ihre Relationen konstituiert sein läßt (vgl. dazu noch immer klassisch A. Stohr [1925]), so liegt dabei ein teleologisches Verständnis des Relationsbegriffs als ‚*ad* aliquid' zugrunde (vgl. *S.th.* I 28,2). Dieses mag im Verständnis des *Verbum* als einer zielgerichteten *manifestatio* bzw. *expressio* sein gedankliches Paradigma besitzen.

38). Letztere bedarf dabei gerade mit Blick auf die Zeugung, die eine Prozessualität zu besagen scheint, besonderer Erklärung. Diese ist verbunden (i) mit differenzierten Überlegungen zu den Zeitstufen der Verben (vgl. I 1, n. 39-40), die Johannes verwendet, sowie (ii) mit dem besonderen Hinweis auf die erschließende Kraft des Bildes vom Lichtglanz (vgl. I 1, n. 41).

(1.2) Seine Unterschiedenheit als Person ergibt sich aus Überlegungen zu den verwendeten Präpositionen. V.a. dem Gebrauch der Präposition „bei" läßt sich entnehmen, daß das Wort (a) ein Für-sich-Seiendes ist, (b) dem gegenüber der Vater den höheren Rang hat, wobei beide (c) voneinander unterschieden und doch zugleich (d) in Gemeinschaft verbunden sind (vgl. I 1, n. 45-46; v.a. n. 51). – Den Hintergrund der thomanischen Überlegungen bilden hier zweifellos die Konzepte von „Natur" und „Person"[104]. Als zentrale Aussagekategorien für die beiden Hauptgeheimnisse des Glaubens werden sie an dieser Stelle allerdings nicht definitorisch eingeführt, sondern in ihrem Bedeutungsgehalt aus der Exegese der biblischen Begriffe heraus entwickelt.

Als häretischer Widerpart der Lehre von der Göttlichkeit und Personalität des Wortes gelten Thomas

(a) einerseits ein heidnischer Prinzipiendualismus, wie er v.a. durch die Sekte der Manichäer vertreten wurde. In Anlehnung an ihren Gründer Mani (ca. 216-276), der zunächst in Persien und später in Indien wirkte, nahmen diese eine radikale Unterscheidung zwischen einem Reich des Lichtes und einem Reich der Finsternis, zwischen Geist und Materie an, lehnten das Alte Testament als Verkündigung eines grausamen und unvollkommenen Gottes ab und postulierten in Christus einen vom Vater verschiedenen anderen Gott – oder zumindest einen mit dem Willen Gottes widerstreitenden Willen (vgl. I 1, n. 60-62);

(b) andererseits gilt Thomas als Widerpart der Subordinatianismus des Arius (ca. 260-336) und der Arianer, die (i) das Wort als Anfang der Schöpfung verstanden und (ii) das Wort als geringer gegenüber dem Vater ansetzten, so daß ihm keine Ewigkeit und Allmacht zukommen sollte.[105] Als Presbyter in Alexan-

---

[104] Thomas orientiert sich in seinem Personbegriff an der Definition des Boethius, der die Person als „individuelle Substanz vernunftbegabter Natur" bestimmte (vgl. *S.th.* I 29,1), bei seiner Bestimmung der „Natur" an Aristoteles' Definition als „inneres Prinzip von Ruhe und Bewegung" (*Physik* II 1, 192b21), die er allerdings auf ein Verständnis im Sinne des Wesens (*essentia, quidditas*) erweitert (vgl. *S.th.* III 2,1 c.).

[105] Ausgelassen sind in der vorliegenden Textfassung die Hinweise auf

dria war Arius wegen seiner Lehren vom Bischof abgesetzt worden, seine Thesen wurden auf dem ersten ökumenischen Konzil von Nizäa (325) gebannt (vgl. I 1, n. 46-50).

Hinsichtlich der Schöpfungsmacht des Wortes, durch die dieses vor allem als Gott ausgewiesen ist, führt Thomas zusätzliche Antipoden an:

(c) die Gnosis des Valentinus (+ ca. 160), eines ägyptischen Theologen und Dichters, der in Rom lebte und lehrte, das Wort habe einen formbaren Stoff zur Schöpfung dargeboten und der Sohn sei für Gott ein zufälliges Motiv, zu schaffen (vgl. I 2, n. 73), sowie

(d) die Lehren des Origenes (ca. 185-253/4), die Schöpfungsmacht des Sohnes umfasse auch den Heiligen Geist, der daher Geschöpf sei (vgl. I 2, n. 74), und

(e) der Sohn sei bei der Schöpfung Werkzeug des Vaters und daher geringer als dieser (vgl. I 2, n. 75). - Gerade an Origenes, der Lehrer an der Katechetenschule in Alexandrien und vor allem in seiner Schriftauslegung einer der genialsten Theologen der Alten Kirche war, kann man im Übrigen den besonderen, rein an der Sache orientierten Umgang des Thomas mit seinen Gegnern beobachten: Während Origenes einerseits in seinen Irrtümern unzweifelhaft widerlegt wird, kann seinen Auslegungen andererseits doch eine affirmative Bedeutung für das Verständnis des Schrifttextes zukommen, so daß er entsprechend häufig zitiert wird (vgl. I 1, n. 34; n. 36; n. 54; n. 63 u.ö.).

(2) Inkarnation

Wie die ersten drei Verse des Prologs alle wesentlichen Elemente für die Trinitätstheologie enthalten, so bildet *Joh* 1,14 („Das Wort ist Fleisch geworden, und hat unter uns gewohnt") den Nukleus für alle zentralen Bestimmungen der Christologie. Die Deutung, mit der Thomas den Vers versieht, kann mit Recht als in der Auslegungsgeschichte einzigartig bezeichnet werden[106] - zumal da die „Fleischwerdung" in ihrem ganzen Umfang und in ihrer ganzen Bedeutung ausgelotet wird. Und wie in der Trinitätstheologie, so

---

den Adoptianismus des Ebion und Cerinth, nach denen Christus nur Mensch war und durch gute Werke die Gottheit verdient habe (gegen ihn ist *Joh* 1,1a gerichtet), den Modalismus des Sabellius (+ ca. 215 in Rom), demzufolge Christus bloß eine andere Erscheinungsweise des Vaters, jedoch nicht von ihm unterschieden war (dagegen spricht *Joh* 1,1b), den Arianismus des Eunomius (+ 394), nach dem der Sohn dem Vater völlig unähnlich sei (hiergegen spricht *Joh* 1,1c) und auf Arius selbst, nach dem der Sohn geringer ist als der Vater (hiergegen spricht *Joh* 1,2): vgl. I 1 (n. 64).

[106] Vgl. M. Enders (2011), 147.

sind auch in der Christologie alle wesentlichen Elemente der systematischen Entfaltung der *Summa theologiae* in der Auslegung des Bibeltextes präsent:[107]

(2.1) Seine Begründung der *Notwendigkeit der Menschwerdung* stellt Thomas dabei bezeichnenderweise in den Horizont des Ungenügens menschlicher Gotteserkenntnis: Die Inkarnation wird nicht allein motiviert (a) durch die Verkehrtheit der menschlichen Natur, die aufgrund ihrer Sünde Gott nicht zu erkennen vermochte, sondern auch durch das Ungenügen (b) des Zeugnisses der Propheten und (c) der Schöpfung, die nicht ausreichte, um zur Erkenntnis des Schöpfers zu führen. Die *manifestatio veritatis* erscheint so hier und an einer Reihe anderer Stellen als die eigentliche Sinnspitze der Inkarnation (vgl. I 5, n. 141).[108]

(2.2) Die besondere *Art und Weise*, in der Gott und Mensch in der Person Jesu Christi vereinigt sind, eruiert Thomas in seiner Auslegung von *Joh* 1,14 wiederum in Gegenüberstellung zu verschiedenen häretischen Irrtümern:

(a) So hatte Eutyches (ca. 378-454), der Vorsteher eines Klosters bei Konstantinopel war und dessen Lehren die Kirche 451 auf dem Konzil von Chalcedon beschäftigt hatten, in seinem sog. Monophysitismus eine Vermischung göttlicher und menschlicher Natur in Christus gelehrt;

(b) der bereits genannte Arius hatte eine Annahme des menschlichen Fleisches ohne die Seele postuliert und

(c) Apollinaris (+ um 390), der als Bischof von Laodicea in Syrien gegen Arius Stellung bezogen hatte, dabei aber seinerseits zu problematischen Thesen gelangt war, hatte die Annahme nur einer sinnlichen, nicht aber einer geistigen Seele vertreten.

---

[107] Vgl. J. Weisheipl (1980), 487: „St. Thomas' most important contribution to christology is his insight into the manner of the union between the divine and the human in Christ."

[108] Damit ist eine merkliche Korrektur an jener Lesart anzubringen, die in der Schultheologie als Motiv für die Notwendigkeit der Menschwerdung die Erlösungsbedürftigkeit des Menschen bei Thomas der Lehre von der sog. „absoluten" Inkarnation bei Duns Scotus gegenübergestellt hat, nach welcher Gott auch ohne das Vorkommen der Erbsünde Mensch geworden wäre, um durch die Verbindung von Gottheit und Menschheit die Schöpfung zu vollenden. – Nach I 5 (n. 141) bedingt der Mangel an Liebe den Mangel an Gotteserkenntnis, woraus sich die Notwendigkeit der Inkarnation einsehen läßt. – Die über das Problem der Notwendigkeit der Menschwerdung hinausgehenden Fragen nach deren Nutzen, die in Anknüpfung an *Joh* 1,12 erörtert werden, führen ins Feld der Gnadentheologie: vgl. I 6 (n. 143ff.).

Mit Blick auf die damit bezeichnete, zunehmend differenzierte Linie von Irrtümern unterstreicht Thomas die Vollständigkeit der in Christus angenommenen Menschheit:

(a) So ergibt sich - gegen Eutyches - die Unmöglichkeit einer Vermischung von Gottheit und Menschheit aus der Unwandelbarkeit der göttlichen Natur Christi, die zuvor in *Joh* 1,1-3 festgestellt worden war (vgl. I 7, n. 166), sowie aus der Vorstellung vom „Wohnen" des Wortes, das nur möglich ist, wenn eine entsprechende Verschiedenheit gewahrt ist (vgl. I 7, n. 173);

(b) das Faktum einer Seele Christi ist für Thomas - gegen Arius - durch verschiedene Stellen der Heiligen Schrift bezeugt, die etwa vom Trauern und Zagen Christi reden (vgl. etwa *Mt* 26,37f.; dazu I 7, n. 167);

(c) und auch die besondere Geistigkeit der Seele Christi bringt die Bibel - gegen Apollinaris - zum Ausdruck, vor allem wenn sie etwa von seinem Staunen spricht, einem Vorgang, der eindeutig der Geistigkeit des Menschen zuzuschreiben ist (vgl. etwa *Mt* 8,10; dazu I 7, n. 168).

Darüber hinaus ergibt sich die Vollständigkeit der Menschheit Christi für Thomas aus einem soteriologischen Argument: Das Wort hat deswegen die menschliche Natur angenommen, um sie zu heilen: „Er hat das geheilt, was er angenommen hat" (I 7, n. 168). Auf den Heiland Christus deutet demgemäß auch die scheinbar so undifferenzierte Rede von der „*Fleisch*-Werdung" des Wortes hin: Mit der besonderen Betonung des Fleisches wollte der Evangelist darauf hinweisen, „daß durch das Fleisch des Wortes die Schwachheit unseres Fleisches geheilt wurde" (vgl. I 7, n. 169). Darüber hinaus sollten durch diese Redeweise (a) (gegen die Manichäer) die Annahme eines wirklichen und nicht nur phantastischen Leibes, (b) die Größe der göttlichen Güte und (c) die Einzigartigkeit der Vereinigung betont werden (vgl. I 7, n. 169).

Zugleich enthält das Wort von der „Fleisch-*Werdung*" für Thomas ein Argument gegen das der Position des Eutyches entgegengesetzte häretische Extrem, eines Dyopersonalismus (d.h. die Annahme von zwei Personen in Christus), wie ihn Nestorius (nach 381-ca. 451) vertreten hatte, der als Nachfolger von Johannes Chrysostomus Patriarch von Konstantinopel war und dessen Lehre auf dem Konzil von Ephesus 431 für häretisch erklärt wurde. Gegen eine gleichermaßen überzogene Unterscheidung der beiden Naturen in Christus deutet für Thomas die johanneische Formulierung „es ist geworden" (*factum est*) anstelle von „es hat angenommen" (*assumpsit*) darauf hin, daß die Verbindung nicht nur äußerlich oder aktuell war, sondern „daß sie Gott wahrhaft zum Menschen gemacht hat und den

Menschen zu Gott, das heißt, daß in ihr Gott Mensch war" (I 7, n. 170).

In der Mitte zwischen den häretischen Extremen ist die Verbindung von göttlicher und menschlicher Natur in Christus daher weder als Vermischung, noch als Annahme, noch als Einheit, sondern als Vereinigung (*unio*) zu fassen (vgl. I 7, n. 172).

Treffend hat man die Christologie des Thomas insgesamt als „Lehre vom Persongeheimnis Christi" bezeichnet[109], da sie vor allem auf die Bestimmung des Verhältnisses von Gottheit und Menschheit konzentriert ist und von ihm her entfaltet wird. Dementsprechend führen die Auslegungen zu *Joh* 1,14 in terminologische Überlegungen anhand der Begriffe „Person" und „Natur" hinein (vgl. I 7, n. 175). – Mit *Phil* 2,6f und *Joh* 10,30 i.V.m. *Joh* 8,58 benennt Thomas zwei zentrale Schriftstellen, die summarisch ein angemessenes Verständnis Christi bewahren (vgl. I 7, n. 176). Zumal der erstgenannten wird in der Christologie der *Summa* als wiederholtem Referenzzitat eine nicht unwesentliche Bedeutung zukommen.[110] Die umfassende Berücksichtigung der Menschheit Christi ist dort überdies die entscheidende Voraussetzung dafür, diese als „Organon", als „Instrumentalursache" unserer Erlösung zu profilieren[111] – ein Gedanke, der sich schließlich in der Sakramentenlehre fortsetzt, wo die verschiedenen Sakramente sozusagen als „Verlängerung" der Menschwerdung Christi dargestellt werden.[112] – Im *Johannes-Kommentar* klingt dieser Gedanke an unter der Vorstellung, daß durch sein Fleisch das Ewige Wort dem Menschen nicht nur die Möglichkeit zur „Schau seiner Herrlichkeit" (Joh 1,14b) gegeben und die Augen der Menschen hell gemacht habe, sondern aus diesem Fleisch auch die „heilbringende Arznei" bereitet habe, um uns „durch das Heilmittel seines Fleisches gesund zu machen" (I 8, n. 182).

Dabei stehen von *Joh* 1,14b her im *Johannes-Kommentar* das Leben und Wirken Jesu als Ganzes im Horizont einer *theologiae gloriae*: Die Einzigartigkeit der Herrlichkeit des Wortes wird, so Thomas, sichtbar (a) bei seiner Verklärung durch das Zeugnis

---

[109] O.H. Pesch (1988), 332.

[110] Vgl. etwa Thomas, *S.th.* III 2,5c.; 7,3ad 2; 14,1 c.; 20,1 c.; 42,1 c.; 49,6 c.; 52,1 c.; 59,6 c. – dazu häufig in den *Sed contra*-Argumenten.

[111] Nach O.H. Pesch (1988), 328, ist dies „der tragende Gedanke der Christologie des Thomas überhaupt". Er hat ihn von Johannes Damascenus, *De fide orthodoxa* III 15, übernommen.

[112] Vgl. Thomas, *S.th.* III 60 prol.

des Vaters (vgl. *Mt* 17,5), (b) im Dienst der Engel nach der Versuchung (vgl. *Mt* 4,11), (c) im Gehorsam der Schöpfung bei seinen Wundern (vgl. *Mt* 8,27) und (d) in der Weise seines Lehrens und Wirkens, insofern er in eigener Vollmacht spricht (vgl. *Mt* 5,22) und „eine neue Lehre" verkündet (vgl. *Mk* 1,27).[113]

(2.3) Entgegen der Vermutung, Thomas zeichne mit seiner „Lehre vom Persongeheimnis Christi" jedoch ein von aller Weltlichkeit und Erdgebundenheit abgehobenes Bild Jesu Christi, bringt bereits seine Deutung der Rede vom „Wohnen unter uns" eine eigentümliche Menschennähe des fleischgewordenen Gotteswortes zum Ausdruck. Wenn Thomas in diesem Zusammenhang wiederholt vom „trauten Umgang" des fleischgewordenen Gotteswortes mit den Menschen, vom „Zusammenleben" mit ihnen und von seinem „Wandel unter uns" spricht (vgl. I 7, n. 177-178), so ist damit ein völlig originelles Element der thomanischen Christologie namhaft gemacht. In der *Summa theologiae* findet diese Sicht des „Immanuel", des „Gottes mit uns", ihren Niederschlag im Traktat von den „Mysterien des Lebens Jesu"[114], die im Rhythmus von Eintritt (*ingressus*), Fortgang (*progressus*), Ausgang (*exitus*) und Erhöhung (*exaltatio*) die verschiedenen in den Evangelien bezeugten Stationen seines irdischen Daseins von der Geburt bis zur Himmelfahrt betrachten. Eine eigene Quaestio ist dabei dem Wandel Christi (*conversatio*) unter den Menschen gewidmet[115], und auch in der 2. Strophe des Hymnus „Pange lingua" findet sich dieser Akzent, wenn Thomas mit dem „et in mundo conversatus" das Wort aus *Bar* 3,38 aufnimmt: „Die Weisheit ist auf Erden erschienen, und pflegte Umgang mit den Menschen (*et cum hominibus conversatus est*)".

(2.4) Im Mittelpunkt des Lebens Jesu aber steht für Thomas dessen Lehrer-Sein. Dazu vor allem ist er in die Welt gekommen. Nicht nur im Schauenlassen der Herrlichkeit (vgl. *Joh* 1,14) bringt der Johannes-Prolog diesen Gesichtspunkt zur Sprache. Christi einzigartige Befähigung als „vollkommener Lehrer der Weisheit" rührt vor allem daher, daß er „der Einziggezeugte" ist, „der im Schoß des Vaters ruht und Kunde gebracht hat" (*Joh*

---

[113] Dementsprechend deutet Thomas die zusätzliche Bestimmung „voll der Gnade und Wahrheit" (*Joh* 1,14b) nicht nur auf die Einigung der menschlichen Natur mit Gott, sondern auch auf die Vollkommenheit der Seele Christi hin, in der sich die maßlose Fülle der Tugenden und überdies die Begabung durch die sieben Gaben des Heiligen Geistes findet (vgl. I 8, n. 189).

[114] Vgl. Thomas, *S.th.* III 27-59.

[115] Vgl. Thomas, S.th. III 40: *De modo conversationis Christi.*

1,18). Als solcher kann er das dort Verborgene, das innerste Geheimnis Gottes, offenbar machen. So „überragt diese Lehre alle anderen Lehren an Würde, an Wirkkraft und an Nutzen, weil sie unmittelbar mitgeteilt ist durch den einziggezeugten Sohn, welcher die Erste Weisheit ist" (I 11, n. 221). Er hat nicht nur – wie Mose – vom Einen Gott Kunde gebracht, sondern er hat das Geheimnis des dreifaltigen Gottes enthüllt.

(3) *Schöpfungslehre*

Bekanntlich ist die Lehre von der Schöpfung wiederholt als „Notenschlüssel"[116] bezeichnet worden, unter dem das Werk des Thomas von Aquin im Ganzen steht. Die damit verbundene Bejahung alles Kreatürlichen in seiner Eigenwirklichkeit und -wirksamkeit hat G.K. Chesterton dazu veranlaßt, in Analogie zu anderen Heiligen und den besonderen Attributen ihres Lebens und Wirkens (Johannes ‚vom Kreuz', Theresa ‚von Jesus') von Thomas ‚vom Schöpfer' (‚Thomas a Creatore') zu sprechen.[117] – Der *Kommentar zum Johannes-Prolog* macht den Horizont der thomanischen Lehre von der Schöpfung sichtbar, indem er diese – in Entfaltung der Begriffe „Licht" und „Leben" – verstehen läßt als durch einen geistigen Akt gestiftet und getragen: Die Dinge entstehen nicht in der Weise eines mühsames Zurechtknetens einer Materie (wie der Ton in der Hand des Töpfers seine Form annimmt; vgl. *Gen* 2, 7; *Jer* 18, 6; *Jes* 45, 9; *Röm* 9, 21), sondern sie werden durch das göttliche Wort und seine Wirksamkeit ins Dasein gerufen: Gott „sprach, und es wurde" (*Ps* 148,5; *Gen* 1).

(3.1) Weil das schöpferische Wort „die Kunst des Vaters" ist und sich im Kunstwerk die Kunst des Künstlers offenbart, besteht der Grundcharakter der Schöpfung darin, die Weisheit Gottes darzustellen, die im Geiste des Vaters empfangen wurde (vgl. I 2, n. 77; zum Wort als „Kunst Gottes" vgl. I 2, n. 87; I 4, n. 118; I 5, n. 136). Aufgrund ihres Erkanntseins durch Gott besitzen die geschaffenen Dinge daher nicht nur ein Sein in sich, sondern auch im göttlichen Wort: „So ist die Kreatur in Gott schöpferische Wesenheit" (I 2, n. 91ff). Die Überlegungen des Johannes-Prologs enthalten hier ein Grundmotiv des thomanischen Denkens, das Thomas vor allem in der Lehre von der „Wahrheit der Dinge" entfaltet hat. Demnach sind alle Dinge „zwischen" zwei Erkenntnisvermögen gestellt: das rezeptiv erkennende mensch-

---

[116] J. Pieper (2001a), 114.
[117] Vgl. G.K. Chesterton (1960), 85.

liche und das kreativ erkennende göttliche. Alle menschliche Erkenntnis hat daher die Bedingung ihrer Möglichkeit in einem vorgängigen Erkanntsein der Dinge durch Gott - im prägnanten Diktum des Augustinus formuliert: „Wir sehen die Dinge, weil sie sind, sie aber sind, weil du sie siehst".[118]

(3.2) Besagt Schöpfung - wie Thomas definierend herausstellt - Seinsgabe, so ist diese nicht als ein einmaliger Akt, wie das Aufziehen eines Uhrwerkes, das dann allein läuft, zu verstehen und der erschaffende Gott als ein *Deus extramundanus*.[119] Weil das Sein vielmehr „das Innerlichste [...] in jedem Wesen ist, darum wirkt Gott, der durch sein Wirken das Sein gibt, in den Dingen als innerste Wirkkraft". Dies ist, so Thomas, der Sinn des Satzes „Er war in der Welt". Und sein Wirken ist ein fortwährendes, beständiges - es ist *creatio continua*. - Zur Illustration greift Thomas auf ein Beispiel des Origenes zurück: Wie sich der stimmliche Laut des Menschen zum inneren Wort verhält, so verhält sich die Schöpfung zum göttlichen Wort, denn wie unsere Laute Wirkungen des im Inneren konzipierten Wortes sind, so stellt die Schöpfung eine Wirkung des im göttlichen Geiste empfangenen Wortes dar. Wie wir aber feststellen können, daß im selben Augenblick, in dem unser Wort zu Ende ist, auch der sinnliche Laut verschwindet, so würden auch alle Dinge, wenn die Wirksamkeit des göttlichen Wortes von ihnen genommen würde, sofort und im selben Moment ins Nichts zurücksinken und verschwinden (vgl. I 5, n. 133).[120] So ist das Wort in der Welt (a) wirkkräftig, (b) gegenwärtig und (c) offenkundig (vgl. I 5, n. 136), es ist nicht verborgen oder unsichtbar, sondern leuchtet auf offenbare Weise wider, und kann in seiner unsichtbaren Wirklichkeit an den Werken seiner Schöpfung erkannt werden (vgl. *Röm* 1,20).

(3.3) Wenn hingegen die Häretiker ein umfassendes Schöpfungswirken des Sohnes leugneten, so gründete sich dies auf ein falsches Verständnis des Begriffs „nichts" in *Joh* 1,3. Entsprechend nahmen die Manichäer aufgrund ihres Prinzipiendualismus an, daß die vergänglichen Dinge nicht vom Wort geschaffen seien, andere bezogen das „nichts" auf den Teufel (vgl. I 2, n. 79-82).

---

118 Augustinus, *Confessiones* XIII 53: „Nos itaque ista quae fecisti videmus, quia sunt, tu autem quia vides ea, sunt". - Vgl. dazu J. Pieper (2007).

119 Vgl. J. Pieper (2001d), 441.

120 Vgl. auch Thomas, *S.th.* I 104,1; 3 ad 3; *Q. de pot.* 3, 3 ad 6; 5,3 ad 2; *S.c.G.* III 65 (n. 2403) sowie die Erläuterung zu *Joh* 5,17 („Pater meus usque modo operatur, et ego operor"): *Super Ioan.* V 2 (n. 739); sowie zu *Hebr* 4,12 („Vivus est enim sermo Dei et efficax"): *Super Ad Hebr.* IV 2 (n. 217 f.).

Zum angemessenen Verständnis jener Passagen des Prologs, die auf dieser Linie die Begriffe „Welt" und „Finsternis" miteinander in Verbindung bringen, unterscheidet Thomas zwischen einem dreifachen Sinn, in dem das Wort „Welt" (*mundus*) in der Heiligen Schrift verwendet wird. So bezeichnet es (a) den Gesichtspunkt ihres Geschaffensein, wie in *Joh* 1,10; (b) den Gesichtspunkt ihrer Vollendung durch die durch Christus bewirkte Versöhnung, wie in 2 *Kor* 5,19; und (c) den Gesichtspunkt ihrer Verkehrtheit, wie in 1 *Joh* 5,19: „Die ganze Welt liegt im Argen" (vgl. I 5, n. 128).

(3.4) Unter dem Leitmotiv des „Lebens" (vgl. I 2, n. 94) schließlich erscheint die besondere Kreativität des Wortes als ein fortwährendes Quellen, das Entstehenlassen wie Führung und Leitung gleichermaßen umfaßt. Die Schöpfung selbst unterscheidet sich in die verschiedenen Stufen der Pflanzen, Tiere, Menschen und Engel (vgl. I 3, n. 97) mit ihren Grundvollzügen des Seins, Lebens und Erkennens, die durch den Evangelisten in den ersten Versen (1,1 - 1,4a - 1,4b) in der entsprechenden Ordnung zum Ausdruck gebracht werden (vgl. I 3, n. 100).

(4) *Anthropologie*

Ihre eigentliche Sinnspitze findet die Schöpfungslehre daher im Blick auf den Menschen. Ist der Begriff des Lebens, der ja auch bei Aristoteles ein Gott und Mensch umfassender Grundbegriff ist[121], Leitmotiv für die Erschließung des Geschaffenen, so ist die besondere Geistigkeit des Lebens unter den Geschöpfen mit dem Begriff „Licht" benannt (vgl. I 3, n. 97ff.).

(4.1) Weil Thomas den Menschen vor allem unter dem Gesichtspunkt seiner Erkenntnisfähigkeit versteht, enthalten seine Auslegungen in diesem Zusammenhang grundlegende Bestimmungen zur menschlichen Personalität: Es ist die Vernunftbegabtheit, welche die Vollkommenheit und Würde dieses Lebens begründet. Wenn nämlich lebendig sein die Fähigkeit zur Selbstbewegung besagt, so besitzen diejenigen Lebewesen ein vollkommenes Leben, die sich auf vollkommene Weise bewegen. Daß er anders als die anderen Wesen den Anfang seines Wirkens nicht aus Notwendigkeit, sondern aus Freiheit setzt, zeichnet den Menschen als Herrn seines Wirkens (*dominus sui actus*) aus: er „bewegt sich in

[121] Vgl. Aristoteles, *De anima* I 1 (402a5); II 1 (412a13f.); II 4 (415b13f.); *Metaph.* XII 7 (1072b28f.).

Freiheit zu allem, was er will" (I 3, n. 99). Dies aber hat zur Voraussetzung, daß er nicht nur wie die Sinnenwesen Wahres zu erkennen vermag, sondern das Wesen der Wahrheit selbst erkennt (vgl. I 3, n. 101). – Damit aber sind alle zentralen anthropologischen Grundbestimmungen genannt, die Thomas auch im Prolog der *Secunda Pars* der *Summa theologiae* betont an den Anfang des Weges der Heimkehr zu Gott[122] stellt: Als Bild Gottes geschaffen, ist der Mensch durch Verstand, Freiheit und Selbstmächtigkeit ausgezeichnet, er ist Ursprung seiner Werke, mit freiem Willen und Macht über seine Werke begabt.[123]

(4.2) Die Identifizierung des Ewigen Wortes mit Leben und Licht (*Joh* 1,4) gibt Thomas Anlaß, das Wirken des Wortes im Rahmen der menschlichen Erkenntnis zu bedenken. Er unterscheidet dabei zwischen (a) einem natürlichen und (b) einem übernatürlichen Erleuchtetwerden durch das Wort (vgl. I 3, n. 101; I 5, n. 128). Das „Licht" wird hier nicht nur auf die Erkennbarkeit des Gegenstandes bezogen, sondern auch auf die Voraussetzung der Erkenntnis im Menschen selbst: auf ein inneres geistiges Licht im höheren Teil unserer Seele, durch das wir erkennen und in dem wir am ewigen Licht teilhaben – gemäß dem Psalmwort: „Gesiegelt sind wir durch das Licht deines Antlitzes" (*Ps* 4,7). Zeigt sich hier deutlich der Einfluß der Illuminationslehre Augustins, der mit dem Gedanken der Teilhabe (*participatio*) vermittelt wird, so finden sich zugleich Spuren der Debatte um die aristotelische Intellektlehre, wenn im Zusammenhang der Auslegung von *Joh* 1,9 („der in diese Welt kommt") der Geist als „von außen her stammend" bezeichnet wird (vgl. I 5, n. 129). Denn eben so - als „von außen" (*thyrathen*) kommend - hatte Aristoteles ihn bestimmt. Gleichwohl liegt der Akzent der thomanischen Lösung eindeutig darauf, die menschliche Erkenntnistätigkeit – ohne Nivellierung eines göttlichen Einwirkens – als eigenständige und den Menschen als Träger und Subjekt seiner eigenen Erkenntnis zu profilieren: „Es ist offenkundig, daß es dieser konkrete Mensch ist, der erkennt" – lautet das beständige Argument des Thomas in der Auseinandersetzung mit den Averroisten.[124]

(4.3) Auch im Hinblick auf die Zielbestimmung des menschlichen Daseins verbinden sich für Thomas johanneische und ari-

[122] Vgl. H.-G. Nissing (2009).

[123] Vgl. Thomas, *S.th.* I-II prol.

[124] Vgl. Thomas, *De unitate* 3 (27f.). – Vgl. dazu umfassend H.-G. Nissing (2006), 193-250.

stotelische Perspektive, wie an der paradigmatischen Gestalt Johannes' des Täufers („Es war ein Mensch", *Joh* 1,6) sichtbar wird: Bereits als Geschaffenem ist dem Menschen ein Zeugnischarakter eigen. Denn er ist von Gott um seiner selbst ins Dasein gerufen, damit die Güte des göttlichen Schöpfers offenbar werde: „Jegliche Kreatur also wird gemacht zum Zeugnis Gottes, weil jede die Gutheit Gottes bezeugt" (I 4, n. 116). Als vernunftbegabtem Geschöpf aber ist dem Menschen überdies eine besondere Zeugnishaftigkeit eigen, insofern Gott ihn dadurch geadelt hat, „daß er ihm die Würde der Urheberschaft mitgeteilt hat" (I. 4, n. 119). So wird der Mensch dadurch zum Zeugen, daß er – in der Nachahmung Gottes – nicht nur für sich selbst teilhat an den Gaben Gottes, sondern sie auch durch Wort und Werk ausströmen läßt auf andere (I 4, n. 116). – Nicht anders heißt es bei Aristoteles, daß alle Lebewesen, indem sie in der ihnen eigenen Weise tätig sind, am Göttlichen und Unsterblichen, soweit sie können, teilhaben und es repräsentieren.[125]

(5) Theologische Erkenntnislehre

Nicht nur weil der Mensch für Thomas v.a. als Erkennender bestimmt ist, sondern auch, weil die Erkenntnisthematik durch den Text des Johannes-Prologs vorgegeben ist, findet sie im Kommentar einen besonderen Raum.

(5.1) So bezieht Thomas die Rede von der „Finsternis", in der das Licht leuchtet, auf das natürliche Versagen des geschaffenen Geistes wie auf den Mangel an Weisheit, die dem Menschen eigen ist (vgl. I 3, n. 102). Die Finsternis bedeutet Pein und Strafe und jede Traurigkeit des menschlichen Lebens, dunkle Mächte und die Irrtümer und Unwissenheit, von denen die Welt voll ist (vgl. I 3, n. 107). Positiv gewendet ist damit freilich zugleich auch die Motivation zur Überwindung dieser Unwissenheit angesprochen, wie sie im natürlichen Streben des Menschen nach Wissen zum Ausdruck kommt und im ersten Satz der aristotelischen *Metaphysik* programmatisch ausgesprochen ist.

(5.2) Unter dem Leitgedanken der allgemeinen Begrenztheit menschlicher Erkenntnis bedenkt Thomas insbesondere das Versagen des Menschen in der Erkenntnis Gottes, das sich (a) auf die menschliche Natur und (b) auf die Sünde zurückführen läßt (vgl. I 5, n. 137) und, wie gesehen, die Menschwerdung Gottes motiviert:

[125] Aristoteles, *De anima* II 4 (415a26-b1).

„Die Welt hat ihn nicht erkannt" (*Joh* 1,10). - Vor allem Vers 1,18: „Niemand hat Gott je gesehen" gibt ihm Anlaß zu ausführlichen Erörterungen. Thomas unterscheidet hier mit Bezug auf die Zeugnisse der Heiligen Schrift vier Arten, Gott zu sehen: (a) durch die Sinne - so sah Abraham Gott (vgl. *Gen* 18) -, (b) durch die Einbildungskraft - so nahm Jesaja ihn wahr (vgl. *Jes* 6,1) -, (c) durch einen geistigen Begriff - so wird mittels der Schöpfung der Schöpfer erkannt (vgl. *Röm* 1,20) - oder (d) durch ein geistliches Licht - so widerfuhr es Jakob in der Beschauung (vgl. *Gen* 32,31). In keiner dieser Weisen wird jedoch Gott in seiner Wesenheit geschaut, denn stets geschieht die Erkenntnis durch ein geschaffenes Erkenntnisbild, es ist eine Erkenntnis „in Spiegel und Gleichnis" (vgl. 1 *Kor* 13,12) und „von weitem" (*Ij* 36,25). „Denn all jenes Erkennen bedeutet nicht ein Wissen davon, was Gott ist, sondern davon, was er nicht ist" (I 11, n. 211).

Für die damit zur Sprache gebrachte sog. „negative Theologie" führt Thomas Ps.-Dionysius Areopagita als Gewährsmann an, jenen vermutlich neuplatonischen Autor aus dem 5. Jahrhundert, dessen Schriften im Hochmittelalter dadurch eine quasi-apostolische Autorität erlangt hatten, daß er unter dem Pseudonym jenes Paulus-Schülers schrieb, der sich nach *Apg* 17,34 aufgrund der Predigt des Paulus auf dem Areopag bekehrt hatte und einer Überlieferung zufolge erster Bischof von Athen war.[126] Zutreffend hat man das Denken des Ps.-Dionysius als „östliches Korrektiv wider den Rationalismus" der abendländischen Scholastik bezeichnet, weil es mit der „Übererkennbarkeit" der Dinge wie Gottes das Bewußtsein für ihren Geheimnischarakter wachhält. Gerade im Spätwerk des Thomas findet sich - gewissermaßen kontrastiv zur Aristoteles-Rezeption und ihrer spezifischen Rationalität - eine verstärkte Aufnahme ps.-dionysianischer Gedanken. Signifikanterweise beginnt auch die Gotteslehre der *Summa theologiae* mit dem einleitenden Hinweis darauf, daß wir von Gott eher betrachten müssen, was er nicht ist, als was er ist.[127] Und biographisch wird das Element „negativer Theologie" gegen Ende seines Lebens nicht zuletzt in jener Weigerung weiterzuarbeiten greifbar, die Thomas nach einer Vision am Nikolaustag 1273 äußerte: „Ich kann nicht mehr. Alles, was ich ge-

[126] In der weiteren Rezeptionsgeschichte wird er überdies mit dem Pariser Märtyrerbischof Dionysius aus dem 3. Jahrhundert identifiziert. Vgl. dazu J. Pieper (2001c), 331-339, der das besondere „negative Element in der Weltsicht des Thomas von Aquin" unter den Begriff „Unaustrinkbares Licht" gefaßt und eingehend bedacht und gewürdigt hat: vgl. J. Pieper (2001a).

[127] Vgl. Thomas, *S.th.* I 3 prol.

schrieben habe, kommt mir vor wie Stroh im Vergleich zu dem, was ich gesehen habe."[128]

Freilich wäre es, so Thomas, zugleich häretisch zu meinen, Gottes Wesenheit werde niemals geschaut. Neben verschiedenen Aussagen der Bibel (vgl. 1 *Joh* 3,2; *Joh* 17,3) spricht vor allem das menschliche Streben nach Glückseligkeit dagegen, das in der Schau Gottes sein endgültiges Ziel findet. Für die Schau der göttlichen Wesenheit gilt daher: (a) daß sie niemals sinnenhaft geschieht und (b) nicht in diesem Leben, solange der menschliche Geist mit dem Leib verbunden ist (eine Ausnahme ist die Entrückung), und (c) daß sie – auch in der Ewigkeit – nicht erschöpfend sein wird: m.a.W. wir werden Gott nie „begreifen" – sofern begreifen heißt, etwas so sehr erkennen, als es in sich selbst erkennbar ist. Gerade die Tatsache, daß Gott von unendlicher Erkennbarkeit ist, macht eine solche „begreifende Schau" für den Menschen unmöglich (vgl. I 11, n, 213f.).[129]

Im Rahmen der so ausgeloteten Möglichkeiten menschlicher Gotteserkenntnis erhält die Offenbarung des Wortes, das in der Fleischwerdung sichtbar wird, ihren eigentümlichen Sinn. Dabei schafft Thomas nicht nur der Faszination für die Anschauung des Herrn, von welcher der Prolog spricht (vgl. *Joh* 1,14b), in seiner Auslegung deutlichen Widerhall, zugleich stellt er die Bedeutung des Glaubens, der im Schrifttext mehrfach zur Sprache kommt (vgl. *Joh* 1,7.12) und der nach Aristoteles der Anfang allen Lernens ist, deutlich heraus: „So war es notwendig, daß wir die Weisheit des Wortes lernten" (I 11, n. 214).[130]

(6) Gnadenlehre

Auch die Auslegung des Themas „Gnade", das durch *Joh* 1,16f vorgegeben ist, bewegt sich im Radius der Licht-Semantik:

(6.1) Die Gnade und ihre Mitteilung bestehen im Wesentlichen in der *Erleuchtung* durch das Wort (vgl. I 3, n. 104; I 5, n. 130). Nicht anders beginnt auch der Gnadentraktat der *Summa theologiae* mit der Erörterung der Frage, ob der Mensch ohne Gnade etwas Wahres erkennen könne.[131]

---

[128] Vgl. J.-P. Torrell (1995), 302ff.

[129] Vgl. von daher auch die mehrfach unterstrichene Bedeutung des Glaubens (I 4, n. 120) als Weise, Gott „aufzunehmen" (vgl. I 6, n. 157).

[130] Die Offenbarung des Sohnes geschah „ad salutem hominum" (I 3, n. 98). In Christus ist die menschliche Natur zur göttlichen Wahrheit selbst vorgedrungen (vgl. I 8, n. 188). – Vgl. *Soph. el.* 2 (163b3): „Oportet addicentem credere."

[131] Vgl. Thomas, *S.th.* I-II 109,1.

(6.2) Daneben begegnet im Johannes-Prolog und seiner Auslegung das Motiv der Gnade als *Sohnschaft*: Vers 1,12: „Er gab ihnen Macht, Söhne Gottes zu werden", führt Thomas zu einigen grundlegende Bestimmungen zum Verhältnis von freiem Willen des Menschen und göttlicher Gnade: Die Macht, Kinder Gottes zu werden, liegt seitens des Menschen in der Macht, zuzustimmen. Diese Macht aber ist ihrerseits eine Gabe, die (a) die Bereitung, (b) die Bewegung und (c) die Bewahrung umfaßt. (a) Die Bereitung stellt Thomas dabei – die Semantik von Wort und Schrift verwendend – als das Verfertigen und Darbieten eines Buchs zum Lesen vor; (b) darüber hinaus bedarf der freie Wille des Menschen der Bewegung durch die göttliche Gnade, zuzustimmen; (c) schließlich macht auch die Befähigung zur Bewahrung der Gnade eine unterstützende Hilfe Gottes nötig. Die heiligmachende Gnade, die Vollkommenheit der Werke und die Erlangung der Herrlichkeit sind daher die drei gnadenhaften Wirkungen (vgl. I 6, n. 153-156). – Über die Annahme in der Weise des Glaubens hinaus liegt die eigentliche Frucht der Gnade in der geistlichen Zeugung und der Geburt als Söhne Gottes (vgl. I 6, n. 160f.).[132]

(6.3) Das ewiggezeugte, fleischgewordene Wort, Christus, ist dabei *der quellhafte Urgrund aller geistlichen Gnade*: „Von seiner Fülle haben wir alle empfangen" (*Joh* 1,16). Die Präposition „von" deutet hier, so Thomas, nicht nur (a) auf die Ursächlichkeit und Wirkmächtigkeit des Ursprungs hin, sondern auch (b) auf den Heiligen Geist, der „von ihm ausgeht" und die Seele Christi ebenso heiligt wie die Menschen, und der als ein- und derselbe auch die Einheit der Kirche bewirkt. Schließlich deutet (c) die Präposition „von" auf die Teilhabe der einzelnen Gläubigen an der Fülle Christi und den Gaben des Geistes hin, je nach dem ihnen von Gott zugedachten Maß (vgl. I 10, n. 202).

Damit werden zugleich zwei Themen gestreift, die im Kommentar zum Johannes-Prolog wie in der *Summa theologiae* eher am Rand liegen, aber gleichwohl Beachtung verdienen: die Pneumatologie und die Ekklesiologie.[133] Bedenkt man ferner, daß die Tugendlehre der *Secunda pars* von den übernatürlich

[132] Vgl. ferner I 8 (n. 188): Die Gnade wird gegeben, um mit Gott vereinigt zu werden.

[133] Bekanntlich hat Thomas keinen eigenen Traktat zur Kirche verfaßt. Um so größere Aufmerksamkeit verdienen die Bemerkungen in I 5 (n. 130) oder I 8 (n. 190), in denen die Kirche unter dem Gesichtspunkt der Gnadenwirkung gezeichnet wird.

empfangenen, theologischen Tugenden her konzipiert ist[134] und daß diese Tugenden für Thomas ihre Vollendung in den Gaben und Früchten des Heiligen Geistes (vgl. *Jes* 11,1-2; *Gal* 5,22) finden[135], so mag man auf diesem Wege auch die Ethik des Thomas mitberücksichtigt finden.

(7) Geschichtstheologie und Lehre vom Gesetz

Schließlich gibt die Gnadenthematik Thomas die Gelegenheit, eine Materie anzusprechen, die in der Rezeption der vergangenen Jahrzehnte eine besondere Aufmerksamkeit erfahren hat, weil sich in ihr verschiedene Aspekte seines Denkens konzentrieren: die Frage nach dem Verhältnis von Altem und Neuem Bund, von Altem und Neuem Testament. Mit ihr verbindet sich nicht nur der Entwurf einer Theologie der Geschichte, den Thomas in der *Summa theologiae* in ausführlichen Auslegungen zum „Alten" (*lex vetus*) wie zum „Neuen Gesetz" (*lex nova*) entfaltet.[136] Insofern innerhalb des sog. Gesetzestraktats neben diesem zweiteiligen göttlichen zugleich das ewige, das natürliche und das menschliche Gesetz verhandelt werden, sind dort die verschiedenen Themen praktischer Philosophie, wie die Lehre vom Naturrecht, vom Gewissen oder von den Grundprinzipien politischer Ordnung, ja: das Verhältnis von Philosophie und Theologie insgesamt präsent.[137]

(7.1) Der Kommentar zum Johannes-Prolog stellt diese Aspekte unter das Vorzeichen der Gnade, die den Menschen in überreichem Maße zuteil wurde („Gnade für Gnade", *Joh* 1,16): die erste Gnade war das Gesetz des Alten Bundes, das den Menschen vom Götzendienst befreite und zur Erkenntnis des einen wahren Gottes führte, die zweite Gnade kam durch Jesus Christus. Denn das Gesetz genügte nicht, weil es zur Erfüllung seiner Vorschriften keine Hilfe bot, weil es die Hilfe der Gnade zwar versprach, aber nicht einlöste und weil es mit seinen Verheißungen zwar Bilder enthielt,

---

134 Vgl. Thomas, *S.th.* I-II 55,4 c.

135 Vgl. Thomas, *S.th.* I-II 55 prol.; I-II 68 und 70. – Vgl. v.a. I 8 (n. 189) und I 9 (n. 202) zu den sieben Gaben des Heiligen Geistes, die Christus in Fülle besitzt, an denen jeder aber in seinem Maße teilhat; I 6 (n 150): der Geist macht uns durch die Gnade zu Kindern Gottes; ferner I 3 (n. 103): alles Wahre, gleichviel wer es ausspricht, ist vom Heiligen Geiste; I 11 (n. 219): niemand begreift das Wesen Gottes außer einzig Gott der Vater, der Sohn und der Heilige Geist; zum innergöttlichen Verhältnis des Geistes zu Vater und Sohn vgl. I 2 (n. 74; n. 76; n. 94); I 7 (n. 176).

136 Vgl. Thomas, *S.th.* I-II 98-108.

137 Vgl. dazu zusammenfassend H.-G. Nissing (2009), 70ff.

aber nicht die Wahrheit offenbarte (vgl. I 10, n. 206). Erst „durch Christus ward Wahrheit, als er in die Welt tretend offen verkündete, was an Weisheit und Erkenntnis durch die Zeit hin verborgen gewesen war" (*ebd.*). In seiner Menschennatur ist das göttliche Wort so Mittelpunkt der Geschichte und Dreh- und Angelpunkt in der Verhältnisbestimmung von Altem und Neuem Gesetz.

Noch grundlegender zeigt sich auch in den anderen Dimensionen des Gesetzes das Ewige Wort als eigentlich prägendes Motiv - wenn etwa das ewige Gesetz, das für alle anderen Gesetzesarten die Basis bildet, bestimmt wird als „Plan der göttlichen Weisheit, insofern sie alle Handlungen und Bewegungen lenkt" und „wegen der besonderen Verwandtschaft von Wort und Plan dem Sohne zugeeignet" [138] wird. Damit erscheint das Ewige Wort unter dem besonderen Gesichtspunkt einer Zeit und Geschichte durchwirkenden Providentialität.

(7.2) Die besondere Hinordnung des Alten Bundes auf Christus, sein prophetischer Sinn, findet seine personifizierte Gestalt in Johannes dem Täufer, der als Vorläufer Christi das Volk des Alten Bundes diesem entgegenführt. Dementsprechend thematisieren die Auslegungen zu jenen Passagen des Prologs, in denen vom Täufer die Rede ist (vgl. *Joh* 1,6-8.15), insbesondere die prophetischen Dimensionen seines Amtes, etwa im Hinblick auf die Art seiner Berufung als Prophet (vgl. I 4, n. 112), die heilsgeschichtliche Notwendigkeit seiner Verkündigung (vgl. I 4, n. 119), die Art und Weise seiner Bezeugung (vgl. I 9, n. 193), die in seinem Auftreten waltende Pädagogik (vgl. I 9, n. 196). Unter den Propheten dadurch besonders privilegiert, daß er den Verkündeten leibhaftig sehen, ja: nicht nur den Kommenden prophezeien, sondern auch auf den Gekommenen mit dem Finger zeigen durfte (vgl. I 9, n. 195), ist das Amt des Johannes doch von einer besonderen Relativität und Vorläufigkeit gekennzeichnet: Er tritt zurück hinter dem, „der vor mir geworden ist" und „früher war als ich" (*Joh* 1,15). So wird der Täufer zur paradigmatischen Gestalt der Verkündiger aller Zeiten: Er ist Zeuge des Wortes, der zurücktritt, um das Wort selbst in seiner ganzen Lichtfülle zum Erscheinen zu bringen.[139]

---

[138] Vgl Thomas, *S.th.* I-II 93, 1 c. und ad 1. – Vgl. bereits die etymologisierende Erklärung des Wortes „Gott" (*Deus*) von *theiastai* (*videre/ considerare*) und von daher die besondere Hervorhebung seiner Providentialität in *Coll. in Symb. Apost.* 1 (n. 869) sowie *Comp. theol.* I 35 oder *S.th.* I 13, 8.

[139] Thomas' betonte Rede in der 1. Person bei der Auslegung von *Joh* 1,15 mag daher nicht zufällig sein (vgl. I 9, n. 199).

6. Zur Textgestalt der vorliegenden Ausgabe

Der dieser Ausgabe zugrunde gelegte lateinische Text des Kommentars zum Johannes-Prolog folgt der Ausgabe des Turiner Verlages Marietti (*S. Thomae Aquinatis Super Evangelium S. Ioannis lectura*, cura P. Raphaelis Cai OP, Turin 1951). Zwar ist die Fehlerhaftigkeit dieser Ausgabe wiederholt vermerkt worden[140], gleichwohl bleibt die Marietti-Ausgabe bis zum Erscheinen der kritischen Version des Textes in der *Editio Leonina* der relevante zitierfähige Text, der auch Josef Pieper als Grundlage für seine Übersetzung diente. Aufgenommen wurden die Korrekturen, die E. Alarcon an der von ihm auf der Homepage http://www.corpusthomisticum.org publizierten Version vorgenommen hat. Für die vorliegende Ausgabe wurde der lateinische Text überdies mit bibliographischen Nachweisen der Kirchenväterzitate ergänzt.

Um eine Übersichtlichkeit und leichtere Zitierbarkeit der thomanischen Texte zu gewährleisten, haben die Herausgeber der Marietti-Ausgabe die größeren, nicht in Quaestionenform abgefaßten Werke mit einer Numerierungssystematik versehen, die inzwischen kanonische Geltung besitzt und daher auch in der vorliegenden Textgestalt berücksichtigt ist.

Schließlich wird der lateinische Text in jenen Kürzungen dargeboten, die Josef Pieper in seiner Übersetzung vorgenommen hat.[141] Ihre Rechtfertigung haben diese Kürzungen und Auslassungen in dem eingangs genannten Anliegen Piepers, einen Lesetext zu erstellen, der die wesentlichen Gedanken der übersetzten Vorlage enthält.[142]

---

[140] Vgl. zuletzt P. Weingartner et al. (2011), 8.

[141] Die Kürzungen sind im lateinischen und deutschen Text durch eckige Klammern gekennzeichnet, Einfügungen (wie die Angabe der *lectiones*) im deutschen Text durch spitze Klammern.

[142] Ausgelassen wurden größere Passagen, in denen exegetische Sonderfragen (zu 1,3: „Deus erat Verbum", vgl. I 1, n. 58-59; zur Interpunktion von 1,4: vgl. I 2, 92-93; vgl. auch n. 84) oder weiterführende Häresien erörtert wurden. Vor allem in den *lectiones* 2, 6, 9 und 10 hat Pieper starke Kürzungen vorgenommen: hier geht es um Häresien zur Schöpfung (vgl. I 2, n. 80, n. 89-90), zur Göttlichkeit des Lichtes (vgl. I 5, n. 126), zur Unterscheidung von leiblicher und geistlicher Sohnschaft der Glaubenden (vgl. I 6, n 160-164), zur Christologie, die sich an 1,15 („ante me factus est"; vgl. I 9, n. 197-199) und an 1,18 („qui est in in sinu Patris"; vgl. I 11, n. 220) anschließt. Gerade gegen Ende hin werden die Kürzungen umfangreicher. So wurde auf die Erklärung des Begriffs „plenitudo" (vgl. I 10; n. 201) verzichtet, wie allgemein die geschichtstheologische Gegenüberstellung des Kommens Christi zum Gesetz des Alten Bundes immer

(1) Dies bedingte zum einen das Auslassen des einleitenden Prologs sowie des Kommentars zum Prolog des Hieronymus (347-420), wie er Thomas in der Vulgata-Übersetzung vorlag. Die Übersetzung Piepers setzt statt dessen unmittelbar mit der Erläuterung zu *Joh* 1,1 ein.

(2) Auch die argumentative Durchgliederung des Bibeltextes mit Hilfe der *divisio textus* wurde - wohl mit Blick auf ihre allzu technische Sprache - weitgehend weggelassen.[143] Wegen der grundlegenden Wichtigkeit für die thomanischen Exegese wird sie im folgenden in Form einer Übersicht ergänzt, der die von Thomas erhobene Struktur auf einen Blick sichtbar macht (siehe unten S. LXXff.).

(3) Bedauern wird man lediglich, daß eine Reihe von Bibelzitaten, die Thomas zum Beleg seiner Argumentation häufig in Aneinanderreihung anführt, der Kürzung zum Opfer gefallen sind (wodurch eine Reihe der „Lieblingszitate" des Thomas fehlen). Indessen wird dadurch die kongeniale Übersetzungsleistung Josef Piepers nicht geschmälert.

7. Abkürzungsverzeichnis der zitierten Werke des Thomas

Super I-IV Sent.	= *Scriptum super libros Sententiarum*
S.c.G.	= *Summa contra Gentiles*
S.th.	= *Summa theologiae*
Comp. theol.	= *Compendium theologiae*
Q. de ver.	= *Quaestiones disputatae de veritate*
Q. de quol. I-XII	= *Quaestiones de quolibet*
Princ. I	= *Principium „Rigans montes"*
Princ. II	= *Principium „Hic est liber"*
Exp. super Is.	= *Expositio super Isaiam ad litteram*
Super Ps.	= *Postillla super Psalmos*
Catena aurea	= *Catena aurea in quatuor Evangelia*
Super Ad Rom.	= *Lectura super Epistolam Pauli Apostoli ad Romanos*
Super Ad Gal.	= *Lectura super Epistolam Pauli Apostoli ad Galatas*
Super I Ad Tim.	= *Lectura super primam Epistolam Pauli Apostoli ad Timotheum*

wieder ausgeklammert wird (vgl. etwa I 10, n. 205; schon I 2, n. 84). - So fehlt etwa auch die Diskussion der altkirchlich bezeugten Interpretation des Täufers als „Engel" (vgl. I 4, n. 110).

[143] Vgl. allerdings I 2 (n. 68); I 4 (n. 108).

Super Ad Hebr.	= *Lectura super Epistolam Pauli Apostoli ad Hebraeos*
Exp. Perih.	= *Expositio libri Peri hermeneias*
Super Eth.	= *Sententia libri Ethicorum*
Super Metaph.	= *Sententia super Metaphysicam*
Super De caelo	= *Sententia super librum De caelo et mundo*
Contra retrah.	= *Contra doctrinam retrahentium a religione*
De unitate	= *De unitate intellectus contra Averroistas*
Coll in Symb. Apost.	= *Collationes in Symbolum Apostolorum*

8. Literaturverzeichnis

A. Übersetzungen des Thomas-Kommentars zum Johannes-Prolog

Im Anfang war das Wort. Der Prolog des Johannes-Evangeliums erklärt vom Hl. Thomas von Aquin. Übers. von Hartmann Batzill, Abtei Seckau (Steiermark) o.J. [1931].

Der Prolog des Johannes-Evangeliums. Übersetzung, Einführung und Erläuterungen von W.-U. Klünker, Stuttgart 1986.

Thomas von Aquins Kommentar zum Johannesevangelium, Teil 1, übersetzt von P. Weingartner/M. Ernst/W. Schöner, Göttingen 2011.

Commentary on the Gospel of John, Part I and II, ed. J. Weisheipl/F.R. Larcher, Albany 1980 und 1998.

Saint Thomas d'Aquin. Commentaire sur l'Evangile de saint Jean, ed. M.-D. Philippe, Versailles-Buxy, 3 Bde., 1981-1987.

Tommaso d'Aquino. Commento al Vangelo di San Giovanni, ed. T.S. Centi, Rom 1990-1992.

B. Zitierte Werke des Thomas von Aquin

Breve principium fratris Thomae de commendatione Sacrae Scripturae 'Rigans montes', in: *Opuscula theologica*, vol. 1, ed. R.A. Verardo, Turin – Rom 1954, 441-443.

Catena aurea in quatuor Evangelia, ed. P. Angelici Guarienti, 2 Bde., Turin 1953.

Compendium theologiae seu Brevis compilatio theologiae ad fratrem Raynaldum: *Opuscula*, vol. 3, ed. H.-F. Dondaine/G. de Grandpré (= Editio Leonina, 42), Rom 1979, 1-205.

De unitate intellectus contra Averroistas, in: *Opuscula*, vol. 4, ed. H.-F. Dondaine (= Editio Leonina, 43), Rom 1976, 243-314.

Expositio libri Peryermeneias. Editio altera retractata, ed. R.-A. Gauthier (= Editio Leonina, 1*1), Rom – Paris 1989.

Expositio super Isaiam ad litteram, ed. H.F. Dondaine/L. Reid (= Editio Leonina, 27), Rom 1974.

In duodecim libros Metaphysicorum Aristotelis expositio, ed. M.R. Cathala, Turin - Rom ²1971.

In libros Aristotelis De caelo et mundo expositio, in: *In Aristotelis libros De caelo et mundo, De generatione et corruptione, Meteorologicorum expositio*, ed. R.M. Spiazzi, Turin - Rom 1952, 1-311.

In Psalmos Davidis expositio (= Opera omnia, 14), Parma 1863, 148-312.

In Symbolum Apostolorum, scilicet 'Credo in Deum' expositio, in: *Opuscula theologica*, vol. 2, ed. R.M. Spiazzi, Turin - Rom ²1953, 191-217.

Liber Contra doctrinam retrahentium a religione, in: *Opuscula*, vol. 2, ed. H.-F. Dondaine (Editio Leonina, 41), Rom 1969-1970, Pars C.

Liber de veritate catholicae Fidei contra errores infidelium seu Summa contra gentiles, ed. P. Marc/C. Pera/P. Caramello, 3 vol., Paris - Turin 1961.

Officium de festo Corporis Christi ad mandatum Urbani Papae IV dictum Festum istituentis, in: *Opuscula theologica*, vol. 2, ed. R.A. Verardo/R. Spiazzi, Rom - Turin 1954, 273-281.

Principium fratris Thomae de commentatione et partione Sacrae Scripturae 'Hic est liber', in: *Opuscula theologica*, vol. 1, ed. R.A. Verardo, Turin - Rom 1954, 435-439.

Quaestiones disputatae de veritate, vol. 1-3, ed. A. Dondaine (= Editio Leonina, 22), Rom 1972-1976.

Quaestiones de quolibet, vol. 1-2, ed. R.-A. Gauthier (= Editio Leonina, 25), Rom - Paris 1996.

Scriptum super libros sententiarum Magistri Petri Lombardi, vol. 1-2, ed. P. Mandonnet; vol. 3-4, ed. M. F. Moos, Paris 1929-1947.

Sententia libri Ethicorum, vol. 1-2, ed. R.-A. Gauthier (= Editio Leonina, 47,1-2), Rom 1969.

Summa theologiae (= Editio Leonina, 4-12), Rom 1888-1906.

Super Epistolam ad Galatas lectura, Super Epistolas S. Pauli lectura. vol. 1, ed. R. Cai, Turin - Rom ⁸1953 (1951), 563-649.

Super Epistolam ad Hebraeos lectura, in: *ebd.*, 335-506.

Super Epistolam ad Romanos lectura, in: in: *ebd.*, 1-230.

Super Evangelium S. Ioannis lectura, ed. R. Cai, Turin - Rom ⁶1972 (1951).

Super primam Epistolam ad Timotheum lectura, in: *Super Epistolas S. Pauli lectura*, vol. 2, ed. R. Cai, Turin - Rom ⁸1953, 211-264.

C. Sekundärliteratur

Amerini, F. (ed.) (2014): *„In principio erat verbum". Philosophy and theology in the commentaries on the Gospel of John (II-XIV centuries)*, Münster.

Berchtold, C. (2000): *Manifestatio Veritatis. Zum Offenbarungsbegriff bei Thomas von Aquin*, Münster.

Boyle, L. (1983): „Alia lectura fratris Thome", in: *Medieval Studies* 45, 418-429.

Chenu, M.-D. (²1982): *Das Werk des hl. Thomas von Aquin*, Graz – Wien – Köln.

Chesterton, G.K. (1960): *Der stumme Ochse. Über Thomas von Aquin*, Freiburg/Br.

Cipriani, S. (1976): „Riflessioni esegetiche su 'Super S. Joannis Evangelium lectura' di S. Tommaso", in: *Tommaso d'Aquino nel suo settimo centenario*, Bd. 4, Rom – Neapel, 41-59.

Cirillo, A. (1988): *Cristo Rivelatore de padre nel evangelio di S. Giovanni secondo il Commento di San Tommaso d'Aquino*, Diss., Angelicum, Rom.

Conticello, C.G. (1990): „San Tommaso ed i Padri: La Catena aurea super Ioannem", in: *Archives d'histoire doctrinale et littéraire du moyen âge* 65, 31-92.

Dauphinais, M. (ed.) (2005): *Reading John with St. Thomas Aquinas. Theological exegesis and speculative theology*, Washington D.C.

Denifle, H. (1905): *Die abendländischen Schriftausleger bis Luther über Justitia Dei und Justificatio*, Mainz.

Domanyi, T. (1979): *Der Römerbriefkommentar des Thomas von Aquin. Ein Beitrag zur Untersuchung seiner Auslegungsmethoden*, Bern u.a.

Elders, L. (ed.) (1990) : *La doctrine de la révélation divine de saint Thomas d'Aquin*, Vatikanstadt.

Enders, M. (2011): „Das göttliche Wort und seine Fleischwerdung. Inhaltliche Grundzüge des Kommentars des Thomas von Aquin zum Prolog des Johannesevangeliums", in: ders./R. Kühn (eds.), *„Im Anfang war der Logos ...". Studien zur Rezeptionsgeschichte des Johannesprologs von der Antike bis zur Gegenwart*, Freiburg/Br., 117-148.

Eschmann, I.T. (²1961): „A Catalogue of St. Thomas's Works", in: E. Gilson, *The Christian philosophy of St. Thomas Aquinas*, London 381-437.

Gauthier, R.A. (1989): „Préface", in: *Sancti Thomae Aquinatis Expositio libri Peryermeneias (Editio altera retractata)* (= Opera omnia, 1*1), Rom – Paris, 1*-88*.

Grabmann, M. (1936): „Aristoteles im Werturteil des Mittelalters", in: ders., *Mittelalterliches Geistesleben II*, München, 63-102.

– (³1949): *Die Werke des hl. Thomas von Aquin*, Münster.

Gunten, A. F. v. (1993): „'In principio erat Verbum'. Une évolution de saint Thomas en théologie trinitaire", in: *Ordo Sapien-*

tiae et Amoris. Hommage au Professeur Jean-Pierre Torrell O.P., Fribourg, 119-141.

Hamel, C. de (2002): *Das Buch. Eine Geschichte der Bibel*, Berlin.

Hell, L., (2009): „Wort vom Wort. Augustinus, Thomas von Aquin und Calvin als Leser des Johannesprologs", in: G. Kruck (ed.), *Der Johannesprolog*, Darmstadt, 131-153.

Horst, U. (1995): *Kurze Geschichte des Dominikanerordens*, München.

- (1998): „Das Dogma von der Unbefleckten Empfängnis Marias (1954)", in: M. Weitlauff (ed.), *Kirche im 19. Jahrhundert*, Regensburg, 95-114.

- (2009): „Was hat Thomas von Aquin veranlaßt, in den Predigerorden einzutreten?", in: *Archa Verbi* 6, 102-120.

Hufnagel, A. (1973): „Wort Gottes. Sinn und Bedeutung nach Thomas von Aquin", in: H. Feld/ J. Nolte (eds.) *Wort Gottes in der Zeit* (= FS K.H. Schelkle), Düsseldorf 1973, 236-256.

Jansen, L. (2000), „Was hat der inkarnierte Logos mit Aristoteles zu tun? Thomas von Aquins Gebrauch der Philosophie in der Auslegung des Johannesprologs und eine holistische Interpretation seiner Schrifthermeneutik", in: *Theologie und Philosophie* 75, 89-99.

Jungmann, J.A. (1949): *Missarum sollemnia. Eine genetische Erklärung der römischen Messe*, 2 Bde., Wien.

Kruck, G. (ed.) (2009): Der *Johannesprolog*, Darmstadt.

Lafont, G. (1961): *Structure et méthode dans la somme théologique de St. Thomas d'Aquin*, Paris – Brüssel.

Loewenich, W. v. (1960): *Die Eigenart von Luthers Auslegung des Johannes-Prologes*, München.

Lubac, H. de (1959-1964) : *Exégèse médiévale: les quatre sens de l'écriture*, Paris.

Nissing, H.-G. (2006): *Sprache als Akt bei Thomas von Aquin*, Leiden – New York.

- (2009): „Der Mensch auf dem Heimweg zu Gott. Christlicher Eudaimonismus bei Thomas von Aquin", in: ders./J. Müller (eds.), *Grundpositionen philosophischer Ethik. Von Aristoteles bis Jürgen Habermas*, Darmstadt, 53-82.

Paissac, H. (1951): *Théologie du Verbe. Saint Augustin et saint Thomas*, Paris.

Perillo, G. (2014): „La nozione di *Verbum* nell' eseges a In principio erat Verbum nella Lectura super Iohannem di Tommaso d'Aquino. Aspetti teoretici e interpretativi", in: Amerini (2014), 177-197.

Pesch, O.H. (1988): *Thomas von Aquin. Grenze und Größe mittelalterlicher Theologie. Eine Einführung*, Mainz.

Pieper, J. ([3]1955): „Vorbemerkungen", in: *Thomas von Aquin, Das Wort*, München (Leipzig 1935), 7ff.
– (1973): „Albertus Magnus", in: Fassmann, K. (ed.), *Die Großen der Weltgeschichte*, Bd. 3, Zürich, 637-649.
– (2000): „Was heißt ‚Gott spricht'? Vorüberlegungen zu einer kontroverstheologischen Diskussion", in: ders., *Werke Bd. 7: Religionsphilosophische Schriften*, ed. B. Wald, Hamburg, 142-166. (zuerst in: *Catholica* 19 [1965], 171-191).
– (2001a): *Unaustrinkbares Licht. Das negative Element in der Weltansicht des Thomas von Aquin*, in: ders., *Werke Bd. 2: Darstellungen und Interpretationen: Thomas von Aquin und die Scholastik*, ed. B. Wald, Hamburg, 122-152 (zuerst u.d.T.: *Philosophia negativa. Zwei Versuche über Thomas von Aquin*, München 1953, 2. durchgesehene Auflage 1963).
– (2001b): *Thomas von Aquin. Leben und Werk*, in: *ebd.*, 153-298 (zuerst u.d.T.: *Hinführung zu Thomas von Aquin. Zwölf Vorlesungen*, München 1958; 3. durchgesehene Auflage 1986, [4]1990).
– (2001c): *Scholastik. Gestalten und Probleme der mittelalterlichen Philosophie*, in: *ebd.*, 299-440 (zuerst: München 1960; 2. veränderte Auflage 1986, [6]1998).
– (2001d): „Kreatürlichkeit. Bemerkungen über die Elemente eines Grundbegriffs", in: *ebd.*, 441-464 (zuerst in: L. Oeing-Hanhoff [ed.], *Thomas von Aquin 1274-1974*, München 1974, 47-71).
– (2007): *Wahrheit der Dinge. Eine Untersuchung zur Anthropologie des Hochmittelalters*, in: ders., *Werke Bd. 5: Schriften zur Philosophischen Anthropologie und Ethik: Grundstrukturen menschlicher Existenz*, ed. B. Wald, Hamburg, 99-179 (zuerst: Kolmar 1944; Neuauflagen München seit 1948; [5]1975).
Philippe, M.-D. (1981): „Préface", in: *Saint Thomas d'Aquin. Commentaire sur l'Evangile de saint Jean*, Versailles-Buxy, 3 Bde. (1981-1987), 7-26.
Principe, W.H. (1997): [Art.] „Theologie. A. Westen", in: *Lexikon des Mittelalters* 8, 650-656.
Prügl, T. (2004): „Die Bibel als Lehrbuch. Zum ‚Plan' der Theologie nach mittelalterlichen Kanonauslegungen", in: *Archa Verbi* 1 (2004), 42-66.
Reyero, M.A. (1971), *Thomas von Aquin als Exeget*, Einsiedeln.
Sabathé, M. (2011): *La Trinité rédemptrice dans le 'Commentaire de l'Évangile de Saint Jean' par Thomas d'Aquin*, Paris.
Smalley, B. ([2]1970): *The study of the Bible in the Middle Ages*, Indiana.
Spicq, C. (1944): *Esquisse d'une histoire de l'exégèse latine au Moyen Age*, Paris.
– (1946): [Art.] „Thomas d'Aquin. VI. Saint Thomas d'Aquin

exegète", in: *Dictionnaire de Théologie catholique* 15/1, 694-738.

Stohr, A. (1925): „Die Hauptrichtungen der spekulativen Trinitätslehre in der Theologie des 13. Jahrhunderts", in: *Theologische Quartalsschrift* 106, 113-135.

Torrell, J.-P. (1995): *Magister Thomas. Leben und Werk des Thomas von Aquin*, Freiburg/Br. u.a.

Weinandy, T. u.a. (ed.) (2005): *Aquinas on Scripture. An Introduction to his Biblical Commentaries*, London - New York.

Weijers, O. (1996): *Le maniement du savoir. Pratiques intellectuelles à l'époque des premières universités (XIIe-XIVe siècles)*, Turnhout.

Weisheipl, J. (1980): „An Introduction to the Commentary on the Gospel of Saint John", in: *St. Thomas Aquinas, Commentary on the Gospel of St. John, Part I*, Albany N.Y., 3-19.

***

Bemerkungen zur *divisio textus*

Sinn und Aufgabe der *divisio textus*, des ersten und grundlegenden Schritts der hochmittelalterlichen Exegese, war es, wie gesagt, die gedankliche Struktur eines Textes zu Tage zu fördern – und mit der Hierarchie der Argumentation zugleich wichtige gegenüber unwichtigen Versen sichtbar zu machen.

Gemäß der *divisio textus* des Thomas gliedert sich der Johannes-Prolog in zwei große Teile: (1) die Betrachtung des Göttlichkeit des Wortes (1,1-14a) und (2) die Darlegung der Art und Weise, wie uns diese bekannt wurde (1,14b-18). Auch wenn letztere inhaltlich über V. 18 hinausgeht, so ist mit der einleitenden Notiz in 1,19 („Et hoc est testimonium Ioannis") doch ein neuer Sinnabschnitt markiert, der den Prolog als eine geschlossene Einheit auffassen läßt. – Der erste Teil ist darüber hinaus unterschieden in Aussagen, (1.1) die ausschließlich seine göttliche Natur (inklusive seiner Schöpfungsmacht) betreffen (1,1-5), und (1.2) Ausführungen, die seine Menschwerdung thematisieren (1,6-14). Letztere gipfeln in Vers 1,14 („Et Verbum caro factum est …"), der in seiner Bedeutung zusätzlich dadurch herausgehoben ist, daß Thomas ihm eigens eine ganze *lectio* widmet. Gleiches gilt für V. 1,18 („Deum nemo vidit …"), mit dem der zweite (erkenntnistheoretische) Teil schließt.

Innerhalb der einzelnen *lectiones* ist die Auslegung der verschiedenen Verse zusätzlich in Unterabschnitte untergliedert, die durch römische Zahlen kenntlich gemacht sind. Auch hier läßt sich die Wichtigkeit eines Verses nicht zuletzt an der Ausführlichkeit ablesen, mit der er kommentiert wurde.

- Johannes betont die Göttlichkeit Christi
  - die Göttlichkeit Christi
    - die Göttlichkeit Christi
      - das Sein des Wortes in seiner göttlichen Natur
        - ob er ist
        - was er ist
      - die Wirkkraft oder Tätigkeit des Wortes
        - im Hinblick auf alles Seiende
        - im Hinblick auf den Menschen*
    - die Fleischwerdung des Wortes Gottes
      - der Zeuge oder Vorläufer des Wortes
        - seine Beschreibung
        - sein Ungenügen im Hinblick auf das Heil
      - die Ankunft des Wortes
        - seine Notwendigkeit: aufgrund des Fehlens der Erkenntnis Gottes
        - der uns gebrachte Nutzen
        - die Weise seines Kommens
  - die Weise, wie sie uns bekannt geworden ist ...

wann?		1 IM ANFANG WAR DAS WORT.
wo?		UND DAS WORT WAR BEI GOTT.
was?		UND GOTT WAR DAS WORT.
auf welche Weise?		2 DIESES WAR IM ANFANG BEI GOTT.

3 ALLES IST DURCH ES GEMACHT.
UND OHNE ES IST GEMACHT NICHTS.
WAS GEMACHT IST, 4 WAR IN IHM LEBEN.

als bestimmtes Licht		4b DAS LEBEN WAR DAS LICHT DER MENSCHEN.
als Erleuchtung		5 UND DAS LICHT LEUCHTET IN DER FINSTERNIS.
als Teilhabe		UND DIE FINSTERNIS HAT ES NICHT BEGRIFFEN.
seine Natur		6 DA IST EIN MENSCH GEWESEN,
seine Vollmacht		GESANDT VON GOTT;
seine Eignung		DESSEN NAME WAR JOHANNES.
die Würde seines Amtes	sein Dienst	7 DIESER IST GEKOMMEN ZUM ZEUGNIS,
	der Zweck seines Dienstes	DAMIT ER ZEUGNIS GEBE VON DEM LICHTE, DAMIT ALLE DURCH IHN GLAUBEN SOLLTEN.

8 ER WAR NICHT DAS LICHT,
SONDERN ER SOLL TE ZEUGNIS GEBEN VON DEM LICHTE.

kein Fehlen von Seiten Gottes, da die Menschen Gott erkennen und vom Wort erleuchtet werden	durch die Wirksamkeit des göttlichen Lichtes	9 ES WAR DAS WAHRE LICHT, DAS JEDEN MENSCHEN ER LEUCHTET, DER IN DIESE WELT KOMMT.
	durch seine Gegenwart	10 ES WAR IN DER WELT.
	durch seine Offenbarkeit	UND DIE WELT IST DURCH ES GEMACHT.
das Fehlen von Seiten der Menschen		UND DIE WELT HAT IHN NICHT ERKANNT.
die Ankunft des Lichtes		11 ER KAM IN SEIN EIGENTUM,
die Begegnung mit den Menschen		UND DIE SEINEN NAHMEN IHN NICHT AUF. 12 ALLEN ABER, DIE IHN AUFNAHMEN,
die Frucht der Ankunft des Lichtes	ihre Großartigkeit	GAB ER DIE MACHT, SÖHNE GOTTES ZU WERDEN,
	ihre Empfänger	JENEN, DIE AN SEINEN NAMEN GLAUBEN,
	die Weise, sie zu geben	13 DIE NICHT AUS DEM BLUTE, NICHT AUS DEM WILLEN DES FLEISCHES NOCH AUS DEM WILLEN DES MANNES, SONDERN AUS GOTT GEBOREN SIND.

14a UND DAS WORT IST FLEISCH GEWORDEN
UND HAT UNTER UNS GEWOHNT.

- Johannes betont die Göttlichkeit Christi
  - die Göttlichkeit Christi …
  - die Weise, wie sie uns bekannt geworden ist
    - die (beiden) Weisen der Offenbarung des fleischgewordenen Wortes
      - durch den eigenen Anblick: was die Apostel gesehen haben
        - die Offenbarung seiner Herrlichkeit
        - ihre Einzigartigkeit
        - ihre Bestimmung
      - durch das Zeugnis des Täufers: was die Apostel gehört haben
        - der Zeuge
        - die Weise des Bezeugens
        - das Zeugnis ―
    - Erklärung dieser beiden Weisen
      - wie das Wort den Aposteln bekannt wurde durch den eigenen Anblick
        - Christus als Quelle und Ursprung aller geistlichen Gnade
        - die Gnade, die durch ihn und von ihm auf uns herabgekommen ist ―
      - wie Johannes von ihm Zeugnis abgelegt hat …

14b UND WIR HABEN SEINE HERRLICHKEIT GESEHEN,

EINE HERRLICHKEIT WIE DIE DES VOM VATER EINZIGGEZEUGTEN,
VOLL DER GNADE UND WAHRHEIT.

15 JOHANNES GIBT ZEUGNIS VON IHM,
INDEM ER LAUT RUFT UND SPRICHT:

die Kontinuität seines Zeugnisses	DIESER WAR ES, VON DEM ICH GESAGT HABE:	
derjenige, von dem er Zeugnis gibt, im Vergleich zu ihm selbst: die Rangfolge	in der Verkündigung	DER NACH MIR KOMMT,
	in der Würdigkeit	IST VOR MIR GEWORDEN;
	in der Dauer	ER WAR FRÜHER ALS ICH.

16 UND VON SEINER FÜLLE HABEN WIR ALLE EMPFANGEN,

durch sein Handeln	was wir aus seiner Fülle empfangen haben	GNADE FÜR GNADE.
	die Notwendigkeit, es zu empfangen	17 DURCH MOSES IST DAS GESETZ GEGEBEN WORDEN, GNADE UND WAHRHEIT IST DURCH JESUS CHRISTUS GEKOMMEN.
durch seine Lehre (seine Weisheit)	die Notwendigkeit der Lehre	18 NIEMAND HAT GOTT JE GESEHEN.
	die Geeignetheit des Lehrers, sie zu lehren	DER EINZIGGEZEUGTE SOHN, DER IM SCHOSSE DES VATERS IST,
	die Kundgabe der Lehre selbst	ER SELBST HAT KUNDE GE BRACHT.

*) (1) hinsichtlich des Einfließens der natürlichen Lichtes oder
(2) hinsichtlich der Gewährung der Gnade.

Thomas von Aquin

Das Wort

Kommentar zum Prolog des Johannes-Evangeliums

Übersetzt von Josef Pieper

Caput I, Lectio 1

I. [1]IN PRINCIPIO ERAT VERBUM,
II. ET VERBUM ERAT APUD DEUM.
III. ET DEUS ERAT VERBUM.
IV. [2]HOC ERAT IN PRINCIPIO APUD DEUM.

I.

23. – [...]

24. – [...] "In principio erat Verbum". – Ubi tria diligenter inquirenda concurrunt, secundum tres dictiones huius orationis. Et primo quid sit hoc quod dicitur "Verbum"; secundo quid sit hoc quod dicitur "In principio"; tertio quid sit hoc quod dicitur "Verbum erat in principio".

25. – Ad intellectum autem huius nominis "verbum", sciendum est quod, secundum Philosophum[1] ea quae sunt in voce, sunt signa earum, quae sunt in anima, passionum. Consuetum est autem in Scriptura quod significata nominantur nominibus signorum, sicut illud I *Cor.* X,4: "Petra autem erat Christus". De necessitate autem oportet quod illud intrinsecum animae nostrae, quod significatur exteriori verbo nostro, verbum vocetur. Utrum autem per prius conveniat nomen verbi rei exteriori voce prolatae, vel ipsi conceptioni mentis, nihil refert ad praesens. Planum est tamen quod illud quod voce significatur, interius existens in anima, prius est quam ipsum verbum exteriori voce prolatum, utpote causa eius existens.

Si ergo volumus scire quid est interius verbum mentis, videamus quid significat quod exteriori voce profertur.

In intellectu autem nostro sunt tria: scilicet ipsa potentia intellectus; species rei intellectae, quae est forma eius, se habens ad ipsum intellectum, sicut species coloris ad pupillam; et, tertio, ipsa operatio intellectus quae est intelligere. Nullum autem istorum significatur verbo exteriori voce prolato.

Nam hoc nomen lapis non significat substantiam intellectus, quia hoc non intendit dicere nominans; nec significat speciem, quae est qua intellectus intelligit, cum etiam hoc non sit intentio nominantis; non significat etiam ipsum intelligere, cum intelligere non sit actio exterius progrediens ab intelligente, sed in ipso manens.

---

[1] Vgl. Aristoteles, *Peri hermeneias (De interpretatione)* 1 (16a3f).

<Kapitel I, Lesung 1>

I. [1]IM ANFANG WAR DAS WORT.
II. UND DAS WORT WAR BEI GOTT.
III. UND GOTT WAR DAS WORT.
IV. [2]DIESES WAR IM ANFANG BEI GOTT.

I.

23. - [...]

24. - [...] „Im Anfang war das WORT." - Gemäß den drei Aussagen, die dieser Satz enthält, muß ein Dreifaches mit Sorgfalt bedacht werden: erstens, was dies sei, das „WORT" genannt wird; zweitens, was „im Anfang" besage; drittens, was es bedeute, zu sagen: „Im Anfang ‚war' das WORT".

25. - Um den Sinn der Aussage „Wort" zu verstehen, muß man wissen, daß, wie der Philosoph [Aristoteles] sagt, was in der Stimme laut wird, ein Zeichen ist für die Regung der Seele. Das Bezeichnete aber wird in der Heiligen Schrift gewöhnlich mit dem Namen des Zeichens benannt, zum Beispiel im *ersten Korintherbrief*: „Der Felsen aber war Christus" (10,4). So muß notwendig die innere Regung unserer Seele, deren Zeichen unser äußeres Wort ist, selber „Wort" genannt werden. Ob dabei der Name „Wort" eher dem Laut der Stimme oder eher dem Begriff des Geistes gebührt, das ist ohne Belang für die gegenwärtige Frage. Es ist jedoch klar, daß, was der Laut der Stimme bezeichnet, die innere Regung in der Seele, früher ist als das nach außen lautende Wort: jene ist ja die Ursache von diesem.

Wenn wir also wissen wollen, was das innere Wort des Geistes sei, dann müssen wir zusehen, was durch den Laut der Stimme bezeichnet wird.

In unserer Erkenntniskraft sind drei Dinge: das Erkenntnisvermögen selbst; dann das Erkenntnisbild der erkannten Wirklichkeit, welches die Erkenntniskraft innerlich prägt und zu ihr sich verhält wie das farbige Bild zum Auge; drittens das Wirken der Erkenntniskraft, das Erkennen selbst. Von diesen drei Dingen aber wird keines bezeichnet durch das nach außen lautende Wort.

Der Name „Stein" bedeutet nämlich nicht das Wesen des erkennenden Geistes; nicht ihn will bezeichnen, wer „Stein" sagt. Es ist auch nicht das Erkenntnisbild gemeint, wodurch der Geist erkennt; auch dies liegt nicht in der Absicht der Benennung. Diese meint endlich auch nicht das Erkennen selbst; Erkennen ist ja ein Wirken, das im Erkennenden verbleibt und nicht aus ihm heraus nach außen hervorgeht.

Illud ergo proprie dicitur verbum interius, quod intelligens intelligendo format.

Intellectus autem duo format, secundum duas eius operationes. Nam secundum operationem suam, quae dicitur indivisibilium intelligentia, format definitionem; secundum vero operationem suam, qua componit et dividit, format enunciationem, vel aliquid huiusmodi. Et ideo, illud sic formatum et expressum per operationem intellectus, vel definientis vel enunciantis, exteriori voce significatur. Unde dicit Philosophus quod ratio, quam significat nomen, est definitio.[2] Istud ergo sic expressum, scilicet formatum in anima, dicitur verbum interius; et ideo comparatur ad intellectum, non sicut quo intellectus intelligit, sed sicut in quo intelligit; quia in ipso expresso et formato videt naturam rei intellectae. Sic ergo habemus significationem huius nominis "verbum".

Secundo, ex his quae dicta sunt, concipere possumus, quod verbum semper est aliquid procedens ab intellectu in actu existente. Iterum quod verbum semper est ratio et similitudo rei intellectae. Et si quidem eadem res sit intelligens et intellecta, tunc verbum est ratio et similitudo intellectus, a quo procedit; si autem sit aliud intelligens et intellectum, tunc verbum non est similitudo et ratio intelligentis, sed rei intellectae: sicut conceptio quam aliquis habet de lapide, est similitudo lapidis tantum, sed quando intellectus intelligit se, tunc huiusmodi verbum est similitudo et ratio intellectus. Et ideo Augustinus[3] ponit similitudinem Trinitatis in anima, secundum quod mens intelligit seipsam, non autem secundum quod intelligit alia.

Patet ergo quod in qualibet natura intellectuali necesse est ponere verbum: quia de ratione intelligendi est quod intellectus intelligendo aliquid formet; huius autem formatio dicitur verbum; et ideo in omni intelligente oportet ponere verbum.

Natura autem intellectualis est triplex, scilicet humana, angelica et divina: et ideo triplex est verbum. Scilicet humanum [...]. Est et angelicum [...]. Tertium est verbum divinum [...].

Cum ergo Evangelista dicit "In principio erat Verbum", non intelligi potest de humano vel angelico verbo:

---

[2] Vgl. Aristoteles, *Metaphysica* IV 16 (1012a23f.).

[3] Vgl. Augustinus, *De trinitate* IX 5 (CCL 50,297,27-298,44); IX 8 (300,1-301,33); IX 17-18 (308,1-310,80).

Inneres Wort im eigentlichen Sinn wird also das genannt, was der Erkennende gestaltet, indem er erkennt.

Es gestaltet aber der erkennende Geist ein Zweifaches, gemäß den beiden Weisen seines Wirkens. Gemäß dem Wirken, welches als Gewahrwerden der ungeteilten Wesensganzheit bezeichnet wird, gestaltet er nämlich den abgrenzenden Begriff; gemäß dem Wirken aber, durch das er verknüpft und trennt, gestaltet er das Urteil oder etwas dieser Art. Was also auf solche Weise Gestalt und Ausdruck wird durch das Wirken des erkennenden Geistes, des begriffsbildenden oder des urteilenden, das wird zeichenhaft dargestellt durch die nach außen lautende Stimme. Daher sagt der Philosoph, das durch den Namen eigentlich Bezeichnete sei der Begriff. Das in der Seele solcherart Gestaltgewordene nun wird das „innere Wort" genannt. Dieses verhält sich demnach zum erkennenden Geist nicht wie etwas, „wodurch" er erkennt, sondern „worin" er erkennt; denn „in" diesem Gestaltgewordenen selbst sieht er das Wesen der zu erkennenden Wirklichkeit. So also ist deutlich geworden, was die Aussage „Wort" meint.

Aus dem Gesagten können wir ferner entnehmen: das Wort ist immer etwas, das aus dem erkennenden Geist hervorgeht, sofern dieser im Stande des Wirkens ist. Und weiterhin: das Wort ist immer Wesensbild des erkannten Wirklichen. – Wenn also Erkennender und Erkanntes ein und dasselbe sind, dann ist das Wort das Wesensbild des erkennenden Geistes, aus dem es hervorgeht. Sind aber Erkennender und Erkanntes voneinander verschieden, dann ist das Wort das Wesensbild nicht des Erkennenden, sondern des Erkannten. So ist der Begriff, den einer vom Stein hat, einzig ein Bild des Steines; wenn aber der erkennende Geist sich selbst erkennt, dann ist ein solches „Wort" das Wesensbild des erkennenden Geistes selbst. Daher sieht Augustinus ein Gleichnis der Dreieinigkeit in der Seele nur, sofern unser Geist sich selbst erkennt, nicht aber, sofern er etwas anderes erkennt.

Es ist also offenbar, daß notwendig in jedem geistbegabten Wesen „Wort" ist, weil es zum Wesen des geistigen Erkennens gehört, daß der Geist, indem er erkennt, etwas gestaltet. Das so Gestalt Gewordene aber wird „Wort" genannt. Wo immer also geistiges Erkennen ist, da ist „Wort".

Die geistige Natur aber ist dreigestaltig: Mensch, Engel, Gott. So ist also auch das Wort dreigestaltig: Wort des Menschen [...], Wort des Engels [...], Wort Gottes [...].

Der Satz des Evangeliums: „Im Anfang war das WORT" kann nun aber nicht bezogen werden auf das Wort des Menschen noch des Engels.

quia utrumque istorum verborum est factum, cum homo et Angelus habeant sui esse et operationis principium et causam; verbum autem hominis vel Angeli non potest praeexistere eis. De quo autem verbo intellexerit Evangelista, declarat per hoc quod dicit, hoc verbum non esse factum, cum omnia sint facta per ipsum; hoc autem est verbum Dei, de quo Ioannes hic loquitur.

26. - Sciendum est autem, quod hoc Verbum differt a nostro verbo in tribus.

Prima differentia est, secundum Augustinum[4], quia verbum nostrum prius est formabile, quam formatum: nam cum volo concipere rationem lapidis, oportet quod ad ipsam ratiocinando perveniam; et sic est in omnibus aliis, quae a nobis intelliguntur, nisi forte in primis principiis, quae cum sint simpliciter nota, absque discursu rationis statim sciuntur.

Quamdiu ergo sic ratiocinando, intellectus iactatur hac atque illac, nec dum formatio perfecta est, nisi quando ipsam rationem rei perfecte conceperit: et tunc primo habet rationem rei perfecte, et tunc primo habet rationem verbi. Et inde est quod in anima nostra est cogitatio, per quam significatur ipse discursus inquisitionis, et verbum, quod est iam formatum secundum perfectam contemplationem veritatis. Sic ergo verbum nostrum primo est in potentia quam in actu; sed Verbum Dei semper est in actu: et ideo nomen cogitationis Verbo Dei proprie non convenit. Dicit enim Augustinus, XV *de Trinit.*[5], ita dicitur Verbum Dei, ut cogitatio non dicatur, ne quid quasi volubile credatur in Deo. Id autem quod Anselmus[6] dicit, scilicet dicere summo spiritui nihil aliud est, quam cogitando intueri, improprie dictum est.

27. - Secunda vero differentia verbi nostri ad Verbum divinum est, quia verbum nostrum est imperfectum, sed Verbum divinum est perfectissimum.

---

[4] Vgl. Augustinus, *De trinitate* XV 25 (CCL 50, 499,61f.).

[5] Vgl. *ebd.* XV 25 (CCL 50,500,2).

[6] Vgl. Anselm von Canterbury, *Monologion* c. 63 (ed. Schmitt 73,10f.).

Denn jedes dieser Worte ist geschaffen, da Mensch wie Engel einen Anfang und eine Ursache ihres Seins und ihres Wirkens haben; das Wort von Mensch und Engel aber kann nicht früher sein als diese selbst. Welches Wort aber gemeint ist, das erklärt der Evangelist, indem er sagt: dieses WORT sei nicht geschaffen, vielmehr seien alle Dinge durch es geschaffen. Es ist das WORT Gottes, von dem Johannes hier spricht.

26. - Man muß aber wissen, daß dieses WORT sich von unserem Wort dreifach unterscheidet.

Der erste Unterschied ist, nach Augustinus, dieser: unser Wort ist früher gestaltbar als gestaltet. Wenn ich etwa das Wesen des Steines erfassen will, dann muß ich denkend dorthin vordringen; und so ist es mit allem anderen, das von uns erkannt wird - ausgenommen vielleicht die ersten Ur-Grundsätze, die ohne Denkbewegung der Vernunft sogleich gewußt werden; sie sind ja schlechthin bekannt.

Solange also der erkennende Geist, solchermaßen nachdenkend, hierhin und dorthin geworfen wird, solange ist die Gestaltung noch nicht vollendet - bis daß er das Wesen des Dinges voll erfaßt hat. Erst dann ist ihm Vollendung zuteil geworden; erst dann auch gibt es in ihm das Wort. - In unserer Seele also findet sich das Denken, wodurch das Hin und Her des Untersuchens bezeichnet wird, und das Wort, welches erst mit der vollkommenen Anschauung der Wahrheit Gestalt wird. Und also ist unser Wort früher im Stande der Möglichkeit als der Wirklichkeit. Das WORT Gottes aber ist stets im Stande der Wirklichkeit; und darum trifft die Aussage „Denken" für das WORT Gottes nicht im eigentlichen Sinne zu. Augustinus sagt: „Es ist auf solche Weise ‚WORT' Gottes gesagt, daß ‚Denken' nicht gesagt ist - damit nicht etwa ein Hin und Her in Gott geglaubt werde." Was aber den Satz des Anselmus betrifft: „Für den höchsten Geist ist ‚Sagen' nichts anderes als denkendes Schauen" - so ist dieser Satz im uneigentlichen Sinne gesagt.

27. - Die zweite Unterschiedenheit zwischen unserem Wort und dem göttlichen WORT ist diese: unser Wort ist unvollkommen, das göttliche WORT aber ist auf die höchste Weise vollkommen.

Quia enim nos non possumus omnes nostras conceptiones uno verbo exprimere, ideo oportet quod plura verba imperfecta formemus, per quae divisim exprimamus omnia, quae in scientia nostra sunt. In Deo autem non est sic: cum enim intelligat, et seipsum etiam et quicquid intelligit per essentiam suam, uno actu, unicum Verbum divinum est expressivum totius quod in Deo est, non solum personarum, sed etiam creaturarum: alias esset imperfectum. Unde dicit Augustinus:[7] si quid minus esset in Verbo, quam in dicentis scientia continetur, Verbum imperfectum esset. Sed constat quod est perfectissimum; ergo est tantum unum. *Iob* XXXIII, 14: "Semel loquitur Deus".

28. – Tertia differentia est, quod verbum nostrum non est eiusdem naturae nobiscum, sed Verbum divinum est eiusdem naturae cum Deo: et ideo est aliquid subsistens in natura divina.

Nam ratio intellecta, quam intellectus videtur de aliqua re formare, habet esse intelligibile tantum in anima nostra; intelligere autem in anima nostra non est idem quod est natura animae, quia anima non est sua operatio. Et ideo verbum quod format intellectus noster, non est de essentia animae, sed est accidens ei. In Deo autem idem est intelligere et esse; et ideo Verbum intellectus divini non est aliquid accidens, sed pertinens ad naturam eius: quia quicquid est in natura Dei, est Deus. Unde, dicit Damascenus[8], quod Deus Verbum substantiale est, et in hypostasi ens, reliqua vero, verba nostra scilicet, virtutes sunt animae.

29. – Ex praemissis etiam patet quod Verbum, proprie loquendo, semper personaliter accipitur in divinis, cum non importet nisi quid expressum ab intelligente.

Item quod Verbum in divinis sit similitudo eius a quo procedit; et quod sit coaeternum ei a quo procedit, cum non prius fuerit formabile quam formatum, sed semper in actu; et quod sit aequale Patri, cum sit perfectum, et totius esse Patris expressivum; et quod sit coessentiale et consubstantiale Patri, cum sit substantia eius.

[7] Vgl. Augustinus, *De trinitate* XV 23 (CCL 50, 496,9f.).

[8] Vgl. Johannes Damascenus, *De fide orthodoxa* I 13 (ed. Buytaert, 62,111-63,112).

Wir nämlich sind unvermögend, alle unsere Erfassungen in einem einzigen Worte auszusprechen; so müssen wir viele unvollkommene Worte bilden, durch die wir getrennt alles das aussprechen, was in unserem Wissen ist. In Gott aber ist es nicht so: weil er sich selbst und alles, was er durch seine Wesenheit erkennt, in einem einzigen Akt erkennt, darum spricht das einzige göttliche WORT alles aus, was in Gott ist, nicht nur die göttlichen Personen, sondern auch die Schöpfung; sonst wäre es unvollkommen. So sagt Augustinus: „Würde das WORT irgend weniger umfassen, als in dem Wissen dessen ist, der es spricht, so wäre das WORT unvollkommen. Nun aber ist gewiß, daß es auf die höchste Weise vollkommen ist: also ist es nur eines." Und im Buche *Hiob* heißt es: „*Ein* Mal spricht Gott" (33,14).

28. - Der dritte Unterschied: Unser Wort ist nicht gleichen Wesens mit uns selbst, das göttliche WORT aber ist gleichen Wesens mit Gott; und darum ist es ein Selbst im göttlichen Wesen.

Der Begriff nämlich, den der erkennende Geist von einem Wirklichen bildet, besitzt in unserer Seele nur ein gedankliches Sein; der Gedanke aber ist in unserer Seele nicht dasselbe wie das Wesen der Seele selbst, weil die Seele nicht ihr Wirken ist. Und darum ist das Wort, das unser erkennender Geist gestaltet, nicht etwas vom Wesen der Seele, sondern etwas ihr Anhaftendes. In Gott aber ist Erkennen und Sein ein und dasselbe. Darum ist das WORT des göttlichen Geistes nicht etwas bloß Anhaftendes, sondern etwas zu seinem Wesen Gehöriges; demgemäß ist es notwendig ein Selbst; denn alles, was im göttlichen Wesen ist, ist Gott. So sagt Johannes von Damaskus, Gottes WORT sei selbstseiend und personhaft, die anderen Worte aber, nämlich die unsrigen, seien Kräfte der Seele.

29. - Aus dem Gesagten ist schon deutlich geworden, daß in Gott, eigentlich gesprochen, das WORT immer personhaft gemeint ist.

Da es nichts anderes enthält, als was den Erkennenden ausspricht, ist außerdem deutlich, daß in Gott das WORT ein Gleichnis dessen ist, aus dem es hervorgeht; und daß es gleichewig ist mit dem, aus dem es hervorgeht, da es ja nicht früher gestaltbar ist als gestaltet, sondern immer im Stande der Wirklichkeit; und daß es dem Vater ebenbürtig ist, da es vollkommen ist und das ganze Sein des Vaters ausspricht; und daß es von gleichem Wesen und von gleicher Substanz ist wie der Vater, da es sein Wesen selbst ist.

Patet etiam quod cum in qualibet natura illud quod procedit, habens similitudinem naturae eius a quo procedit, vocetur filius, et hoc Verbum procedat in similitudine et identitate naturae eius a quo procedit, convenienter et proprie dicitur Filius, et productio eius dicitur generatio. Sic ergo patet primum, scilicet quid sit hoc quod dicitur "verbum".

30. – Circa hoc autem quatuor quaestiones occurrunt. Duae sunt Chrysostomi.

Prima[9] est cur Ioannes Evangelista Patrem dimittens, confestim incepit a Filio, dicens "In principio erat Verbum".

Ad hoc autem est duplex responsio. Una est, quia Pater omnibus innotuerat in veteri testamento, quamvis non in ratione Patris, sed ut Deus; Filius autem ignorabatur: et ideo in novo testamento, in quo agitur de cognitione Verbi, incipit a Verbo, sive Filio.

Alia est, quia per Filium ducimur in notitiam Patris; infra XVII,6: "Pater, manifestavi nomen tuum hominibus, quos dedisti mihi". Volens ergo fideles in notitiam Patris ducere Evangelista, decenter incepit a Filio, statim subiungens de Patre cum dicit "Et Verbum erat apud Deum".

31. – Secunda quaestio est etiam Chrysostomi.[10]

Cum enim, sicut dictum est, Verbum procedat ut filius, quare dixit "Verbum", et non Filius?

Ad hoc etiam dupliciter respondetur. – Primo quia filius dicit aliquid genitum, et cum audimus generationem filii, posset quis cogitare generationem illam talem esse, qualem comprehendere potest, scilicet materialem et passibilem; ideo ergo non dixit Filius sed Verbum, quod importat intelligibilem processum, ut non intelligatur materialem et passibilem generationem illam fuisse. Ostendens igitur Filium ex Deo impassibiliter nasci, destruit vitiosam suspicionem per Verbi nuncupationem.

---

[9] Vgl. Johannes Chrysostomus, *In Ioannem homiliae* II 4 (PG 59,33).
[10] Vgl. *ebd.* (PG 59,34).

Es ist auch deutlich, daß das WORT mit Fug und im eigentlichen Sinn „Sohn" und sein Hervorgang „Zeugung" genannt wird – da auch überall sonst das, was hervorgeht und wesensähnlich ist seinem Ursprung, Sohn genannt wird, und weil wirklich dieses WORT seinem Ursprung wesensähnlich, ja wesensgleich hervorgeht. So ist also das Erste deutlich geworden: was dies sei, das „Wort" genannt wird.

30. – Es begegnen hier aber noch vier Fragen. Zwei davon hat Chrysostomus ausgesprochen.

Die erste Frage: Warum spricht der Evangelist Johannes nicht vom Vater, sondern beginnt sogleich mit dem Sohne, indem er sagt: „Im Anfang war das WORT"?

Hierauf gibt es eine zweifache Antwort. Die eine ist diese: Der Vater war allen Menschen schon zu kennen gegeben im Alten Testament, wenngleich nicht als Vater, sondern als Gott; der Sohn aber war ungekannt. Und darum beginnt das Neue Testament, in welchem es um die Erkenntnis des WORTES geht, mit dem WORT oder dem Sohn.

Die andere Antwort ist diese: Durch den Sohn werden wir hingeführt zum Wissen vom Vater, wie es später heißt: „Vater, ich habe deinen Namen offenbar gemacht den Menschen, die du mir gegeben hast" (*Joh* 17,6). Wenn also der Evangelist die Gläubigen zum Wissen vom Vater führen wollte, begann er sinngemäß mit dem Sohne, indem er sogleich eine Aussage über den Vater hinzufügte: „Und das WORT war bei Gott."

31. – Auch die zweite Frage hat Chrysostomus gestellt:

Wenn, wie gesagt worden ist, das WORT als Sohn hervorgeht, warum ist dann vom WORT die Rede und nicht vom Sohn?

Hierauf kann gleichfalls zweierlei geantwortet werden. – Erstens besagt „Sohn" etwas Gezeugtes; und wenn wir von der Zeugung des Sohnes hören, könnte einer denken, jene Zeugung sei von der Art, wie er sie begreifen kann, nämlich stofflich und erleidentlich. Darum sagt Johannes nicht „Sohn", sondern WORT, worin die Geistigkeit des Hervorgehens einbeschlossen ist; auf daß man nicht meine, jene Zeugung sei stofflich und erleidentlich gewesen. Indem er so zeigt, daß der Sohn auf nicht erleidentliche Weise aus Gott geboren werde, zerstört er die falsche Deutung: durch die Benennung „WORT".

Aliter potest dici sic: Evangelista tractaturus erat de Verbo, inquantum venerat ad manifestandum Patrem. Unde cum ratio manifestationis magis importetur in nomine Verbi quam in nomine Filii, ideo magis est usus nomine Verbi.

32. – Tertia quaestio est Augustini in Lib. *LXXXIII quaest.*[11], quae talis est: in Graeco, ubi nos habemus Verbum, habetur logos. Cum ergo logos significet in Latino rationem et Verbum, quare translatores transtulerunt Verbum, et non rationem, cum ratio sit quid intrinsecum, quemadmodum etiam verbum?

Respondeo. Dicendum quod ratio proprie nominat conceptum mentis, secundum quod in mente est, etsi nihil per illam exterius fiat; per verbum vero significatur respectus ad exteriora: et ideo quia Evangelista per hoc, quod dixit logos, non solum intendebat significare respectum ad existentiam Filii in Patre, sed etiam operativam potentiam Filii, qua "per ipsum facta sunt omnia", magis antiqui transtulerunt verbum, quod importat respectum ad exteriora, quam ratio, quae tantum conceptum mentis insinuat.

33. – Quarta quaestio est Origenis[12], quae talis est. Scriptura in pluribus locis loquens de verbo Dei, nominat ipsum non absolute Verbum, sed cum additione, scilicet Dei, cum dicit verbum Dei, vel Domini: *Eccli.* I,5: "Fons sapientiae verbum Dei in excelsis", et *Apoc.* XIX,13: "Et nomen eius verbum Dei". Quare ergo Evangelista, cum loqueretur hic de verbo Dei, non dixit: In principio erat verbum Dei, sed dixit tantummodo Verbum?

Respondeo. Dicendum, quod licet sint multae veritates participatae, est tamen una veritas absoluta, quae per suam essentiam est veritas, scilicet ipsum esse divinum, qua veritate, omnia verba sunt verba. Eodem modo est una sapientia absoluta supra omnia elevata, scilicet sapientia divina, per cuius participationem omnes sapientes sunt sapientes. Et etiam unum Verbum absolutum, cuius participatione omnes habentes verbum, dicuntur dicentes. Hoc autem est Verbum divinum, quod per seipsum est Verbum super omnia verba elevatum.

---

[11] Vgl. Augustinus, *De LXXXIII quaestionibus* q. 63 (CCL 44A, 137,2-6).
[12] Vgl. Origenes, *In Ioannem* II § 37 (SC 120, 233).

Zweitens kann man so sagen: Der Evangelist ist im Begriff, vom WORTE zu handeln, sofern es gekommen ist, den Vater zu offenbaren. Weil aber das Element des Offenbarmachens eher in dem Namen „WORT" enthalten ist als in dem Namen „Sohn", darum verwendet er eher den Namen „WORT".

32. - Die dritte Frage stammt von Augustinus. Es ist diese: Wo es bei uns WORT heißt, da steht im Griechischen „logos". „Logos" aber bedeutet, übertragen, sowohl „Begriff" als auch „Wort". Warum also haben die Übersetzer „ WORT" gesagt und nicht „Begriff" - obwohl doch auch der Begriff, nicht anders als das Wort, etwas Innerliches ist?

Ich antworte: „Begriff" im eigentlichen Sinn meint die Erfassung des Geistes, sofern sie im Geiste Dasein hat, auch wenn keinerlei Äußerung geschieht; „Wort" aber besagt zugleich den Bezug auf das Außen. Weil nun der Evangelist, indem er „logos" sagte, nicht allein das Dasein des Sohnes im Vater aussprechen wollte, sondern auch die schöpferische Macht des Sohnes, sofern durch ihn alles gemacht ist - darum haben die Alten für „logos" lieber „Wort" gesetzt, worin der Bezug auf das Außen mitausgesagt ist, als „Begriff", was einzig an etwas Innergeistiges denken läßt.

33. - Die vierte Frage, die von Origenes stammt, lautet folgendermaßen: Die Heilige Schrift, die an vielen Stellen vom Worte Gottes spricht, nennt es nicht einfachhin „WORT", sondern sie macht eine Hinzufügung: „Wort Gottes" oder „Wort des Herrn"; zum Beispiel: „Der Quell der Weisheit ist das Wort Gottes in der Höhe" (*Sir* 1,5), und: „Sein Name war Wort Gottes" (*Offb* 19,13). Warum also hat der Evangelist, da er hier vom Worte Gottes spricht, nicht gesagt: „Im Anfang war das Wort Gottes", sondern einfachhin: „Im Anfang war das WORT"?

Darauf sage ich: Es gibt zwar viele Wahrheiten durch Teilhabe, aber nur eine Wahrheit schlechthin, die durch ihr Wesen Wahrheit ist, nämlich das göttliche Sein selbst; durch diese Wahrheit sind alle Worte Wort. Ebenso gibt es nur eine Weisheit schlechthin, über alles erhaben, nämlich die göttliche Weisheit; durch die Teilhabe an ihr sind alle Weisen weise. So auch gibt es nur ein WORT schlechthin; durch die Teilhabe an ihm heißen alle, die des Wortes fähig sind, redende Wesen. Dies aber ist das göttliche WORT, das durch sich selbst WORT ist, erhoben über alle Worte.

Ut ergo Evangelista hanc supereminentiam divini Verbi significaret, ipsum Verbum absque ulla additione nobis absolute proposuit[13]; et quia Graeci, quando volunt significare aliquid segregatum et elevatum ab omnibus aliis, consueverunt apponere articulum nomini, per quod illud significatur sicut Platonici[14] volentes significare substantias separatas, puta bonum separatum, vel hominem separatum, vocabant illud ly per se bonum, vel ly per se hominem ideo Evangelista volens significare segregationem et elevationem istius Verbi super omnia, apposuit articulum ad hoc nomen logos [...].

34. – Secundo considerandum est, quid significet hoc quod dicitur "In principio".

Sciendum est autem quod principium, secundum Origenem[15], multis modis dicitur. Cum enim principium importet ordinem quemdam ad alia, necesse est invenire principium in omnibus, in quibus est ordo.

Invenitur autem ordo in quantitatibus; et secundum hoc dicitur principium in numeris et longitudine, puta lineae.

Invenitur etiam ordo in tempore; et secundum hoc dicitur principium temporis, vel durationis.

Invenitur ordo in disciplinis, et hic est duplex: secundum naturam, et quoad nos; et utroque modo dicitur principium [...]. Et hoc modo, secundum naturam quidem, in disciplina Christiana initium et principium sapientiae nostrae est Christus, inquantum est sapientia et Verbum Dei, idest secundum divinitatem. Quoad nos vero principium est ipse Christus, inquantum "Verbum caro factum est", idest secundum eius incarnationem.

Invenitur etiam ordo in productione rei; et secundum hoc principium dicitur ex parte generati, scilicet ipsa prima pars generati seu facti: sicut fundamentum dicitur principium domus. Vel ex parte facientis: et sic est triplex principium, scilicet intentionis, quod est finis, quod movet agentem; rationis, quod est ipsa forma in mente artificis; et executionis, quod est potentia operans.

---

[13] Vgl. Origenes, *In Ioannem* II § 13 (SC 120,214-217).
[14] Vgl. Aristoteles, *Metaphysica* I 9 (990b1ff.).
[15] Vgl. Origenes, *In Ioannem* I § 90-118 (SC 120,106-123).

Um also dies Überragen des göttlichen WORTES auszudrükken, hat der Evangelist uns „das WORT", schlechthin und ohne jede Hinzufügung, vor die Augen gebracht. Und weil die Griechen, wenn sie etwas von allem anderen Abgesondertes und Erhabenes bezeichnen wollten, dem Worte, womit jenes ausgedrückt werden sollte, gewöhnlich den bestimmten Artikel beifügten (so sprachen die Platoniker, wenn sie die abgetrennten Wesenheiten, etwa das abstrakte Gute oder den abstrakten Menschen, bezeichnen wollten, von „*dem* Guten an sich" oder von „*dem* Menschen an sich") - darum hat auch der Evangelist, da er die alles überschreitende Erhabenheit jenes WORTES ausdrükken wollte, zu dem Namen „logos" den bestimmten Artikel hinzugefügt [...].

34. - An zweiter Stelle ist zu erwägen, was die Aussage „Im Anfang" bedeute.

Man muß wissen, daß, nach Origenes, „Anfang" in vielerlei Sinn gesagt wird. Da nämlich „Anfang" eine Zuordnung zu etwas anderem in sich schließt, darum muß, wo immer solche Ordnung ist, auch „Anfang" sein.

Es findet sich Ordnung im Bereich der Größen; so ist von Anfang die Rede bei den Zahlen und bei der Längenerstrekkung, etwa einer Linie.

Ordnung findet sich auch in der Zeit, und so spricht man vom Anfang der Zeit und des Dauerns.

Ordnung gibt es in den Wissenschaften, und zwar eine doppelte, eine wesenhafte und eine Ordnung im Hinblick auf uns; und in beiderlei Sinn wird von „Anfang" gesprochen [...]. In der Weise der wesenhaften Ordnung ist, in der christlichen Wissenschaft, Christus der Beginn und der Ursprung unserer Weisheit, sofern er die Weisheit und das WORT Gottes ist - das ist: gemäß seiner Gottheit. Anfang aber im Hinblick auf uns ist der gleiche Christus, sofern das WORT Fleisch geworden ist - das ist: gemäß seiner Menschwerdung.

Ordnung gibt es auch in der Hervorbringung eines Dinges. Und demgemäß heißt, im Hinblick auf das Hervorgebrachte, der früheste Teil des Hervorgebrachten oder Gemachten „Anfang"; so wird der Grundstein der Anfang des Hauses genannt. Oder, im Hinblick auf den Hervorbringenden, kann von dreierlei „Anfang" die Rede sein: vom Anfang des Absehens, welcher das Ziel ist, das den Wirkenden bewegt; von dem des Entwurfes, welcher im Geiste des Hervorbringenden lebendige Gestalt ist; von dem Anfang der Ausführung, welcher die wirkende Kraft ist.

His igitur modis de principio inquirendum est, quomodo sumatur hic principium, cum dicit "In principio erat Verbum".

35. – Dicendum est igitur quod potest sumi tripliciter.

Uno modo, secundum quod principium supponit pro persona Filii, quod principium est creaturarum secundum rationem virtutis activae, et per modum sapientiae, quae est ratio eorum quae fiunt; unde dicitur I *Cor.* I,24: "Christum Dei virtutem et Dei sapientiam". Unde et Dominus de se dicit infra VIII,25: "Ego principium, qui et loquor vobis".

Sic ergo accipiendo principium, intelligendum est quod dicitur "In principio erat Verbum", ac si diceret in Filio erat Verbum, ut sit sensus: ipsum Verbum est principium, ex modo loquendi, quo dicitur vita esse in Deo, quae tamen non est aliud, quam ipse Deus. Et haec est expositio Origenis.[16]

Dicit ergo hic Evangelista "In principio", ut statim in principio divinitatem Verbi ostenderet, ut Chrysostomus[17] dicit, dum asserit ipsum esse principium; quia secundum determinationem omnium principium est honoratissimum.

36. – Secundo modo potest accipi principium, prout supponit pro persona Patris, quod est principium non solum creaturarum, sed omnis divini processus; et sic accipitur in *Ps.* CIX,3: "Tecum principium in die virtutis tuae".

Secundum hoc ergo dicitur "In principio erat Verbum", ac si diceretur: in Patre erat Filius. Et haec est expositio Augustini[18], et etiam Origenis[19].

Dicitur autem Filius esse in Patre, quia eiusdem essentiae est cum Patre. Cum enim Filius sit sui essentia, in quocumque est essentia Filii, est Filius. Quia ergo in Patre est essentia Filii per consubstantialitatem, conveniens est quod Filius sit in Patre. Unde infra XIV,10 dicitur: "Ego in Patre, et Pater in me est".

---

[16] Vgl. Origenes, *In Ioannem* I § 116 (SC 120, 123).
[17] Vgl. Johannes Chrysostomus, *In Ioannem homiliae* II 3 (PG 59,33).
[18] Vgl. Augustinus, *De trinitate* VI 3 (CCL 50,230,18f.).
[19] Vgl. Origenes, *In Ioannem* I § 102 (SC 120,112-115).

Auf solcherlei Weise also muß erforscht werden, in welchem Sinne hier von „Anfang" die Rede ist, wenn es heißt: „Im Anfang war das WORT".

35. - Es ist aber zu sagen, daß dies auf dreifache Weise verstanden werden kann.

Erstens, sofern „Anfang" steht für die Person des Sohnes, weil er der Anfang der Schöpfung ist, sowohl im Sinne der wirkenden Kraft wie auch auf die Weise der Weisheit, welche das Urbild der Dinge ist, die geschaffen werden. Darum ist im *ersten Korintherbrief* (1,24) gesagt: „Christus: Gottes Kraft und Gottes Weisheit." Darum auch sagt der Herr von sich selbst: „Ich bin der Anfang, der ich auch zu euch rede" (*Joh* 8,25).

Wenn man also „Anfang" so versteht, dann bedeutet: „Im Anfang war das Wort" soviel wie: Im Sohne war das WORT. Der Sinn würde sein: Das WORT selbst ist der Anfang, gemäß der Redeweise, in der gesagt wird, in Gott sei das Leben, das ja gleichwohl nicht etwas anderes ist als Gott selbst. Dies ist die Erklärung des Origenes.

Der Evangelist sagt also hier „Im Anfang", um, wie Chrysostomus sagt, sofort zu Beginn die Göttlichkeit des WORTES zu zeigen, indem er behauptet, es selbst sei der Anfang. Der Anfang ist ja, nach der Meinung aller, das am meisten Geehrte.

36. - Zweitens kann „Anfang" so verstanden werden, daß er steht für die Person des Vaters, weil er der Anfang nicht bloß der Schöpfung, sondern auch allen göttlichen Hervorgehens ist. So ist „Anfang" gemeint in dem Wort des *Psalms*: „Bei dir ist der Anfang am Tage deiner Kraft" (110 [109],3).

Demgemäß bedeutet: „Im Anfang war das WORT" soviel wie: „Im Vater war der Sohn." Das ist die Auslegung des Augustinus und auch des Origenes.

Es ist aber gesagt, der Sohn sei im Vater, weil er gleichen Wesens ist mit dem Vater. Da nämlich der Sohn seines eigenen Wesens ist, darum ist, worin sich die Wesenheit des Sohnes findet, gleichfalls der Sohn. Weil also im Vater die Wesenheit des Sohnes ist, und zwar auf die Weise der Gleichwesentlichkeit, so folgt, daß der Sohn im Vater sei. So wird später gesagt: „Ich bin im Vater", und: „Der Vater ist in mir" (*Joh* 14,10).

37. – Tertio modo potest accipi principium pro principio durationis, ut sit sensus "In principio erat Verbum", idest Verbum erat ante omnia, ut Augustinus[20] exponit, et designatur per hoc Verbi aeternitas, secundum Basilium[21] et Hilarium.[22]

Per hoc enim quod dicitur "In principio erat Verbum", ostenditur quod quodcumque principium durationis accipiatur, sive rerum temporalium, quod est tempus, sive aeviternarum, quod est aevum, sive totius mundi, sive quodcumque imaginatum extensum per multa saecula, in illo principio iam erat Verbum. Unde Hilarius dicit VII *de Trinitate*: "Transeuntur tempora, transcenduntur saecula, tolluntur aetates. Pone aliquid quod voles tuae opinionis principium; Verbum iam erat, unde tractatur".[23] Et hoc est quod dicitur *Prov.* VIII,22: "Dominus possedit me in initio viarum suarum, antequam quicquam faceret a principio". Quod autem est ante durationis principium, est aeternum.

38. – Sic igitur secundum primam expositionem, asseritur Verbi causalitas; secundum autem secundam, Verbi consubstantialitas ad Patrem, qui Verbum loquitur; secundum vero tertiam, Verbi coaeternitas.

39. – Considerandum est etiam hic, quod dicitur "Verbum erat", quod est temporis praeteriti imperfecti, et hoc maxime videtur competere ad designandum aeterna, si attendamus naturam temporis et eorum quae sunt in tempore. Quod futurum est, nondum est actu; praesens autem actu est, et per hoc quod est actu praesens, non designatur fuisse: praeteritum autem perfectum designat aliquid extitisse, et esse iam determinatum, et iam defuisse; sed praeteritum imperfectum significat aliquid fuisse, et non esse adhuc determinatum, nec defuisse, sed adhuc remanere. Ideo signanter Ioannes ubicumque ponit aliquid aeternum, dicit "erat"; ubi vero dicit aliquid temporale, dicit "fuit", ut infra patebit.

---

[20] Vgl. Augustinus, *De trinitate* VI 3 (CCL 50,230,20f.).

[21] Vgl. Basilius von Cäsarea, *Homilia XVI super "In principio erat Verbum"* 1 (PG 31,472-482).

[22] Vgl. Hilarius von Poitiers, *De trinitate* II 13 (PL 10,60).

[23] Vgl. *ebd.*

37. - Drittens kann „Anfang“ als Beginn des Dauerns verstanden werden - so daß der Sinn wäre: Im Anfang war das WORT, das heißt, das WORT war allem zuvor; so erläutert es Augustinus. Nach Basilius und Hilarius wird hierdurch die Ewigkeit des WORTES bezeichnet.

Dadurch nämlich, daß es heißt: „Im Anfang war das WORT“, wird dargetan, daß, wie auch immer der Beginn des Dauerns verstanden sei (ob der zeitlichen Dinge, also der Zeit, oder der äonischen Dinge, also des Äon, oder der ganzen Welt oder einer sonst vorgestellten Erstreckung durch viele Zeitalter), immer in solchem Anfang schon das WORT war. Darum sagt Hilarius im siebenten Buch *Über die Dreieinigkeit*: „Überschritten werden die Zeiten, überstiegen die Weltalter, aufgehoben die Epochen. Setze nach Belieben irgendeinen Anfang: es war schon das WORT, von dem er sich herleitet.“ Dies ist es, was gesagt wird in dem *Buch der Sprüche*: „Der Herr hat mich besessen am Anfang seiner Wege, bevor er irgend etwas machte von Anfang an“ (8,22). Was aber dem Beginn der Dauer zuvor ist, das ist ewig.

38. - So also wird in der ersten Erläuterung die Urheberschaft des WORTES ausgesagt; in der zweiten die Gleichwesentlichkeit des WORTES mit dem Vater, welcher das WORT spricht; in der dritten des WORTES Gleich-Ewigkeit.

39. - Es ist hier auch zu bedenken, daß in der Zeitform der unvollendeten Vergangenheit gesagt ist: Es „war“ das WORT. Diese Zeitform aber scheint, wenn wir das Wesen der Zeit und dessen, was in der Zeit ist, ins Auge fassen, am ehesten der Bezeichnung der ewigen Dinge gemäß zu sein. Was zukünftig ist, das ist noch nicht wirklich. Das Gegenwärtige aber ist wirklich; und dadurch, daß es wirklich gegenwärtig ist, wird gesagt, daß es noch nicht gewesen ist. Die vollendete Vergangenheit aber besagt, daß etwas Dasein gehabt hat, jedoch bereits zu Ende und dahin ist. Die unvollendete Vergangenheit hingegen bedeutet, daß etwas zwar gewesen, aber noch nicht zu Ende und vorbei sei, vielmehr jetzt noch währe. Darum sagt Johannes mit kennzeichnendem Bedacht: „es war“, wann immer er von etwas Ewigem spricht; meint er aber etwas Zeithaftes, so sagt er: „es ist gewesen“ - wie sich im weiteren zeigen wird.

Sed quantum ad rationem praesentis competit maxime ad designandum aeternitatem praesens tempus, quod signat aliquid esse in actu, quod semper convenit aeternis: et ideo dicitur *Ex.* III,14: "Ego sum qui sum"; et Augustinus[24] dicit, quod ille solus vere est, cuius esse non novit praeteritum et futurum.

40. - Est etiam considerandum quod hoc verbum "erat", secundum *Glossam*[25], non sumitur hic inquantum significat temporales motus, more aliorum verborum, sed secundum quod signat rei existentiam: unde et verbum substantivum dicitur.

41. - Sed potest aliquis quaerere, cum Verbum sit genitum a Patre, quomodo possit esse Patri coaeternum: homo enim Filius a Patre homine genitus, est eo posterior.

Ad quod dicendum est quod principium originis invenitur esse prius duratione, eo quod est ex principio, propter tria. - Primo quidem quia principium originis alicuius rei praecedit tempore actionem, qua producit rem cuius est principium; sicut non statim quando homo est, incipit scribere, et ideo tempore praecedit Scripturam. - Secundo per hoc quod actio successionem habet, et ideo etiam si simul cum agente incipiat, tamen terminus actionis est post agentem: sicut simul cum generatus est ignis in istis inferioribus, incipit sursum tendere; prius tamen est ignis quam sit sursum, quia motus quo sursum tendit, quodam tempore mensuratur. - Tertio modo eo quod ex voluntate principii determinatur initium durationis eius quod est in principio, sicut ex voluntate Dei determinatur initium durationis creaturae: unde prius fuit Deus quam creatura.

Nihil autem horum trium in generatione divini Verbi invenitur.

Non enim Deus primo fuit quam inceperit generare Verbum: cum enim generatio Verbi nihil aliud sit quam intelligibilis conceptio, sequeretur quod Deus esset prius intelligens in potentia quam in actu, quod est impossibile.

---

[24] Vgl. Augustinus, *De trinitate* V 3 (CCL 50,208,10-17); *In Ioannem tractatus* 39,8 (CCL 36,349,9f.).

[25] Vgl. Johannes Scotus Eriugena, *Homilia in Prologum S. Evangelii secundum Ioannem* II (SC 151,226).

Faßt man freilich den Begriff des Gegenwärtigseins ins Auge, so ist zur Bezeichnung der Ewigkeit am allermeisten die Zeitform der Gegenwart fähig, weil sie den Stand des Wirklichseins ausspricht, welcher den ewigen Dingen immer eigen ist. Darum auch ist gesagt (*Ex* 3,14): „Ich bin der Ich bin"; und Augustinus sagt: „Jener allein ist in Wahrheit, dessen Sein weder Vergangenheit kennt, noch Zukunft."

40. - Es ist auch zu bedenken, daß dies Zeitwort „war" - so sagt die *Glosse* - hier nicht in dem Sinne gemeint ist, daß es, wie andere Zeitwörter, die zeithaften Veränderungen ausdrückt, sondern in dem Sinne, daß es das Dasein eines Wirklichen ausdrückt - weswegen es auch „substantivisches Zeitwort" genannt wird.

41. - Es mag aber einer fragen: wie das WORT gleichewig sein könne mit dem Vater, wenn es doch vom Vater gezeugt sei. Denn der menschliche Sohn, vom menschlichen Vater gezeugt, ist später als dieser.

Darauf ist zu sagen: aus dreifacher Ursache ist der Ursprungsgrund zeitlich früher als das, was aus ihm hervorgeht. - Erstens. weil der Ursprungsgrund zeitlich dem Wirken vorausgeht, durch das er das Wirkliche hervorbringt, dessen Ursprung er ist. So auch beginnt der Mensch nicht schon, sobald er lebt, zu schreiben; er ist also zeitlich früher als sein Schreiben. - Zweitens dadurch, daß im Wirken Aufeinanderfolge ist und also die Frucht des Wirkens später ist als der Wirkende, selbst wenn des Wirkens Anfang mit dem des Wirkenden in eins fiele. So beginnt zwar das Feuer, sobald es am Grunde entzündet ist, sogleich emporzuflammen; dennoch ist es eher Feuer, als es oben ist, weil die Bewegung, durch die es nach oben strebt, eine gewisse Zeit währt. - Auf eine dritte Weise dadurch, daß aus dem Willen des Ursprungs bestimmt wird, wann das, was aus ihm hervorgeht, beginnen soll, da zu sein; so hat der Wille Gottes den zeitlichen Anfang der Schöpfung bestimmt, weswegen Gott früher ist als die Schöpfung.

Von diesen drei Möglichkeiten findet sich aber keine in der Zeugung des göttlichen WORTES.

Denn: Gott war nicht, bevor er begonnen hätte, das WORT zu zeugen. Da nämlich die Zeugung des WORTES nichts anderes ist als ein geistiges Erkennen, so würde folgen, daß Gott früher der Möglichkeit nach erkennend wäre als in tathafter Wirklichkeit. Das aber ist unmöglich.

Similiter non potest esse quod ipsa Verbi generatio sit successiva: sic enim divinum Verbum prius esset informe quam formatum, sicut accidit in nobis, qui cogitando Verba formamus; quod est falsum, ut iam dictum est. Similiter non potest dici quod Pater sua voluntate initium durationis Filio suo praestiterit; quia Deus Pater non generat Filium voluntate, ut Ariani[26] dixerunt, sed naturaliter: Deus enim Pater seipsum intelligendo, Verbum concepit, et ideo non ante fuit Deus Pater quam Filius.

Huius aliqualis similitudo apparet in igne, et in splendore procedente ab igne: procedit enim splendor naturaliter et sine successione. Item si ignis esset aeternus, splendor eius coaeternus esset: propter quod Filius dicitur splendor Patris; *ad Hebr.* I,3: "Qui cum sit splendor gloriae" et cetera. Sed in hac similitudine deficit connaturalitas, et ideo nominamus eum Filium, cum tamen in humana filiatione deficiat coaeternitas. Oportet enim ex multis similitudinibus sensibilium in divinam cognitionem pervenire, quia una non sufficit [...].

42. – Nominamus ergo Filium diversis nominibus, ad exprimendum perfectionem eius, quae uno nomine non potest exprimi. Ut enim ostendatur connaturalis Patri, dicitur Filius; ut ostendatur in nullo dissimilis, dicitur imago; ut ostendatur coaeternus, dicitur splendor; ut ostendatur immaterialiter genitus, dicitur Verbum.

II.

43. – Deinde dicit "Et Verbum erat apud Deum". Hic ponitur secunda clausula, quam Evangelista ponit in sua narratione.

Ubi prius consideranda est significatio duorum verborum quae in prima clausula posita non fuerunt, scilicet "Deum" et "apud". Quid enim sit Verbum, et quid principium, iam expositum est [...].

[26] Vgl. Hilarius von Poitiers, *De synodis* (PL 10,520).

Gleicherweise kann es nicht sein, daß die Zeugung des WORTES selbst in zeitlichem Nacheinander geschehe. Dann wäre das göttliche WORT früher ungestaltet als gestaltet – wie es bei uns ist, die wir denkend die Worte gestalten. Das aber ist falsch, wie schon gesagt wurde. – Ebenso kann man nicht sagen, der Vater habe dem Sohne durch seinen Willen den Anfang des Dauerns vorbestimmt. Denn Gott der Vater zeugt den Sohn nicht, wie die Arianer sagten, kraft seines Willens, sondern kraft seines Wesens; Gott der Vater nämlich zeugt, indem er sich selbst erkennt, das WORT. Und so ist Gott der Vater nicht früher als der Sohn.

Eine Art Gleichnis dessen zeigt sich im Feuer und in dem Lichtglanz, der vom Feuer ausgeht: der Lichtglanz geht nämlich, ohne ein Nacheinander, aus der Natur des Feuers hervor. Wenn demnach das Feuer ewig wäre, so wäre der Lichtglanz gleichewig mit ihm. So wird auch der Sohn der Lichtglanz des Vaters genannt („Welcher der Lichtglanz der Herrlichkeit ist ...", *Hebr* 1,3). Es fehlt aber in diesem Gleichnis die Gleichwesentlichkeit; und darum sprechen wir vom Sohne, obwohl durch menschliche Sohnschaft die Gleichewigkeit nicht darstellbar ist. Es ist eben notwendig, von einer Vielzahl sinnlicher Bilder her zur Erkenntnis des Göttlichen vorzudringen; ein einziges genügt nicht [...].

42. – So benennen wir also den Sohn mit verschiedenen Namen, um seine Vollkommenheit auszusprechen, die ein einziger Name nicht zu fassen vermag. Der Name „Sohn" bekundet, daß er gleichen Wesens ist mit dem Vater; der Name „Ebenbild" sagt, daß er ihm in nichts unähnlich ist; der „Lichtglanz" bedeutet die Gleichewigkeit, und das WORT die Unstofflichkeit der Zeugung.

II.

43. – Danach ist gesagt: „Und das WORT war bei Gott", der zweite Satz in der Aussage des Evangelisten.

Hier ist zunächst die Bedeutung der beiden Worte zu bedenken, die in dem ersten Satze nicht vorkommen, nämlich „Gott" und „bei". Was nämlich „WORT" besage und was „Anfang", ist bereits dargelegt worden [...].

44. – Sciendum est ergo in primis quod hoc nomen Deus significat divinitatem, sed in supposito et concrete; hoc vero nomen deitas significat deitatem in abstracto, et absolute: et inde est quod non potest supponere pro persona ex naturali virtute et ex modo significandi; sed supponit solummodo pro natura. Hoc vero nomen Deus habet naturaliter ex modo significandi quod supponat pro aliqua personarum, sicut hoc nomen homo supponit pro supposito humanitatis, et ideo quandocumque veritas locutionis, vel ipsum praedicatum exigit ut hoc nomen Deus supponat pro persona, tunc supponit pro persona ut cum dicimus, Deus generat Deum. Et ita cum hic dicitur "apud Deum", necesse est quod Deus pro persona Patris supponat, quia haec praepositio apud distinctionem significat Verbi, quod esse dicitur "apud Deum"; et licet significet distinctionem in persona, non tamen in natura, cum eadem sit natura Patris et Filii. Evangelista igitur significare voluit Patris personam per hoc quod dixit "Deum".

45. – Sciendum est autem circa hoc quod haec praepositio apud quamdam coniunctionem rei significatae per rectum, ad rem significatam per obliquum importat, sicut haec praepositio in. Sed differenter, quia haec praepositio in significat quamdam coniunctionem intrinsecam; haec vero praepositio apud quodammodo extrinsecam coniunctionem importat. Et utrumque dicimus in divinis: scilicet Filium esse in Patre, et esse apud Patrem; et intrinsecum quidem ad consubstantialitatem pertinet, extrinsecum vero (ut sic loqui liceat, cum improprie in divinis dicatur extrinsecum) non nisi ad distinctionem personalem refertur, cum Filius a Patre solum per originem distinguatur [...].

Et quia haec praepositio in, ut dictum est, principaliter consubstantialitatem designat, inquantum importat coniunctionem intrinsecam, et ex consequenti distinctionem personarum, inquantum omnis praepositio est transitiva; haec autem praepositio apud distinctionem personalem significat principaliter, consubstantialitatem vero, inquantum quamdam coniunctionem significat quasi extrinsecam,

44. - Zunächst also ist zu bedenken, daß der Name „Gott" die Göttlichkeit bedeutet, und zwar, in konkretem Sinn, ihren Träger. Der Name „Gottheit" ist dagegen in einem abstrakten und abgetrennten Sinn gemeint. Darum auch kann er, aus seiner natürlichen Bedeutungsmacht, nicht für eine Person stehen, sondern nur für die Wesenheit. Der Name „Gott" aber steht aus seiner natürlichen Bedeutungsmacht für eine der göttlichen Personen, wie auch der Name „Mensch" den personhaften Träger des Menschseins meint. Wann immer daher die Wahrheit der Aussage oder die Bedeutung des Ausgesagten es verlangt, steht dieser Name „Gott" für eine Person, etwa wenn gesagt wird: Gott zeugt Gott. So auch muß hier, in der Aussage „bei Gott", der Name „Gott" notwendig für die Person des Vaters stehen; denn das Verhältniswort „bei" bezeichnet die Unterschiedenheit des WORTES, von dem gesagt wird, es sei „bei Gott", und zwar bezeichnet es eine Unterschiedenheit der Person, nicht der Wesenheit, da die Wesenheit des Vaters und des Sohnes die gleiche ist. Durch das Wort „Gott" wollte demnach der Evangelist die Person des Vaters benennen.

45. - Das Verhältniswort „bei" aber besagt eine Verknüpfung zwischen einem durch den Nominativ und einem durch den Dativ bezeichneten Wirklichen. Ähnlich ist es mit dem Verhältniswort „in", und doch wieder anders; denn „in" besagt eine innere, „bei" aber eher eine äußerliche Verknüpfung. Beides kann in bezug auf die Gottheit gesagt werden, sowohl, daß der Sohn „im" Vater, wie daß er „bei" dem Vater sei. Dabei ist die innere Verknüpfung auf die Gleichwesentlichkeit bezogen, die äußerliche aber - wenn es erlaubt ist, so zu sprechen, da ja im Hinblick auf Gott nur im uneigentlichen Sinn von einem „Außen" die Rede sein kann - einzig auf die Unterschiedenheit der Personen, da der Sohn sich vom Vater nur durch den Ursprung unterscheidet [...].

Weil nun das Verhältniswort „in", wie gesagt, erstlich die Gleichwesentlichkeit bezeichnet, sofern es eine innere Verknüpfung meint (freilich dann auch die Unterschiedenheit der Personen, da ja ein Verhältniswort stets die Beziehung des einen zum anderen besagt), weil anderseits das Verhältniswort „bei" erstlich die Unterschiedenheit der Personen bezeichnet (und danach freilich auch die Gleichwesentlichkeit, sofern ja eine, wenn auch sozusagen äußere, Verbindung gemeint ist) -

ideo Evangelista in hoc loco specialiter ista praepositione apud usus est, ut distinctionem personae Filii a Patre insinuaret, cum dixit "Et Verbum erat apud Deum", idest Filius apud Patrem, ut alia persona apud aliam.

46. - Sciendum est autem quod per hanc praepositionem apud quatuor significantur, per quae obiectiones quatuor contrariae excluduntur.

Significat enim haec praepositio apud primo subsistentiam in recto; quia ea quae subsistentiam per se non habent, non dicuntur proprie esse apud aliquid: sicut non dicimus albedinem esse apud corpus, et similiter de aliis quae per se non subsistunt. Ea autem quae per se subsistunt, dicuntur proprie esse unum apud aliud; sicut dicimus hominem esse apud hominem, et lapidem apud lapidem.

Secundo significat auctoritatem in obliquo, non enim proprie dicitur rex esse apud militem sed proprie dicitur miles apud regem.

Tertio dicit distinctionem: non enim proprie dicitur aliquis esse apud seipsum, sed unus homo est apud alium.

Quarto significat coniunctionem et societatem quamdam: cum enim dicitur aliquis esse apud alium, insinuatur nobis inter eos quaedam socialis coniunctio. Secundum autem istas conditiones importatas in significatione huius praepositionis apud convenienter Evangelista hanc clausulam, scilicet "Verbum erat apud Deum", subiungit primae clausulae, scilicet "In principio erat Verbum".

Praetermissa namque una illarum trium expositionum huius quod est "In principio erat Verbum", illa scilicet secundum quam principium ponitur pro Filio, ad quamlibet aliarum expositionum, scilicet ad illam quae principium dicit idem quod ante omnia, et ad illam secundum quam principium sumitur pro Patre, duplex obiectio fit ab haereticis; et sic sunt quatuor obiectiones, quas per quatuor conditiones huius praepositionis "apud" supra positas excludere possumus.

darum hat der Evangelist, um die Unterschiedenheit der Person des Sohnes vom Vater zu verdeutlichen, an dieser Stelle ausdrücklich das Verhältniswort „bei" gebraucht. „Und das WORT war bei Gott" - das heißt: der Sohn war bei dem Vater wie eine Person bei einer anderen.

46. - Man muß aber sehen, daß durch dieses Verhältniswort „bei" vier Dinge mitausgesagt sind, wodurch vier entgegenstehende Einwände entkräftet werden.

Das Verhältniswort „bei" besagt erstens, das durch den Nominativ bezeichnete Wirkliche sei etwas Für-sich-Seiendes. Was nämlich nicht ein In-sich-Sein hat, kann, im strengen Sinn, nicht „bei" etwas anderem sein. So sagen wir nicht, das Weiße sei „bei" einem Körperding; und ähnlich ist es auch sonst mit dem, was nicht ein In-sich-Sein hat. Was aber ein In-sich-Sein hat, vermag im eigentlichen Sinn „bei" einem anderen zu sein, Mensch „bei" Mensch, Stein „bei" Stein.

Zweitens drückt „bei" den höheren Rang des durch den Dativ bezeichneten Wirklichen aus. Streng genommen, kann man nicht sagen, der König sei „bei" dem Soldaten; eigentlich gesprochen, heißt es: der Soldat ist „bei" dem König.

Drittens bedeutet „bei" eine Unterschiedenheit. Es kann einer nicht eigentlich „bei" sich selbst sein, sondern ein Mensch ist „bei" einem andern.

Viertens besagt „bei" eine Verbundenheit und Gemeinschaft. Wenn nämlich gesagt wird, einer sei „bei" dem anderen, so ist uns deutlich, daß zwischen ihnen irgendeine Beziehung der Gemeinsamkeit besteht. Von allen diesen Bedeutungen her, die das Verhältniswort „bei" in sich schließt, erscheint es sinnvoll, daß der Evangelist auf den ersten Satz: „Im Anfang war das WORT" diesen zweiten folgen ließ: „Und das WORT war bei Gott."

Denn abgesehen von der ersten jener drei Deutungen des Satzes „Im Anfang war das WORT" (nach welcher „Anfang" für „Sohn" steht) wird gegen jede der übrigen Deutungen (gegen die, nach welcher „Anfang" dasselbe ist wie „früher als alles", und gegen die, nach welcher unter „Anfang" der „Vater" zu verstehen ist) ein zweifacher Einwand erhoben von seiten der Häretiker. So sind es vier Einwendungen, die wir zurückzuweisen vermögen auf Grund der angegebenen vierfachen Bedeutung des Verhältniswortes „bei".

47. – Quarum prima talis est: tu dicis quod Verbum erat in principio, idest ante omnia; sed ante omnia nihil erat; ubi ergo erat Verbum, si ante omnia nihil erat?

Haec autem obiectio procedit secundum imaginationem eorum qui ponunt, omne quod est, esse alicubi et in loco. Quae quidem excluditur a Ioanne, cum dicit "apud Deum". Et designat coniunctionem secundum ultimam dictarum conditionum, ut sit sensus, secundum Basilium[27]: ubi ergo erat Verbum? Respondet "apud Deum", non in aliquo loco, cum incircumscriptibile sit, sed apud Patrem, qui nullo comprehenditur loco.

48. – Secunda quaestio ad idem, est talis: tu dicis quod Verbum erat in principio, idest ante omnia. Sed ea quae sunt ante omnia, a nullo videntur procedere; cum illud a quo procedit aliquid, prius esse videatur eo quod procedit ab ipso; ergo Verbum non est procedens ab alio.

Haec autem obiectio excluditur cum dicit "Verbum erat apud Deum", ut ly apud accipiatur secundum secundam conditionem, secundum quam importat auctoritatem in causali, et sit sensus secundum Hilarium[28]: a quo est Verbum si ante omnia? Evangelista respondet "Verbum erat apud Deum"; quasi dicat: licet Verbum careat initio durationis, non tamen caret principio vel auctore: erat enim apud Deum, ut apud auctorem.

49. – Tertia quaestio est ad aliam expositionem secundum quam principium supponit pro Patre; quae talis est: tu dicis "In principio erat Verbum", idest Filius erat in Patre; sed illud quod est in aliquo, non videtur esse subsistens, ut hypostasis: sicut albedo quae est in corpore, non subsistit.

Sed haec obiectio solvitur per hoc quod dicit "Verbum erat apud Deum"; ut ly apud sumatur secundum primam conditionem per quam importat subsistentiam in recto; et sic, secundum Chrysostomum[29], est sensus "Verbum erat in principio", non ut accidens: sed "erat apud Deum", ut subsistens, et hypostasis divina.

---

[27] Vgl. Basilius von Cäsarea, *Homilia XVI super "In principio erat Verbum"* 4 (PG 31,479).

[28] Vgl. Hilarius von Poitiers, *De trinitate* II 14 (PL 10,61)

[29] Vgl. Johannes Chrysostomus, *In Ioannem homiliae* III 3 (PG 59,43).

47. - Der erste Einwand ist dieser: Du sagst, das WORT war im Anfang, das ist, früher als alles. Früher als alles aber war das Nichts. Wo also war das WORT, wenn früher als alles das Nichts war?

Dieser Einwand stammt aus der Vorstellung jener, die meinen, alles, was ist, sei irgendwo und an irgendeinem Orte. Dies aber wird von Johannes dadurch abgewiesen, daß er „bei Gott" sagt und damit, gemäß der zuletzt genannten Bedeutung, eine Verbundenheit bezeichnet. So daß, nach Basilius, der Sinn dieser ist: Wo also war das WORT? Antwort: Es war bei Gott, nicht an irgendwelchem Ort - das WORT ist ja unumgrenzbar, sondern beim Vater, den kein Raum zu fassen vermag.

48. - Die zweite Frage geht auf das gleiche; sie lautet: Du sagst, das WORT sei im Anfang, das heißt, früher als alles. Was aber früher ist als alles, das kann offenbar nicht aus etwas anderem hervorgehen, da doch das, woraus etwas hervorgeht, früher ist als das, was aus ihm hervorgeht. Also geht das WORT nicht aus einem anderen hervor.

Diese Einwendung wird aber hinfällig durch den Satz: „Das WORT war bei Gott", sofern das Verhältniswort „bei" gemäß der zweiten Bedeutung verstanden wird, welche einen Vorrang im ursächlichen Sinne besagt. So daß nach Hilarius der Sinn dieser ist: Woher ist das WORT, wenn es früher als alles ist? Der Evangelist antwortet: „Das WORT war bei Gott", wie wenn er sagte, zwar habe das WORT keinen Anfang des Dauerns, doch fehle ihm nicht Ursprung noch Urheber: es war „bei Gott", bei seinem Ursprung.

49. - Die dritte Frage bezieht sich auf die andere Deutung, nach welcher „Anfang" für „Vater" steht; sie lautet:

Du sagst: „Im Anfang war das WORT", was soviel bedeuten soll wie: der Sohn war im Vater. Aber, was „in" etwas anderem ist, das hat offenbar kein In-sich-Sein, wie auch das Weiße, das in einem Körperding ist, kein In-sich-Sein hat. - Diese Einwendung wird jedoch entkräftet dadurch, daß gesagt ist: „Das WORT war bei Gott" - sofern nämlich das Verhältniswort „bei" in seiner erstgenannten Bedeutung genommen wird, welche auf Seiten des im Nominativ genannten Wirklichen ein In-sich-Sein aussagt. So daß, nach Chrysostomus, der Sinn dieser ist: Das WORT war im Anfang, aber nicht als etwas bloß Anhaftendes, sondern es war „bei" Gott als ein In-sich-Seiendes, als göttliche Person.

50. - Quarta quaestio ad idem est talis: tu dicis quod Verbum erat in principio, idest in Patre; quod autem est in aliquo, non est distinctus a Patre.

Sed haec obiectio excluditur per hoc quod dicit "Et Verbum erat apud Deum"; ut ly apud sumatur secundum tertiam conditionem, secundum quam significat distinctionem: ut sit sensus, secundum Alcuinum[30] et Bedam[31], Verbum erat apud Deum", et sic erat in Patre per consubstantialitatem naturae, quod tamen est apud ipsum per distinctionem personae.

51. - Sic ergo per hanc clausulam "Et Verbum erat apud Deum", ostenditur coniunctio Verbi ad Patrem in natura, secundum Basilium; distinctio autem in persona, secundum Alcuinum et Bedam; substantia Verbi in natura divina, secundum Chrysostomum; auctoritas Patris ad Verbum, secundum Hilarium [...].

III.

53. - Deinde dicit "Et Deus erat Verbum". Haec est tertia clausula narrationis Ioannis, quae quidem secundum ordinem doctrinae congruentissime sequitur. Quia enim Ioannes dixerat de Verbo quando erat et ubi erat; restabat quaerere, quid erat Verbum; idest Verbum erat Deus, ut ly Verbum ponatur ex parte subiecti, et ly Deus ex parte praedicati.

54. - Sed cum prius quaerendum sit de re quid est, quam ubi et quando sit, videtur quod Ioannes hunc ordinem pervertat, insinuans primo de Verbo ubi et quando sit.

Ad hanc autem quaestionem respondet Origenes[32], quod aliter dicitur esse Verbum Dei apud hominem, et aliter apud Deum. Nam apud hominem est ut perficiens ipsum, quia per illud homo efficitur sapiens et bonus, *Sap.* c. VII,27: "Amicos Dei et prophetas constituit".

---

[30] Vgl. Alkuin, *Commentarium in S. Ioannis evangelium* 1 (PL 100,745).
[31] Vgl. Beda Venerabilis, *In S. Ioannis evangelii expositio* 1 (PL 92,638).
[32] Vgl. Origenes, *In Ioannem* II § 10 (SC 120,213-215).

50. – Die vierte Frage bezieht sich auf das gleiche. Sie lautet: Du sagst, das WORT war im Anfang, das heißt, im Vater. Was aber „in" jemandem ist, das unterscheidet sich nicht von ihm; der Sohn ist also nicht etwas vom Vater Unterschiedenes.

Dieser Einwand nun wird hinfällig durch den Satz: „Und das WORT war bei Gott", sofern das „bei" in der dritten Bedeutung genommen wird, welche gerade die Verschiedenheit ausdrückt. So daß, nach Alkuin und Beda, der Sinn dieser ist: „Das WORT war bei Gott", und so war es „im" Vater kraft der Gleichheit des Wesens, während es zugleich „bei" ihm war kraft der Unterschiedenheit der Person.

51. – So also zeigt sich in diesem Satz: „Und das WORT war bei Gott" die Verbundenheit des WORTES mit dem Vater in der Wesenheit, gemäß Basilius; die Unterschiedenheit in der Person, gemäß Alkuin und Beda; das In-sich-Sein des WORTES innerhalb der göttlichen Wesenheit, gemäß Chrysostomus; der Vorrang des Vaters vor dem WORT, gemäß Hilarius [...].

III.

53. – Danach ist gesagt: „Und Gott war das WORT." – Dies ist in der Erzählung des Johannes der dritte Satz. Er entspricht auf das genaueste der Ordnungsfolge der Lehre. Nachdem nämlich Johannes vom WORTE gesagt hat, wann es war und wo es war, blieb noch zu fragen, was das WORT war. Das WORT war Gott – so verstanden, daß „WORT" Subjekt ist und „Gott" Prädikat.

54. – Da aber die Frage nach dem Was vor der Frage nach Wann und Wo liegt, scheint Johannes die Reihenfolge zu verkehren, da er zuerst über Wann und Wo des WORTES spricht.

Hierzu sagt Origenes, das WORT Gottes sei auf andere Weise bei den Menschen als bei Gott. Bei dem Menschen sei es als das, was den Menschen vollkommen macht; durch das WORT nämlich wird der Mensch weise und gut: „Es macht zu Freunden Gottes und zu Propheten" (*Weish* 7,27).

Apud Deum vero non ita dicitur esse Verbum, quasi Pater perficiatur per Verbum et illustretur ab ipso; sed sic est apud Deum, quod accipiat naturalem divinitatem ab ipso, qui Verbum loquitur, a quo habet ut sit idem Deus cum eo. Ex eo ergo quod est per originem apud Deum, necesse fuit primum ostendere quod Verbum erat in Patre et apud Patrem, quam quod Verbum erat Deus.

55. - Sciendum est autem quod per hanc clausulam "Deus erat Verbum", responderi potest duabus obiectionibus, quae ex praecedentibus insurgunt.

Quarum una insurgit ex nomine Verbi, et est talis: tu dicis quod "Verbum erat in principio, et apud Deum"; constat autem quod verbum secundum communem usum loquendi significat vocem aliquam et enuntiationem necessariorum, manifestationem cogitationum; sed ista transeunt et non subsistunt; posset ergo credi quod de tali verbo Evangelista loqueretur.

Sed ista quaestio satis per praedicta excluditur, secundum Hilarium[33] et Augustinum, *Hom. prima super Io.*[34], qui dicit, manifestum esse, verbum in hoc loco non posse pro locutione accipi, quia cum locutio sit in motu et transeat, non posset dici quod "In principio erat Verbum", si verbum esset quid transiens et in motu. Item cum dicit "Et Verbum erat apud Deum", datur idem intelligi; satis enim patet quod aliud est inesse, et aliud est adesse. Verbum enim nostrum, cum non subsistat, non adest, sed inest; Verbum autem Dei est subsistens, et ideo adest. Et idcirco Evangelista signanter dixit "Verbum erat apud Deum". Sed tamen, ut obiectionis causa tollatur totaliter, naturam et esse Verbi subdit, dicens "Et Verbum erat Deus".

56. - Alia quaestio insurgit ex hoc quod dixerat "apud Deum". Cum enim ly apud dicat distinctionem, posset credi quod "Verbum erat apud Deum", scilicet Patrem, ab ipso in natura distinctum. Et ideo ad hoc excludendum statim subdit consubstantialitatem Verbi ad Patrem, dicens "Et Verbum erat Deus"; quasi dicat: non separatus a Patre per diversitatem naturae, quia ipsum Verbum est Deus.

[33] Vgl. Hilarius von Poitiers, *De trinitate* II 15 (PL 10,61).
[34] Vgl. Augustinus, *In Ioannem tractatus* I 8 (CCL 36,4,1-5,39).

Bei Gott aber ist das WORT nicht auf die Weise, daß der Vater durch das WORT vollkommener würde und von ihm Erleuchtung erführe. Sondern es ist auf solche Weise bei Gott, daß es die wesenhafte Göttlichkeit empfängt von dem, der das WORT spricht; von ihm her kommt es dem WORTE zu, gleicher Gott zu sein mit ihm. Weil also das WORT kraft seines Ursprunges „bei Gott" ist, darum mußte zuerst gezeigt werden, daß das WORT im Vater und bei dem Vater war, und erst danach, daß das WORT Gott war.

55. - Man muß aber wissen, daß man auf Grund dieses Satzes „Gott war das WORT" auf zwei Einwände zu antworten vermag, die aus dem Vorhergehenden sich ergeben könnten.

Der eine knüpft sich an den Namen WORT; er lautet also: Du sagst, das WORT war im Anfang bei Gott. Gemäß allgemeinem Sprachgebrauch aber bedeutet „Wort" einen Laut und die Offenbarmachung von Gedanken; solches Wort aber geht dahin und hat kein In-sich-Sein; man könnte also meinen, der Evangelist spreche hier von solcherart Wort.

Diese Frage wird nun, gemäß Hilarius und Augustinus, zwar schon genugsam beantwortet durch das Vorausgehende. Augustinus sagt, es sei offenkundig, daß „Wort" an dieser Stelle nicht im Sinne von Sprechen verstanden werden könne; da Sprechen ein Vorgang sei und etwas Vorübergehendes, könne, wenn das Wort als etwas veränderlich Vorübergehendes zu verstehen sei, unmöglich gesagt sein: „Im Anfang war das WORT". Und wenn es heißt: „Das WORT war bei Gott", gibt der Evangelist das gleiche zu verstehen. Denn es ist deutlich, daß „in einem andern sein" und „bei einem andern sein" zwei verschiedene Dinge sind. Unser Wort, das nicht ein In-sich-Sein hat, ist nicht „bei" uns, sondern „in" uns. Das WORT Gottes aber hat In-sich-Sein, und darum ist es „bei". Deswegen sagt der Evangelist mit Fug: „Das WORT war bei Gott." - Dennoch aber, damit die Wurzel dieses Einwandes völlig dahinschwinde, fügt er noch eine Aussage über die Wesenheit und das Sein des WORTES hinzu: „Und das WORT war Gott."

56. - Die zweite Frage entsteht aus dem „bei Gott". Da nämlich das „bei" eine Unterscheidung besagt, könnte einer glauben, das WORT sei „bei" Gott, dem Vater, als etwas wesenhaft von ihm Unterschiedenes. Um dies auszuschließen, fügt Johannes sogleich hinzu, das WORT sei gleichen Wesens mit dem Vater: „Und das WORT war Gott", wie wenn er sagte: nicht vom Vater getrennt durch die Verschiedenheit der Natur; denn das WORT selber ist Gott.

57. – Nota etiam specialem modum significandi, quia dicit "Verbum erat Deus", absolute ponendo Deum; ut ostendat non eo modo Deum esse, quo nomen deitatis attribui dicitur creaturae in sacra Scriptura; quia cum additione aliqua aliquando hoc nomen creatura participat. Sicut illud *Ex*. VII,1: "Ego constitui te Deum Pharaonis", ad designandum quod non erat Deus simpliciter, nec per naturam, quia constituebatur Deus alicuius determinate; et illud *Ps*. LXXXI,6: "Ego dixi, dii estis", quasi dicat: per meam reputationem, non secundum rei veritatem, dii estis: aliud enim est Deum reputari, et aliud esse Deum. Unde Verbum absolute dicitur Deus, quia est secundum essentiam suam Deus, et non participative, sicut homines et Angeli [...].

IV.

60. – Deinde dicit "Hoc erat in principio apud Deum". Hic ponitur quarta clausula, quae introducitur propter clausulam praecedentem. Ex hoc enim quod Evangelista dixerat quod "Verbum erat Deus", duplex falsus intellectus accipi poterat a non recte sentientibus.

Unus a gentilibus, qui ponunt pluralitatem et diversitatem deorum, et eorum contrarias dicunt esse voluntates; sicut illi qui fabulantur Iovem pugnasse cum Saturno; et sicut Manichaei[35], qui ponunt duo contraria principia naturae. Contra hunc errorem Dominus dixit, *Deut*. VI,4: "Audi Israel, Dominus Deus tuus, Deus unus est".

Quia ergo Evangelista dixerat "Verbum erat apud Deum, et Deus erat Verbum", possent isti in fulcimentum sui erroris istud adducere, intelligentes alium esse Deum, apud quem est Verbum, et alium ipsum Verbum, et cum hoc alterius, sive contrariae voluntatis; quod est contra legem Evangelii.

Ad hoc ergo excludendum dicit "Hoc erat in principio apud Deum"; quasi dicat, secundum Hilarium[36]: ita dico quod Verbum est Deus, quod tamen non est habens divinitatem, sed est apud Deum, scilicet in una natura et eadem in qua ipse est.

[35] Vgl. Augustinus, *De haeresibus* 46 (PL 42,34).
[36] Vgl. Hilarius von Poitiers, *De trinitate* II 16 (PL 10,62).

57. – Zu bedenken ist auch die besondere Weise der Bezeichnung. Es ist gesagt: „Das WORT war Gott", Gott schlechthin und ohne Einschränkung. Dadurch wird gezeigt, das WORT sei nicht auf jene Weise Gott, wie in der Heiligen Schrift auch dem Geschöpf der Gottesname zugesprochen wird; denn auch das Geschöpf hat manchmal mit einer gewissen Einschränkung Anteil an diesem Namen. So heißt es im Buch *Exodus* (7,1): „Ich setze dich zum Gott über Pharao" – was bedeutet, daß Moses nicht schlechthin und wesenhaft Gott war, da er ja mit dieser näheren Bestimmung zum Gotte über jemanden „gesetzt" wurde. Oder im *Psalm* 82 (81),6 ist gesagt: „Ich sage: Ihr seid Götter" – was bedeuten soll: ihr seid nicht wirklich Götter, sondern ihr geltet mir wie Götter. „Als Gott gelten" und „Gott sein" – das sind ja verschiedene Dinge. – So wird also das WORT schlechthin Gott genannt, weil es durch seine Wesenheit Gott ist, nicht nur, wie Menschen und Engel, durch Teilhabe [...].

IV.

60. – Danach sagt Johannes: „Dieses war im Anfang bei Gott." Dies ist der vierte Satz; er wird wegen des Vorhergehenden eingefügt. Daß nämlich gesagt war: „Das WORT war Gott", konnte von solchen, die nicht recht denken, auf zweifache Weise mißverstanden werden.

Einmal von der Seite der Heiden, die annehmen, es gebe mehrere verschiedene Götter gegensätzlichen Willens. So denken jene, die davon fabeln, Jupiter habe gegen Saturn gekämpft, so auch die Manichäer, die zwei einander widerstreitende Urgründe der Natur annehmen. Gegen diesen Irrtum sagt der Herr: „Höre, Israel, der Herr, dein Gott, ist Ein Gott" (*Dtn* 6,4).

Von jenen nun könnten die Sätze: „Das WORT war bei Gott, und Gott war das WORT" als Stütze ihres Irrtums gedeutet und so verstanden werden, als sei das WORT selbst ein anderer Gott als der, bei welchem das WORT ist, und als seien beide verschiedenen oder gar gegensätzlichen Willens – was aber dem Gesetz des Evangeliums widerstreitet.

Um also dies auszuschließen, sagt Johannes: „Dieses war im Anfang bei Gott" – was, nach Hilarius, bedeuten soll: Ich sage in solchem Sinn „das WORT ist Gott", daß es dennoch nicht für sich allein die Göttlichkeit besitzt, sondern es ist „bei Gott", eines und desselben Wesens mit ihm.

Item per hoc quod dicit, "Verbum erat Deus" ne intelligeretur quod haberent contrariam voluntatem, addidit hoc, quod scilicet "Verbum erat in principio apud Deum" scilicet Patrem; non divisum ab ipso, non contrarium, sed habens cum eo identitatem naturae et concordiam voluntatis: quae quidem unio fit per communionem divinae naturae in tribus personis, et per nexum naturalis amoris Patris et Filii.

61. – Alius error poterat ex praemissis verbis elici ab Arianis[37], qui ponunt Filium minorem esse quam Pater, propter hoc quod dicitur: "Pater maior me est" [infra 14,28]. Dicunt enim Patrem maiorem Filio, et quantum ad aeternitatem, et quantum ad naturae divinitatem. Ut ergo Evangelista excluderet, addidit "Hoc erat in principio apud Deum".

Arius enim primam clausulam, scilicet "In principio erat Verbum", admittit: non tamen vult quod ibi principium accipiatur pro Patre, sed pro principio creaturarum. Unde dicit quod Verbum erat in principio creaturarum, et ideo nequaquam Patri est coaeternus. Sed hoc excluditur, secundum Chrysostomum[38], per illam clausulam "Hoc erat in principio", non quidem creaturarum, sed "in principio apud Deum"; idest ex quo Deus fuit. Numquam enim Pater solitarius fuit a Filio, sive Verbo, sed semper hoc, scilicet Verbum, apud Deum erat.

62. – Item, Arius confitetur quod Verbum erat Deus, sed tamen minor Patre. Sed hoc excluditur per ea quae sequuntur.

Duo enim sunt propria magni Dei, quae Arius Deo Patri singulariter attribuebat, scilicet aeternitas et omnipotentia. In quocumque ergo ista duo inveniuntur, ille est magnus Deus, quo nullus est maior; sed haec duo Evangelista Verbo attribuit; ergo Verbum est magnus Deus, et non minor. Aeternitatem quidem dicit esse in Verbo per hoc quod dicit "Hoc erat in principio apud Deum"; idest Verbum ab aeterno, non solum in principio creaturarum, ut Arius intellexit, erat, sed apud Deum, accipiens esse et divinitatem ab eo. Omnipotentiam vero attribuit Verbo per hoc quod subdit "Omnia per ipsum facta sunt".

---

[37] Vgl. Augustinus, *De haeresibus* 49 (PL 42,39).

[38] Vgl. Johannes Chrysostomus, *In Ioannem homiliae* IV 1 (PG 59,47).

Damit ferner der Satz: „Das WORT war Gott" nicht so verstanden werden könne, als habe das WORT einen dem Vater widerstreitenden Willen, fügt Johannes hinzu: „Dieses war im Anfang bei Gott", das ist: beim Vater, nicht getrennt von ihm noch ihm widerstreitend, sondern gleichen Wesens und einträchtigen Willens mit ihm. Diese Einung aber geschieht durch die Gemeinsamkeit des göttlichen Wesens in den drei Personen und durch das Band der wesenhaften Liebe des Vaters und des Sohnes.

61. – Einen anderen Irrtum könnten die Arianer aus dem Vorhergehenden herauslesen, welche – weil es heißt: „Der Vater ist größer als ich" (*Joh* 14,28) – annehmen, der Sohn sei geringer als der Vater. Sie sagen nämlich, der Vater sei größer als der Sohn sowohl in bezug auf die Ewigkeit wie in bezug auf die Göttlichkeit des Wesens. Um dies also auszuschließen, fügt der Evangelist hinzu: „Dieses war im Anfang bei Gott."

Arius nämlich erkennt den ersten Satz: „Im Anfang war das WORT" an; er will jedoch, daß hier „Anfang" nicht als „Vater" verstanden werde, sondern als „Anfang der Schöpfung". So sagt er, das WORT sei im Anfang der Schöpfung und demnach keineswegs gleichewig mit dem Vater. Dies aber wird, nach Chrysostomus, ausgeschlossen durch den Satz: „Dieses war im Anfang" – nicht im Anfang der Schöpfung, sondern „im Anfang bei Gott", das heißt: seit Gott war. Denn niemals war der Vater allein, ohne den Sohn oder das WORT; sondern immer war „dieses", nämlich das WORT, bei Gott.

62. – Arius sagt ferner, das WORT sei zwar Gott, aber dennoch geringer als der Vater. Dies aber wird ausgeschlossen durch das, was folgt.

Es gibt zwei Eigentümlichkeiten des „großen Gottes", die Arius nur Gott dem Vater zusprechen wollte, nämlich Ewigkeit und Allmacht. Bei wem also jene beiden Eigentümlichkeiten sich finden, der ist der „große Gott". Nun aber spricht der Evangelist sie dem WORTE zu. Also ist das WORT der „große Gott", nicht ein geringerer Gott. Ewigkeit spricht er dem WORTE zu, indem er sagt: „Dieses war im Anfang bei Gott", das heißt: das WORT ist nicht nur, wie Arius es verstand, im Anfang der Schöpfung, sondern von Ewigkeit her bei Gott, von ihm Sein und Göttlichkeit empfangend. Allmacht aber spricht er dem WORTE zu, indem er hinzufügt: „Alles ist durch es gemacht."

63. – Origenes[39] vero hanc eamdem clausulam satis pulchre exponens, dicit ipsam non esse aliam a tribus primis; sed ipsam esse quemdam epilogum praemissorum.

Evangelista enim postquam insinuaverat veritatem esse Filii, transiturus ad eius insinuandum virtutem, recolligit, quasi in summa epilogando, in quarta clausula, quod in primis tribus praedixerat. Primo enim per hoc quod dicit "hoc", intelligit tertiam clausulam; per hoc vero quod dicit "erat in principio", recolligit primam; per hoc vero quod subdit "erat apud Deum", recolligit secundam, ut sic non intelligas aliud Verbum, quod erat in principio et quod erat Deus; sed hoc Verbum, quod erat Deus, "erat in principio apud Deum" [...].

65. – Per hoc etiam excluduntur errores philosophorum.

Quidam enim philosophorum antiqui, scilicet naturales, ponebant mundum non ex aliquo intellectu, neque per aliquam rationem, sed a casu fuisse; et ideo a principio rationem non posuerunt seu intellectum aliquam causam rerum, sed solam materiam fluitantem, utpote athomos, sicut Democritus posuit, et alia huiusmodi principia materialia, ut alii posuerunt.[40] Contra hos est quod Evangelista dicit "In principio erat Verbum", a quo res scilicet principium sumpserunt et non a casu.

Plato[41] autem posuit rationes omnium rerum factarum subsistentes, separatas in propriis naturis, per quarum participationem res materiales essent: puta per rationem hominis separatam, quam dicebat per se hominem, haberent quod sint homines. Sic ergo ne hanc rationem, per quam omnia facta sunt, intelligas rationes separatas a Deo, ut Plato ponebat, addit Evangelista "Et Verbum erat apud Deum".

Alii etiam Platonici, ut Chrysostomus[42] refert, ponebant Deum Patrem eminentissimum, et primum, sub quo ponebant mentem quamdam, in qua dicebant esse similitudines et ideas omnium rerum. Ne ergo sic intelligas, quod Verbum erat apud Patrem, quasi sub eo et minor eo, addit Evangelista "Et Verbum erat Deus".

---

[39] Vgl. Origenes, *In Ioannem* II § 34 (SC 120, 231).

[40] Vgl. Nemesius v. Emesa, *De natura hominis* 42 (ed. Verbeke/Moncho 160,97-161,9); Augustinus, *De civitate Dei* XVIII 41 (CCL 48,636,45-52).

[41] Vgl. Aristoteles, *Metaphysica* I 6 (987b7); Augustinus, *De LXXXIII quaestionibus* 46 (CCL 44A,70,1-73,73).

[42] Vgl. Johannes Chysostomus, *In Ioannem homiliae* II 2 (PG 59,31); II 4 (PG 59,34).

63. - Origenes aber, der den gleichen Satz recht schön erläutert, sagt, der Satz sei nicht verschieden von den drei ersten, sondern er sei eine Art Zusammenfassung der voraufgehenden Sätze.

Der Evangelist habe - nachdem er die Wahrheit über das Sein des Sohnes dargetan, im Begriffe, voranzuschreiten zur Darlegung seiner Macht - in dem vierten Satze, wie in einer Summe, noch einmal alles zusammengefaßt, was in den drei ersten gesagt war. Mit dem Worte „dieses" meine er den dritten Satz; damit, daß er sage: „war im Anfang", wiederhole er den ersten und durch die Hinzufügung „war bei Gott" den zweiten Satz: so daß du also nicht meinen kannst, es sei ein anderes WORT, das im Anfang war, und ein anderes, das Gott war. Vielmehr war „dieses" WORT, das Gott war, „im Anfang bei Gott" [...].

65. - Hierdurch werden auch die Irrtümer der Philosophen ausgeschlossen.

Einige Philosophen des Altertums, die Naturphilosophen, nahmen an, die Welt sei nicht aus einem erkennenden Geiste entstanden, noch durch eine Vernunft, sondern aus dem Zufall. Darum setzten sie an den Anfang, als den Ursprung der Dinge, nicht die Vernunft noch den erkennenden Geist, sondern die hin und her wogende Materie, die Atome, wie Demokrit sagte, oder, nach der Meinung anderer, stoffliche Ursprünge dieser Art sonst. Wider sie sagt der Evangelist: „Im Anfang war das WORT"; aus ihm und nicht aus dem Zufall haben die Dinge ihren Ursprung genommen.

Platon aber lehrte, die Urbilder aller geschaffenen Dinge hätten ein getrenntes In-sich-Sein eigenen Wesens, und die stofflichen Dinge hätten ihr Sein kraft der Teilhabe an ihnen. So seien etwa die Menschen Menschen kraft des getrennten Urbildes vom Menschen, das er „den Menschen an sich" nannte. Damit du nicht glaubest, das Urbild, durch das alles gemacht ist, seien, wie Platon lehrte, jene von Gott getrennten „Ideen", darum fügt der Evangelist hinzu: „Und das WORT war bei Gott."

Andere, gleichfalls Platoniker, lehrten, wie Chrysostomus berichtet: Gott, der Vater, sei das höchste und erste Wesen; unter ihm aber gebe es eine Art Vernunft, in welcher die Urbilder und Ideen aller Dinge ruhen sollen. Damit du nun nicht glaubest, das WORT sei zwar bei dem Vater, aber ihm unterstellt und geringer als er, darum fügt der Evangelist hinzu: „Und das WORT war Gott."

Aristoteles[43] vero posuit in Deo rationes omnium rerum, et quod idem est in Deo intellectus et intelligens et intellectum; tamen posuit mundum coaeternum sibi fuisse. Et contra hoc est quod Evangelista dicit "hoc", scilicet "Verbum" solum, "erat in principio apud Deum"; ita quod ly hoc non excludit aliam personam, sed aliam naturam coaeternam.

66. – Nota etiam in praedictis differentiam Ioannis ab aliis Evangelistis, quomodo scilicet dignius Evangelium suum incepit, quam alii. Ipsi enim annuntiaverunt Christum Filium Dei ex tempore natum; *Matth.* II,1: "Cum natus esset Iesus in Bethlehem". Ioannes vero dicit eum ab aeterno fuisse, "In principio", inquit, "erat Verbum". Ipsi etiam dicunt eum subito inter homines apparuisse; *Lc.* II,29: "Nunc dimittis servum tuum, Domine, secundum verbum tuum in pace; quia viderunt oculi mei salutare tuum, quod parasti ante faciem omnium populorum, lumen ad revelationem gentium, et gloriam plebis tuae, Israel". Ioannes vero dicit eum apud Patrem semper fuisse. "Et Verbum", inquit, "erat apud Deum". Alii vero ipsum hominem; *Matth.* IX, v. 8: "Glorificabant Deum, qui potestatem talem hominibus dedit". Ioannes vero dicit ipsum esse Deum. "Et Verbum", inquit, "erat Deus". Alii dixerunt eum fuisse cum hominibus conversatum; *Matth.* XVII,21: "Conversantibus autem illis in Galilaea, dixit Iesus" etc.; sed Ioannes dicit eum apud Patrem semper fuisse. "Hoc", inquit, "erat in principio apud Deum".

67. – Nota etiam quod Evangelista signanter recitat hoc verbum "erat", ut ostendat Verbum Dei omnia tempora, scilicet praesens, praeteritum et futurum, excedere. Quasi dicat: erat ultra tempus praesens, praeteritum et futurum [...].

[43] Vgl. Aristoteles, *Physica* VIII 1-2 (250b11-253a21).

Aristoteles aber lehrte, in Gott zwar seien die Urbilder aller Dinge; weil aber in Gott die Erkenntniskraft, der Erkennende und das Erkannte eines sind, so nahm er an, die Welt sei gleichewig mit Gott. Dawider steht, was der Evangelist sagt: „Dieses" - das heißt: einzig das WORT - „war im Anfang bei Gott". Durch das WORT „dieses" ist nicht eine andere Person ausgeschlossen, wohl aber eine andere gleichewige Natur.

66. - Zu beachten ist im Vorhergehenden auch die Verschiedenheit des Johannes gegenüber den anderen Evangelisten: wie er sein Evangelium würdiger als die anderen beginnt. Diese verkünden Christus, den Sohn Gottes, geboren in der Zeit („Als Jesus in Bethlehem geboren war ...", *Mt* 2,1). Johannes aber sagt, er sei von Ewigkeit gewesen: „Im Anfang war das WORT." Die anderen sagen, er sei plötzlich unter den Menschen erschienen („Jetzt entlässest Du, Herr, Deinen Diener in Frieden: denn meine Augen haben Dein Heil gesehen, das du vor allen Völkern bereitet hast, ein Licht zur Erleuchtung der Heiden und Herrlichkeit für dein Volk Israel", *Lk* 2,29-32). Johannes dagegen sagt, er sei immer bei dem Vater gewesen: „Und das WORT war bei Gott." Die anderen sehen den Menschen in ihm („Sie priesen Gott, der Menschen solche Gewalt gegeben", *Mt* 9,8). Johannes aber sagt, er sei Gott: „Und das WORT war Gott." Die anderen sagen, er sei gewandelt mit den Menschen („Während sie in Galiläa umherzogen, sprach Jesus zu ihnen ...", *Mt* 17,21). Johannes aber sagt, er sei immer bei dem Vater gewesen: „Dieses war im Anfang bei Gott."

67. - Zu bedenken ist auch, daß der Evangelist mit Bedacht dies Wort „war" wiederholt, um zu zeigen, wie das WORT Gottes alle Zeiten - Gegenwart, Vergangenheit, Zukunft - übersteige und jenseits der gegenwärtigen, vergangenen und zukünftigen Zeit sei [...].

Lectio 2

I. [3]OMNIA PER IPSUM FACTA SUNT.
II. ET SINE IPSO FACTUM EST NIHIL.
III. QUOD FACTUM EST, [4]IN IPSO VITA ERAT.

I.

68. - Postquam Evangelista esse et naturam divini Verbi, quantum dici potest ab homine, insinuaverat, consequenter manifestat eius virtutem.

Et primo ostendit eius virtutem quantum ad omnia, quae in esse procedunt;

secundo specialiter quantum ad homines, ibi "Erat vita lux hominum".

Circa primum ponit tres clausulas, quas non distinguimus ad praesens, quia secundum diversas expositiones sanctorum sunt diversimode distinguendae.

69. - Prima ergo clausula est "Omnia per ipsum facta sunt"; quae inducitur ad ostendendum tria de Verbo. - Et primo, secundum Chrysostomum[1], ad ostendendum aequalitatem Verbi ad Patrem.

Sicut enim dictum est supra, Evangelista excluserat errorem Arii, ostendens coaeternitatem Filii ad Patrem per hoc quod dixerat "Hoc erat in principio apud Deum", hic vero eumdem errorem excludit, ostendendo omnipotentiam Filii, dicens, "Omnia per ipsum facta sunt". Esse enim principium omnium factorum proprium est Dei magni omnipotentis, iuxta illud *Ps.* CXXXIV, 6: "Omnia quaecumque Dominus voluit, fecit in caelo et in terra". Verbum ergo per quod facta sunt omnia, est Deus magnus et coaequalis Patri.

70. - Secundo, ad ostendendum coaeternitatem Verbi ad Patrem, secundum Hilarium[2].

Quia enim per hoc quod dixerat "In principio erat Verbum", posset aliquis intelligere hoc dictum fuisse de principio creaturarum, id est fuisse aliquod tempus ante omnem creaturam, in quo Verbum non erat, ideo hoc excludens Evangelista dixit "Omnia per ipsum facta sunt".

---

[1] Vgl. Johannes Chrysostomus, *In Ioannem homiliae* V 3 (PG 59,56).
[2] Vgl. Hilarius von Poitiers, *De trinitate* II 17 (PL 10,62).

<Lesung 2>

I. [3]ALLES IST DURCH ES GEMACHT.
II. UND OHNE ES IST GEMACHT NICHTS.
III. WAS GEMACHT IST, [4]WAR IN IHM LEBEN.

I.

68. – Nachdem der Evangelist – soweit ein Mensch es vermag – vom Sein und Wesen des göttlichen WORTES gesprochen hat, verdeutlicht er nun seine Macht.

Zuerst zeigt er seine Macht im Hinblick auf alle Dinge, die ins Dasein hervorgehen;

dann im Hinblick auf die Menschen („Das Leben war das Licht der Menschen").

Das Erste spricht er in drei Sätzen aus, die wir jetzt nicht gegeneinander unterscheiden wollen; sie sind nämlich, je nach den verschiedenen Deutungen der Heiligen, auf verschiedene Weise gegeneinander zu trennen.

69. – Der erste Satz lautet: „Alles ist durch es gemacht." Er enthält drei Aussagen über das WORT. – Erstens, nach Chrysostomus, eine Aussage über die Gleichrangigkeit des WORTES mit dem Vater.

Wie nämlich der Evangelist früher, so sahen wir, gegen den Irrtum des Arius, die Gleichewigkeit des Sohnes und des Vaters gezeigt hat (mit dem Satz: „Dieses war im Anfang bei Gott"), so schließt er hier den gleichen Irrtum aus, indem er auf die Allmacht des Sohnes hinweist: „Alles ist durch es gemacht." Der Ursprung alles Geschaffenen zu sein – dies ist ja dem großen allmächtigen Gott vorbehalten, gemäß dem Worte: „Alles, was er wollte, hat der Herr gemacht im Himmel und auf Erden" (*Ps* 135 [134],6). Also ist das WORT, durch das alles gemacht ist, der große Gott und gleichen Ranges mit dem Vater.

70. – Zweitens wird darin die Gleichewigkeit des WORTES mit dem Vater deutlich, wie Hilarius sagt.

Den Satz: „Im Anfang war das WORT" könnte einer so verstehen, als sei hier vom Anfang der Schöpfung gesprochen, das heißt, als habe es, vor aller Schöpfung, eine Zeit gegeben, in der das WORT *nicht* war. Dies schließt der Evangelist aus, indem er sagt: „Alles ist durch es gemacht."

Si enim omnia sunt facta per Verbum ergo et ipsum tempus. Ex quo sic argumentatur: si omne tempus ab ipso factum est; ergo nullum tempus fuit ante ipsum; nec cum ipso; quia ante omnia erat; ergo sunt ab aeterno coaeterni.

71. - Tertio, secundum Augustinum[3], ad ostendendam consubstantialitatem Verbi ad Patrem.

Si enim facta omnia sunt per Verbum, ergo ipsum Verbum non potest dici factum: quia si est factum, est factum per aliquod verbum, quia omnia per Verbum facta sunt. Oportet ergo esse aliud verbum, per quod Verbum, de quo hic loquitur Evangelista, sit factum. Et illud Verbum dicimus unigenitum Dei, per quem facta sunt omnia, quia nec factum est, nec creatura est; et si non est creatura, necesse est dicere ipsum esse eiusdem substantiae cum Patre, cum omnis substantia praeter essentiam divinam facta sit. Substantia autem, quae creatura non est, Deus est. Verbum ergo, per quod omnia facta sunt, consubstantiale est Patri, cum nec factum, nec creatura sit.

72. - Sic ergo habes Verbi aequalitatem ad Patrem, secundum Chrysostomum, coaeternitatem secundum Hilarium, et consubstantialitatem, secundum Augustinum per hoc quod dicit "Omnia per ipsum facta sunt".

73. - Cavendi sunt autem hic tres errores. - Et primo error Valentini.[4] Ipse enim intellexit per hoc quod dicitur "Omnia per ipsum facta sunt", quod Verbum dederit causam creatori, quod mundum crearet, ut dicantur omnia sic per Verbum facta, quasi ex Verbo processerit quod Pater mundum creavit. Et hoc videtur ducere in positionem illorum, qui dicebant Deum mundum fecisse propter aliquam exteriorem causam; quod est contra illud *Prov.* XVI,4: "Universa propter semetipsum operatus est Dominus".

---

[3] Vgl. Augustinus, *De trinitate* I 9 (CCL 50,38,9-23).
[4] Vgl. ders., *De haeresibus* 11 (PL 42,28).

Wenn nämlich durch das WORT alles gemacht ist, dann auch die Zeit selber. So daß der Gedankengang dieser ist: Wenn alle Zeit von ihm gemacht ist, dann gab es, weil das WORT früher war als alles, vor ihm keine Zeit und keine, die mit ihm zugleich begonnen hätte; also sind beide, Vater und Sohn, von Ewigkeit gleichewig.

71. - Das Dritte ist, nach Augustinus, der Erweis der Gleichwesentlichkeit des WORTES und des Vaters.

Wenn nämlich alles durch das WORT gemacht ist, dann kann man also das WORT selber nicht auch „gemacht" nennen. Denn wenn es gemacht ist, dann - weil alles durch das WORT gemacht ist - wiederum durch ein Wort. Es muß dann also noch ein anderes Wort sein, durch das jenes WORT, von dem hier der Evangelist spricht, gemacht wäre. Jenes WORT aber nennen wir den Einziggezeugten Gottes, durch den alles gemacht ist; es ist selbst nicht gemacht noch geschaffen. Wenn es aber nicht geschaffen ist, dann muß mit Notwendigkeit gesagt werden, es sei gleichen Wesens mit dem Vater; denn alle Dinge sind gemacht - außer die göttliche Wesenheit selbst. Ein Wesen, das nicht Kreatur ist, ist Gott. Also ist das WORT, durch das alles gemacht ist und das selbst weder gemacht noch geschaffen ist, gleichen Wesens mit dem Vater.

72. - So also erkennst du in dem Satz: „Alles ist durch es gemacht", gemäß Chrysostomus, die Gleichrangigkeit des WORTES mit dem Vater, ferner, gemäß Hilarius, die Gleichewigkeit und, gemäß Augustinus, die Gleichwesentlichkeit.

73. - Vor drei Irrtümern muß man hier auf der Hut sein. - Der erste ist der Irrtum des Valentinus. Er hat den Satz: „Alles ist durch es gemacht" so verstanden, als sei das WORT für den Schöpfer die Ursache gewesen, die Welt zu erschaffen, und als sei durch das WORT auf solche Weise „alles gemacht", daß die Möglichkeit der Weltschöpfung dem Vater vom WORTE her zugekommen wäre. Das scheint hinzuführen zu der Lehre derjenigen, die sagen, Gott habe aus einer von außen zufallenden Ursache die Welt gemacht, was jedoch gegen das Wort verstößt: „Alle Dinge hat der Herr um seiner selbst willen gewirkt" (*Spr* 16,4).

Sed hoc est falsum, quia, sicut Origenes[5] dicit, si Verbum fuisset causa creatori praestans ei materiam ad faciendum, non dixisset "Omnia per ipsum facta sunt", sed, e converso, omnia facta sunt per creatorem a Verbo.

74. - Secundo vitandus est error Origenis[6], qui dicit Spiritum Sanctum, inter omnia, factum esse per Verbum, ex quo sequitur ipsum esse creaturam: et hoc posuit Origenes.

Hoc autem est haereticum et blasphemum, cum Spiritus Sanctus eiusdem sit gloriae et substantiae et dignitatis cum Patre et Filio, iuxta illud [...] I *Io.* V, v. 7: "Tres sunt qui testimonium dant in caelo, Pater, Verbum et Spiritus Sanctus: et hi tres unum sunt". Cum ergo dicit Evangelista "Omnia per ipsum facta sunt", non est intelligendum simpliciter facta omnia, sed in genere creaturarum et rerum factarum. Quasi dicat: omnia, quae facta sunt, per ipsum facta sunt. Alias, si simpliciter intelligatur, sequeretur Patrem et Spiritum Sanctum factos per ipsum: quod est blasphemum. Igitur nec Pater, nec aliquid substantiale Patri, per Verbum factum est.

75. - Tertio vitandus est alius error ipsius Origenis[7]. Ipse enim sic omnia facta esse per Verbum dixit, sicut aliquid fit a maiori per minorem, quasi minor sit Filius, et ut organum Patris. Sed quod per hanc praepositionem per non significetur minoritas in obliquo, scilicet Filio, seu Verbo, patet ex pluribus Scripturae locis. Dicit enim Apostolus, I *Cor.* I,9, loquens de Patre: "Fidelis Deus, per quem vocati estis in societatem Filii eius". Si ille, per quem fit aliquid, habet superiorem, ergo et Pater superiorem habebit; hoc autem est falsum; ergo per praepositionem per non significatur minoritas in Filio, cum dicuntur omnia facta per ipsum.

[5] Vgl. Origenes, *In Ioannem* II § 73 (SC 120,252).
[6] Vgl. *ebd.* II § 75 (SC 120,257).
[7] Vgl. *ebd.* II § 72 (SC 120,251-253).

Jenes aber ist falsch. Wäre das WORT die Ursache gewesen, die dem Schöpfer den formbaren Stoff zur Schöpfung dargeboten hätte, dann würde es, nach Origenes, nicht heißen: „Alles ist durch es gemacht", vielmehr würde das Umgekehrte gesagt sein: Alles ist vom WORTE durch den Schöpfer gemacht.

74. - Zweitens ist der Irrtum des Origenes zu meiden, wonach auch der Heilige Geist einbeschlossen sei in dem „alles", das durch das WORT gemacht ist. Das würde bedeuten, daß der Heilige Geist eine Kreatur wäre (dies war die Meinung des Origenes).

Das aber ist häretisch und lästerlich, da der Heilige Geist gleicher Herrlichkeit, gleichen Wesens und gleicher Würde ist wie der Vater und der Sohn - gemäß dem Worte [...]: „Drei sind, die Zeugnis geben im Himmel: der Vater, das WORT und der Heilige Geist; und diese Drei sind Eines" (1 *Joh* 5,7 Vg). Wenn also der Evangelist sagt „Alles ist durch es gemacht", so ist „alles" nicht uneingeschränkt zu verstehen, sondern für den Bereich der geschaffenen Dinge, wie wenn es hieße: Alles, was gemacht ist, ist durch es gemacht. Würde „alles" uneingeschränkt verstanden, dann würde folglich auch vom Vater und vom Heiligen Geiste gelten, sie seien durch es gemacht - das aber ist gotteslästerlich. Weder der Vater also noch was irgend gleichen Wesens ist mit dem Vater, ist durch das WORT gemacht.

75. - Der dritte Irrtum, in den gleichfalls Origenes verfallen ist, meint, alles sei durch das WORT gemacht auf die Weise, wie etwas von einem Größeren „durch" einen Geringeren gemacht wird; der Sohn sei demnach, als das Werkzeug des Vaters, geringer denn dieser. Daß aber dies Verhältniswort „durch" keineswegs einen minderen Rang des akkusativisch bezeichneten Wirklichen, also hier des Sohnes oder des WORTES, besagen muß, geht aus mehreren Stellen der Schrift hervor. So sagt der Apostel, indem er vom Vater spricht: „Der getreue Gott, durch den ihr gerufen seid in die Gemeinschaft seines Sohnes" (1 *Kor* 1,9). Wenn also der, „durch" den etwas geschieht, einen noch Größeren über sich haben müßte, dann müßte auch der Vater einen Größeren über sich haben; das aber ist falsch. Wenn es also heißt, alles sei „durch" den Sohn geschaffen, so besagt dies „durch" nicht, daß der Sohn geringer wäre [als der Vater].

76. – Ad maiorem autem evidentiam huius sciendum est, quod quando dicitur aliquid per aliquem fieri, haec praepositio per denotat causalitatem in obliquo, respectu operationis aliquo modo, sed diversimode.

Cum enim operatio, secundum modum significandi, consideretur media inter operantem et operatum, potest considerari ipsa operatio dupliciter. Uno modo secundum quod exit ab operante, qui est causa ipsius actionis; alio modo secundum quod terminatur ad operatum. Quandoque ergo praepositio per significat causam operationis, secundum quod exit ab operante; quandoque autem, secundum quod terminatur ad operatum.

Causam autem operationis, secundum quod exit ab operante, significat quando illud quod significatur per obliquum, est causa operanti quod operetur, vel efficiens, vel formalis. Formalis quidem, sicut ignis calefacit per calorem: est enim calor causa formalis calefactionis ignis. Causa vero movens, seu efficiens, ut secunda agentia operantur per prima, ut si dicam quod balivus operatur per regem, quia rex est causa efficiens balivo quod operetur. Et hoc modo intellexit Valentinus[8], omnia facta esse per Verbum, ac si Verbum esset causa conditori ut omnia faceret.

Causalitatem vero operationis, secundum quod terminatur ad operatum, importat haec praepositio per, quando illud, quod significatur per ipsam causalitatem, non est causa ipsa quod operetur, sed est causa operationis, secundum quod terminatur ad operatum. Sicut cum dico carpentarius facit scamnum per securim, quae non est causa carpentario quod operetur, sed ponimus esse causam quod scamnum fiat ab operante.

Sic ergo cum dicitur "Omnia per ipsum facta sunt"; si ly per denotet efficientem causam, seu moventem Patrem ad operandum, dicendum est quod Pater nihil operatur per Filium, sed per seipsum omnia operatur, ut dictum est. Si vero ly per denotet causam formalem, sic cum Pater operetur per sapientiam suam, quae est sua essentia, operatur per suam sapientiam, sicut operatur per suam essentiam; et quia sapientia et virtus Patris attribuitur Filio, I *Cor.* I,24, dicimus: "Christum Dei virtutem, et Dei sapientiam",

[8] Vgl. Augustinus, *De haeresibus* 11 (PL 42,28).

76. – Damit dies aber deutlicher ans Licht trete, muß man folgendes wissen: Wenn einer sagt, etwas sei „durch" jemanden gemacht, dann bedeutet, im Hinblick auf das Wirken, dies Verhältniswort „durch" in einem gewissen, aber mehrdeutigen Sinne eine Ursächlichkeit des akkusativisch bezeichneten Wirklichen.

Wenn nämlich das Wirken, sprachgebräuchlich, als das Mittlere zwischen dem Wirkenden und dem Bewirkten betrachtet wird, dann kommt das Wirken auf zweifache Weise in den Blick: erstens, sofern es ausgeht vom Wirkenden, der die Ursache des Wirkens ist; zweitens, sofern es sein Ende findet in dem Bewirkten. Einmal also meint das Verhältniswort „durch" die Ursache des Wirkens, sofern es ausgeht vom Wirkenden; ein andermal, sofern es sein Ende findet im Bewirkten.

Die Ursache des Wirkens, sofern es ausgeht vom Wirkenden, ist dann gemeint, wenn das akkusativisch bezeichnete Wirkliche die Ursache für das Wirken des Wirkenden ist, sei es die Wirkursache, sei es die Formursache (die Form-Ursache: wie das Feuer wärmt „durch" die Wärme; es ist nämlich die Wärme die Form-Ursache dafür, daß das Feuer wärmt; die bewegende oder Wirkursache: wie das Zweitwirkende „durch" das Erstwirkende wirkt; so wirkt der Statthalter „durch" den König, weil der König die Wirkursache ist für das Wirken des Statthalters). – In diesem letzteren Sinn hat Valentinus den Satz aufgefaßt, daß alles „durch" das WORT gemacht sei – wie wenn das WORT die Ursache dessen wäre, daß der Schöpfer alles gemacht hat.

Die Ursächlichkeit des Wirkens, sofern es sein Ende findet in dem Bewirkten, ist dagegen mit dem Verhältniswort „durch" dann gemeint, wenn das als Ursache bezeichnete Wirkliche nicht die Ursache des Wirkens selbst ist, sondern die Ursache dafür, daß das Wirken in dem Bewirkten zum Ziel kommt. Wenn ich sage, der Tischler mache die Bank „durch" das Beil, so ist das Beil nicht die Ursache dessen, daß der Tischler wirkt, sondern wir sehen darin die Ursache, daß der Wirkende eine Bank zustande bringt.

Wenn also gesagt ist: „Alles ist durch es gemacht": soll das „durch" die Wirk-Ursache bedeuten, die den Vater zum Wirken bewegt, dann ist zu sagen, daß der Vater nichts wirkt „durch" den Sohn, vielmehr, wie schon gesagt wurde, alles „durch" sich selbst. Soll aber das „durch" die Formursache bedeuten, dann ist der Sinn dieser: daß der Vater – wie er „durch" seine Weisheit wirkt, die seine Wesenheit ist – auf solche Weise „durch" seine Weisheit wirkt, wie er „durch" seine Wesenheit wirkt. Und weil die Weisheit und die Kraft des Vaters dem Sohne zugeordnet wird, so nennen wir Christus „die Kraft Gottes und die Weisheit Gottes" (1 *Kor* 1,24).

ideo appropriate dicimus quod Pater omnia operatur per Filium, idest per sapientiam suam. Et ideo dicit Augustinus quod hoc quod dicitur "ex quo omnia", appropriatur Patri; "per quem omnia", Filio; "in quo omnia", Spiritui Sancto.[9] Si vero ly per denotet causalitatem ex parte operati, tunc hoc quod dicimus Patrem omnia operari per Filium non est appropriatum Verbo, sed proprium eius, quia hoc quod est causa creaturarum, habet ab alio, scilicet a Patre, a quo habet esse.

Nec tamen propter hoc sequitur ipsum esse instrumentum Patris, licet omne quod movetur ab alio ad aliquid operandum, rationem instrumenti habeat. Cum autem dico aliquem operari per virtutem receptam ab alio, potest dupliciter intelligi. Uno modo quod eadem numero sit virtus et dantis, et accipientis: et hoc modo qui operatur per virtutem acceptam ab alio, non est minor, sed aequalis ei a quo accipit. Quia ergo Pater eamdem virtutem, quam habet, dat Filio, per quam Filius operatur, cum dicitur Pater operari per Filium, propter hoc Filius non est dicendum minor Patre, neque instrumentum eius. Sed hoc sequitur in illis qui non eamdem virtutem accipiunt ab aliquo, sed aliam et creatam.

Sic ergo patet quod nec Spiritus Sanctus, nec Filius, est causa Patri quod operetur, neque Patris minister seu instrumentum, ut deliravit Origenes.[10]

77. - Si autem recte considerentur verba praedicta "Omnia per ipsum facta sunt", evidenter apparet Evangelistam propriissime fuisse locutum.

Quicumque enim aliquid facit, oportet quod illud praeconcipiat in sua sapientia, quae est forma et ratio rei factae: sicut forma in mente artificis praeconcepta est ratio arcae faciendae. Sic ergo Deus nihil facit nisi per conceptum sui intellectus, qui est sapientia ab aeterno concepta, scilicet Dei Verbum, et Dei Filius: et ideo impossibile est quod aliquid faciat nisi per Filium.

---

[9] Vgl. Augustinus, *De trinitate* I 12 (CCL 50,41,80-82).
[10] Vgl. Origenes, *In Ioannem* II § 104 (SC 120, 275).

Und darum sagen wir mit besonderer Zuordnung, der Vater wirke alles „durch“ den Sohn, das heißt durch seine Weisheit. Daher sagt auch Augustinus, dem Vater sei zugeordnet das *„aus* ihm ist alles“, dem Sohne aber das *„durch* ihn ist alles“, das *„in* ihm ist alles“ dagegen dem Heiligen Geist. Soll aber das „durch“ eine Ursächlichkeit im Hinblick auf das Bewirkte bedeuten, dann besagt der Satz, der Vater wirke alles „durch“ den Sohn, nicht etwas in besonderer Weise dem Sohne Zugeordnetes; denn dies, Ursache der geschaffenen Dinge zu sein, hat der Sohn von einem anderen, nämlich vom Vater, von dem er auch das Sein hat.

Dennoch folgt daraus nicht, daß er das Werkzeug des Vaters sei – wiewohl sonst alles den Charakter des Werkzeugs hat, was von einem anderen bewegt wird zum Zweck des Wirkens. Wenn ich aber sage, einer wirke durch eine von einem anderen her empfangene Kraft, so kann das auf zweifache Weise verstanden werden. Einmal so, daß die Kraft des Gebenden wie des Empfangenden der Zahl nach eine und dieselbe ist: dann ist der, welcher durch die anderswoher empfangene Kraft wirkt, nicht minderen, sondern gleichen Ranges wie der, von dem er sie empfängt. Weil also der Vater ebendieselbe Kraft, die er selber besitzt, dem Sohne gibt, durch die der Sohn dann wirkt (indem gesagt wird: der Vater wirke durch den Sohn), darum darf man nicht sagen, der Sohn sei geringer als der Vater oder er sei sein Werkzeug. Dies freilich trifft wohl zu für jene, die nicht eine und dieselbe Kraft von einem anderen empfangen, sondern eine andere, eine geschaffene.

So ist also offenbar, daß weder der Heilige Geist noch der Sohn für den Vater Ursache seines Wirkens ist und auch nicht Diener oder Werkzeug des Vaters, wie Origenes gewähnt hat.

77. – Wenn aber die Worte: „Alles ist durch es gemacht“ recht bedacht werden, so tritt deutlich ans Licht, daß der Evangelist auf sehr gemäße Weise gesprochen hat.

Ein jeder nämlich, der etwas macht, muß dieses vorbilden in seiner Weisheit, welche die Form und das Urbild des Gemachten ist, so wie die im Geiste des Werkmeisters vorgebildete Form das Urbild des zu bauenden Schreines ist. So auch schafft Gott nichts, es sei denn „durch“ den Begriff seines erkennenden Geistes, welcher die von Ewigkeit gebildete Weisheit ist: das WORT Gottes und der Sohn Gottes. Es ist also unmöglich, daß Gott etwas mache außer durch den Sohn.

Unde Augustinus *de Trinitate*[11] dicit quod Verbum est ars plena omnium rationum viventium. Et sic patet quod omnia quae Pater facit, facit per ipsum.

78. - Notandum autem, secundum Chrysostomum[12], quod omnia quae Moyses per multa enumerat in productione rerum a Deo, dicens: "Dixit Dominus, fiat lux, et fiat firmamentum" etc., haec omnia Evangelista excedens, uno verbo comprehendit, dicens "Omnia per ipsum facta sunt".

Cuius ratio est quia Moyses tradere volebat emanationem creaturarum a Deo, et ideo sigillatim enumerat; Ioannes vero ad altiorem festinans materiam, in hoc libro intendit nos inducere specialiter in cognitionem ipsius creatoris.

II.

79. - Deinde dicit "Et sine ipso factum est nihil". Haec est secunda clausula quam quidam perverse intellexerunt, ut dicit Augustinus in *Lib. de Nat. boni.*[13] Nam, ex hoc modo loquendi quo Ioannes hic utitur, ponens hoc quod dicitur "nihil" in fine orationis, crediderunt ipsum nihil teneri affirmative, quasi nihil sit aliquid, quod sine Verbo factum sit [...]. Unde dicunt quod postquam Evangelista dixerat "Omnia per ipsum facta sunt", consequenter adiungit "Et sine ipso factum est nihil" quasi dicat: ita dico omnia per ipsum facta esse, quod tamen sine ipso factum est aliquid, scilicet ipsum nihil.

80.-81. - Ex hoc autem processit triplex haeresis, scilicet [...] Manichaei[14], qui ponebat duo contraria principia, unum scilicet rerum incorruptibilium, et aliud corruptibilium. Dicit ergo quod postquam Ioannes dixerat "Omnia per ipsum facta sunt", ne crederetur Verbum esse corruptibilium rerum causam, statim subiunxit "Et sine ipso factum est nihil", idest corruptioni subiecta, quae nihil esse dicuntur, quia eorum esse est continue transmutari in nihil.

[11] Vgl. Augustinus, *De trinitate* VI 11 (CCL 50,241,20-21).
[12] Vgl. Johannes Chrysostomus, *In Ioannem homiliae* V 1 (PG 59,53).
[13] Vgl. Augustinus, *De natura boni* 25 (CSEL 25.2,865,25-866,19).
[14] Vgl. ders., *De haeresibus* 46 (PL 42,37).

Darum sagt Augustinus in seinem Buche *Über die Dreieinigkeit,* das WORT sei die Kunst des Vaters, erfüllt von allen lebendigen Urbildern. Und so ist deutlich: alles, was der Vater macht, macht er durch das WORT.

78. – Es bleibt noch zu bemerken, daß nach Chrysostomus der Evangelist alles, was Moses in seinem Schöpfungsbericht mit vielen Worten aufzählt („Es sprach der Herr: Es werde Licht; es werde das Firmament", und so fort), übergreift und in einem einzigen Wort zusammenfaßt, indem er sagt: „Alles ist durch es gemacht."

Der Grund ist, daß Moses berichten wollte von dem Hervorgehen der geschaffenen Dinge aus Gott, weswegen er sie einzeln aufzählte; daß aber Johannes, eilends ausschreitend auf einen größeren Gegenstand hin, uns in diesem Buche vor allem hinführen will zur Erkenntnis des Schöpfers selbst.

II.

79. – Danach ist gesagt: „Und ohne es ist gemacht nichts." – Diesen zweiten Satz haben einige, wie Augustinus in seinem Buche *Über die Natur des Guten* sagt, verkehrt aufgefaßt. Sie haben, weil Johannes hier das Wort „nichts" an das Ende des Satzes stellt, geglaubt, dies Wort sei in bejahendem Sinne gemeint – als sei das Nichts etwas, das ohne das WORT gemacht wäre [...]. Darum sagen sie, der Evangelist habe, nachdem er gesagt hatte: „Alles ist durch es gemacht", folgerecht hinzugefügt: „Und ohne es ist gemacht das Nichts" – als wollte er sagen: In solchem Sinn nenne ich alle Dinge gemacht durch es, daß dennoch etwas ohne es gemacht ist, nämlich das Nichts.

80.-81. – Hieraus nun sind verschiedene Irrlehren entsprungen [...], so die des Mani, der zwei widerstreitende Seinsursprünge annahm, einen Ursprung der unvergänglichen und einen der vergänglichen Dinge. Seine Meinung ist diese: nachdem Johannes gesagt hätte: „Alles ist durch es gemacht", habe er – damit nicht einer glaube, das WORT sei die Ursache auch der vergänglichen Dinge – sogleich hinzugefügt: „Und ohne es ist gemacht das Nichts", das heißt, das dem Vergang Unterworfene, welches „Nichts" genannt wird, weil sein Sein ständige Wandlung ins Nichts ist.

82. – Tertius error est eorum qui volunt quod per nihil intelligatur Diabolus, iuxta illud *Iob* XVIII,15: "Habitent in tabernaculo eius socii eius, qui non est". Dicunt ergo omnia esse facta per Verbum, praeter Diabolum. Et ideo exponunt "Sine ipso factum est nihil", idest Diabolus.

83. – Sed omnes isti tres errores ex uno fonte procedentes, scilicet ex hoc quod ipsum "nihil" volunt affirmative accipi, excluduntur per hoc quod "nihil" non ponitur hic affirmative, sed negative tantum. Ut sit sensus: ita facta sunt omnia per Verbum, quod nihil est participans esse, quod non sit factum per ipsum.

84. – Sed instabit forsitan aliquis, dicens hanc clausulam superflue fuisse appositam, si intelligatur negative, eo quod Evangelista dicens, "Omnia per ipsum facta sunt", sufficienter videtur dixisse non esse aliquid quod non sit factum per Verbum.

Ad quod dicendum quod secundum multos introducta est haec particula multipliciter, et multis de causis [...].

86. – In quadam autem homilia quae incipit, "Vox spiritualis aquilae", et attribuitur Origeni[15], invenitur alia expositio satis pulchra. Dicitur enim ibi quod in Graeco est choris, ubi in Latino habemus sine. Choris autem idem est quod foris vel extra; quasi dicat ita "Omnia per ipsum facta sunt" quod extra ipsum "factum est nihil". Et ideo hoc dicit ut ostendat, per Verbum et in Verbo omnia conservari; iuxta illud *Hebr*. I,3: "Portans omnia Verbo virtutis suae".

Quaedam enim sunt quae non indigent operante, nisi quantum ad fieri, cum possint subsistere postquam fuerunt facta, absque agentis influxu; sicut domus indiget quidem artifice quantum ad suum fieri, sed tamen persistit in suo esse absque artificis influentia. Ne ergo credat aliquis, omnia per Verbum sic facta esse quod sit causa eorum quantum ad fieri solum, et non quantum ad conservationem in esse, ideo consequenter Evangelista subiunxit "Et sine ipso factum est nihil". Hoc est: nihil factum est extra ipsum, quia ipse ambit omnia, conservans ea.

---

[15] Vgl. vielmehr Johannes Scotus Eriugena, *Homilia in Prologum S. Evangelii secundum Ioannem* VIII (SC 151, 241).

82. - Ein anderer Irrtum ist der, welcher will, daß als das „Nichts" der Teufel verstanden werde, gemäß dem Worte des Buches *Hiob* (18,15): „Wohnen mögen in seinem Zelte die Genossen dessen, der nicht ist." Sie sagen also: durch das WORT sei alles gemacht, ausgenommen der Teufel; und darum geben sie die Auslegung: „Ohne es ist gemacht das Nichts", nämlich der Teufel.

83. - Alle diese Irrtümer - die aus einer Quelle stammen, nämlich daraus, daß „nichts" in bejahendem Sinne aufgefaßt wird - werden dadurch hinfällig, daß „nichts" hier nicht bejahend, sondern ausschließlich verneinend gemeint ist, so daß folgendes der Sinn ist: auf solche Weise ist alles durch das WORT gemacht, daß nichts teilhat am Sein, das nicht durch es gemacht wäre.

84. - Es könnte jedoch vielleicht einer einwenden: wenn der Satz verneinend gemeint sei, dann sei es überflüssig, ihn noch hinzuzufügen; denn der Evangelist scheine mit dem Satze: „Alles ist durch es gemacht" völlig hinreichend zum Ausdruck gebracht zu haben, daß es nicht etwas gebe, das nicht durch das WORT gemacht sei.

Darauf ist zu sagen, daß es, nach der Meinung vieler, viele Gründe gibt, weswegen jener Satz hinzugefügt worden ist [...].

86. - In einer Erläuterung, die mit den Worten „Die Stimme des geistlichen Adlers" beginnt und dem Origenes zugeschrieben wird, findet sich eine recht schöne Auslegung. Dort wird nämlich gesagt: wo im Lateinischen „sine" [„ohne"] steht, heißt es im Griechischen „choris"; „choris" aber ist dasselbe wie „außerhalb". So wäre also dies gemeint: auf solche Weise ist alles durch es gemacht, daß außerhalb seiner nichts gemacht ist - damit offenbar sei, daß durch das WORT und im WORT alle Dinge bewahrt werden, gemäß dem Ausspruch des *Hebräerbriefes*: „Alles tragend durch das WORT seiner Kraft" (*Hebr* 1,3).

Es gibt Dinge, die des Wirkenden nur zu ihrer Entstehung bedürfen und die, nachdem sie entstanden sind, ohne die Einwirkung des Wirkenden für sich Bestand haben; so bedarf ein Haus des Erbauers wohl zu seiner Entstehung; einmal gebaut aber, verharrt es im Sein ohne eine Einwirkung des Erbauers. Damit also nicht einer glaube, alles sei auf solche Weise durch das WORT gemacht, daß das WORT nur die Ursache der Entstehung, nicht aber auch der Bewahrung im Sein wäre, darum fügt der Evangelist sogleich hinzu: „Und ohne es ist gemacht nichts", das heißt: nichts Geschaffenes ist außerhalb des WORTES, denn es umfängt alle Dinge, indem es sie im Sein bewahrt.

87. – Exponitur autem haec particula secundum Augustinum[16] et Origenem[17] et plures alios sic ut per nihil intelligatur peccatum.

Quia ergo cum diceret "Omnia per ipsum facta sunt", posset intelligi malum et peccatum per ipsum fieri; ideo consequenter adiunxit "et nihil", idest peccatum, "est factum sine ipso". Nam sicut ars non est principium seu causa alicuius defectus in artificiatis, sed per se est causa perfectionis ipsorum et formae, ita et Verbum, quod est ars Patris, plena rationum viventium, non est causa alicuius mali vel inordinationis in rebus, et praecipue mali culpae, quod habet perfectam rationem mali; sed huius mali causa per se est voluntas creaturae, sive hominis sive Angeli, libere declinans a fine, ad quem naturaliter ordinatur. Operans secundum artem, voluntarie errans, est causa defectuum incidentium in artificiatis, non per artem, sed per voluntatem. Unde in talibus ars non est principium seu causa defectuum, sed voluntas: et ideo malum est defectus voluntatis, et non artis alicuius: et ideo inquantum tale, nihil est [...].

III.

89. – Deinde dicit "Quod factum est, in ipso vita erat" [...].

91. – [...] Res enim dupliciter considerari possunt, secundum scilicet quod sunt in seipsis et secundum quod sunt in Verbo. Si considerentur secundum quod sunt in seipsis, sic non omnes res sunt vita nec etiam viventes, sed aliquae carent vita, aliquae vivunt. Sicut facta est terra, facta sunt etiam et metalla, quae nec vita sunt, nec vivunt; facta sunt animalia, facti sunt homines, quae secundum quod sunt in seipsis, non sunt vita, sed vivunt solum.

Si vero considerentur secundum quod sunt in Verbo, non solum sunt viventes, sed etiam vita. Nam rationes in sapientia Dei spiritualiter existentes, quibus res factae sunt ab ipso Verbo, sunt vita:

[16] Vgl. Augustinus, *In Ioannem tractatus* I 13 (CCL 36,7,6).
[17] Vgl. Origenes, *In Ioannem* II § 92-96 (SC 120, 269-271).

87. - Von Augustinus aber und Origenes und mehreren anderen wird jener Satz so erläutert, daß unter „nichts" die Sünde zu verstehen sei.

Weil man also den Satz: „Alles ist durch es gemacht" so verstehen könnte, als sei auch das Böse und die Sünde durch das WORT gemacht, darum habe Johannes folgerecht hinzugefügt: „Und das Nichts - nämlich die Sünde - ist ohne es gemacht." - Wie nämlich die Kunst nicht der Ursprung noch die Ursache irgendwelchen Mangels im Kunstwerk ist, sondern aus sich selbst die Ursache seiner gestalthaften Vollkommenheit: so auch ist das WORT, welches die von den lebendigen Urbildern erfüllte Kunst des Vaters ist, nicht die Ursache irgendeines Übels oder irgendeiner Unordnung in den Dingen, vor allem nicht die Ursache der Schuld (sie nämlich hat am meisten den Charakter des Übels). Vielmehr ist die eigentliche Ursache dieses Bösen der Wille der Kreatur, sei es des Menschen oder des Engels, der in Freiheit von dem Ziele abweicht, auf welches er vom Vater angelegt ist. Wenn einer gemäß der Kunst wirkt und dabei willentlich fehlt, so ist er nicht auf Grund seiner Kunst, sondern auf Grund seines Wollens Urheber der im Werke sich findenden Mängel. Nicht also die Kunst, sondern der Wille ist in solchem Falle die Ursache der Mängel, und demnach ist das Übel ein Mangel (nicht irgendwelcher Kunst, sondern des Willens), und insofern ist es „nichts" [...].

III.

89. — Darauf ist gesagt: „Was gemacht ist, war in ihm Leben" [...].

91. — [...] Die Dinge können auf zweifache Weise betrachtet werden, gemäß ihrem Sein in sich selbst und gemäß ihrem Sein im WORTE. Wenn sie betrachtet werden gemäß ihrem Sein in sich selbst, dann sind nicht alle Dinge Leben noch auch lebendig; sondern einige sind ohne Leben, andere sind lebendig. Gemacht ist die Erde, gemacht sind auch die Metalle, die weder Leben sind noch Leben haben. Gemacht sind die Tiere, gemacht sind die Menschen, die - gemäß ihrem Sein in sich selbst - nicht Leben sind, sondern bloß Leben haben.

Betrachtet gemäß ihrem Sein im WORTE, haben sie aber nicht allein Leben, sondern sie sind Leben. Denn die Urbilder, die auf geistige Weise in der Weisheit Gottes ihr Dasein haben und durch welche die Dinge gemacht sind vom WORTE selbst, sind Leben.

sicut arca facta per artificem in se quidem nec vivit nec vita est, ratio vero arcae, quae praecessit in mente artificis, vivit quodammodo, inquantum habet esse intelligibile in mente artificis, non tamen est vita, quia per ipsum intelligere artificis non est in sua essentia, neque suum esse. In Deo autem suum intelligere est sua vita et sua essentia: et ideo quicquid est in Deo, non solum vivit sed est ipsa vita, quia quicquid est in Deo, est sua essentia. Unde creatura in Deo est creatrix essentia. Si ergo considerentur res secundum quod in Verbo sunt, vita sunt [...].

94. - Chrysostomus[18] autem aliud modum legendi habet, et punctat sic: "Et sine ipso factum est nihil quod factum est". Et ratio huius est, quia aliquis posset credere quod Spiritus Sanctus esset factus per Verbum.

Et ideo Evangelista hoc volens excludere dicit "quod factum est", quia Spiritus Sanctus non est quid factum; et postea sequitur "in ipso vita erat"; quod introducitur propter duo. Unum est ut post productionem omnium rerum ostendatur indeficientia causalitatis ad res non solum productas, sed etiam producendas. Quasi dicat "in ipso vita erat", qua scilicet non solum omnia producere potuit, sed etiam quae habet indeficientem fluxum et causalitatem absque mutationis dispendio ad res continue producendas, utpote fons vivus qui non minoratur ex fluxu continuo; aqua vero collecta et non viva, cum defluit, minoratur et deficit; unde dicitur in *Ps.* XXXV,10: "Apud te est fons vitae".

Secundum est ut ostendatur gubernatio rerum esse per Verbum. Quia enim "in ipso vita erat", ostenditur quod non produxit res per necessitatem naturae, sed per voluntatem et intellectum, et quod res productas gubernat; *Hebr.* IV,12: "Vivus est sermo Dei" et cetera.

Et quia apud Graecos Chrysostomus est tantae auctoritatis in suis expositionibus, quod ubi ipse aliquid exposuit in sacra Scriptura, nullam aliam expositionem admittant, ideo in omnibus libris Graecis invenitur sic punctatum, sicut punctat Chrysostomus, scilicet hoc modo: "Sine ipso factum est nihil quod factum est".

---

[18] Vgl. Johannes Chrysostomus, *In Ioannem homiliae* V 1-2 (PG 59,53.55-56).

So hat der von einem Künstler gemachte Schrein in sich selbst weder Leben, noch ist er Leben, das Urbild des Schreines aber, das ihm im Geiste des Künstlers vorausgeht, „hat" in gewissem Sinne Leben, sofern es ein geistiges Sein hat im Geiste des Künstlers; dennoch „ist" es nicht Leben, weil es durch dies Erkennen des Künstlers nicht schon in dessen Wesenheit oder in dessen Sein ist. In Gott aber ist sein Erkennen sein Leben und seine Wesenheit; was immer demnach in Gott ist, „hat" nicht nur Leben, sondern „ist" Leben, weil alles, was in Gott ist, seine Wesenheit ist. So ist die Kreatur in Gott schöpferische Wesenheit. Wenn man also die Dinge gemäß ihrem Sein im WORTE betrachtet, dann sind sie Leben [...].

94. - Chrysostomus aber hat eine andere Weise zu lesen, und er gliedert folgendermaßen: „Und ohne es ist nichts gemacht, was gemacht ist." Der Grund dafür ist, daß einer meinen könnte, auch der Heilige Geist sei durch das WORT gemacht.

Und um dies auszuschließen, sagt der Evangelist: „was gemacht ist", weil ja der Heilige Geist überhaupt nicht etwas „Gemachtes" ist. Und dann folgt: „In ihm war das Leben." Diese Hinzufügung hat doppelten Sinn. Der eine liegt darin, daß nach der Hervorbringung aller Dinge die unausschöpfliche Kraft der Verursachung offenbar werde nicht nur in bezug auf die schon hervorgebrachten, sondern auch auf erst noch hervorzubringende Dinge. Wie wenn es hieße: „In ihm war das Leben", durch welches das WORT nicht allein alles hervorzubringen vermocht hat, sondern das unausschöpfbar quillt und in immer gleicher Ursprünglichkeit ständig neuer Schöpfung fähig ist, wie ein lebendiger Quell, der, wiewohl allezeit strömend, doch nicht ärmer wird; aufgefangenes Wasser dagegen ist nicht lebendig, und wenn es strömt, wird es weniger und versiegt. Darum heißt es: „Bei dir ist die Quelle des Lebens" (*Ps* 36 [35],10) .

Zweitens soll deutlich werden, daß die Lenkung der Dinge durch das WORT geschieht. Weil „in ihm das Leben war", zeigt sich, daß das WORT die Dinge nicht aus naturhafter Notwendigkeit, sondern durch Wille und Erkenntnis hervorgebracht hat, und daß es die einmal geschaffenen Dinge lenkt. So heißt es im *Hebräerbrief* (4,22): „Lebendig ist das WORT des Herrn."

Weil Chrysostomus mit seiner Schrifterklärung bei den Griechen in solch hohem Ansehen steht, daß sie, wenn er eine Deutung gegeben hat, keine andere zulassen, darum findet sich in allen griechischen Büchern die Lesart des Chrysostomus: „Ohne es ist nichts gemacht, was gemacht ist."

Lectio 3

I. 4bET VITA ERAT LUX HOMINUM.
II. 5ET LUX IN TENEBRIS LUCET,
ET TENEBRAE EAM NON COMPREHENDUNT.

I.

95. - Evangelista supra insinuavit virtutem Verbi, secundum quam omnia produxit in esse; hic vero insinuat eius virtutem, secundum quam se habet ad homines, dicens, hoc Verbum esse lucem hominibus [...].

Potest autem totum dupliciter exponi. Uno modo secundum influxum cognitionis naturalis; alio modo secundum communicationem gratiae.

Dicit ergo quantum ad primum, quod "vita erat lux hominum".

96. - Ubi primo considerandum est quod, secundum Augustinum[1] et plures alios, nomen lucis magis proprie dicitur in spiritualibus quam in sensibilibus. Ambrosius[2] tamen vult quod splendor metaphorice dicatur de Deo. Sed in hoc non est magna vis facienda: nam de quocumque nomen lucis dicatur ad manifestationem refertur, sive illa manifestatio sit in intelligibilibus, sive in sensibilibus. Si ergo comparentur manifestatio intelligibilis et sensibilis, secundum naturam prius invenitur lux in spiritualibus; sed quoad nos, qui nomina rebus imponimus ex earum proprietatibus nobis notis, prius invenitur in sensibilibus, quia prius impositum est a nobis hoc nomen ad significandum lucem sensibilem, quam intelligibilem; quamvis secundum virtutem prius et verius conveniat spiritualibus quam sensibilibus.

97. - Ad evidentiam autem eius quod dicitur "et vita erat lux hominum", sciendum est quod multipliciter est gradus vitae. Quaedam namque vivunt, sed absque luce, quia nullam cognitionem habent, sicut sunt plantae: unde vita earum non est lux.

---

[1] Vgl. Augustinus, *De trinitate* IV 3 (CCL 50,163,61-64); *In Ioannem tractatus* I 18 (CCL 36,10,1-11,16); Ps.-Dionysius Areopagita, *De divinis nominibus* IV § 5 (ed. Suchla 149,9-20).

[2] Vgl. Ambrosius, *De fide* II, prol. 8 et 12 (FC, 254,11-15; 258,4f.).

<Lesung 3>

I. [4b]DAS LEBEN WAR DAS LICHT DER MENSCHEN.
II. [5]UND DAS LICHT LEUCHTET IN DER FINSTERNIS.
UND DIE FINSTERNIS HAT ES NICHT BEGRIFFEN.

I.

95. - Zuvor hat der Evangelist die Wirkmacht des WORTES gezeigt, kraft deren es alles ins Sein hervorgebracht hat. Hier zeigt er seine Wirkmacht im Verhältnis zu den Menschen, indem er sagt, dieses WORT sei das Licht der Menschen [...].

Das Ganze kann auf zweifache Weise gedeutet werden: gemäß dem Einströmen der natürlichen Erkenntnis und gemäß der Mitteilung der Gnade.

Es ist also zuerst gesagt: „Das Leben war das Licht der Menschen."

96. - Hierbei ist zunächst zu bedenken, daß nach der Meinung des Augustinus und mehrerer anderer der Name „Licht" im geistigen Bereich mehr als im sinnlichen seine eigentliche Bedeutung habe. Ambrosius freilich sagt, das Wort „leuchten" gelte von Gott nur in bildlichem Sinne. Doch hat dies kein großes Gewicht. Denn worauf immer der Name „Licht" bezogen wird, er besagt Offenbarmachen, ob nun dies Offenbarmachen im geistigen oder im sinnlichen Bereich geschieht. Wenn also geistige und sinnliche Offenbarmachung miteinander verglichen werden, so findet sich zwar das Licht seinem Wesen nach früher im geistigen Bereich; von uns aus betrachtet jedoch, die wir den Dingen von ihren uns bekannten Eigentümlichkeiten her ihren Namen beilegen, findet es sich früher im sinnlichen Bereich, weil dieser Name von uns früher gebraucht wird zur Benennung des sinnlichen Lichtes als zu der des geistigen Lichtes. Dennoch, seiner Bedeutungskraft nach kommt der Name „Licht" eher und wahrer der geistigen Wirklichkeit zu als der sinnlichen.

97. - Um den Satz: „Und das Leben war das Licht der Menschen" deutlicher zu verstehen, muß man bedenken, daß es viele Stufen des Lebens gibt. Es gibt Wesen, die zwar leben, aber ohne Licht, weil sie keine Erkenntnis haben. Von solcher Art sind die Pflanzen. Darum ist ihr Leben nicht Licht.

Quaedam vero vivunt et cognoscunt; sed tamen eorum cognitio, cum sit sensus tantum, non est nisi particularium et materialium, sicut est in brutis: et ideo haec et vitam habent et lucem quamdam, sed non lucem hominum qui vivunt et cognoscunt non solum ipsa vera, sed ipsius veritatis rationem, sicut sunt creaturae rationales, quibus non solum manifestatur hoc vel illud, sed ipsa veritas quae manifestabilis est et manifestativa omnium.

Et ideo Evangelista loquens de Verbo dicit non solum esse vitam, sed etiam esse lucem, ne intelligas vitam sine agnitione; "hominum" autem ne tantum cognitionem sensibilem suspiceris, qualis est in brutis.

98. – Sed quare dixit "hominum", cum etiam sit lux Angelorum?

Ad hoc est duplex responsio. Chrysostomus[3] enim dicit quod Evangelista intendebat in isto Evangelio tradere nobis cognitionem de Verbo, secundum quod ad salutem hominum ordinatur; et ideo magis refert secundum suam intentionem ad homines quam ad Angelos. Origenes[4] vero dicit quod participatio huius lucis pertinet ad homines, inquantum sunt rationalis naturae; et ideo Evangelista dicens "erat lux hominum", voluit intelligi omnis rationalis naturae.

99. – In hoc etiam ostenditur perfectio et dignitas huius vitae, quia est intellectualis seu rationalis.

Cum enim illa dicuntur viventia, quae se aliquo modo movent, illa dicuntur vitam habere perfectam, quae perfecte seipsa movent; movere autem seipsum perfecte et proprie, in inferioribus creaturis soli homini convenit. Nam etsi alia ex seipsis ab aliquo principio intrinseco moveantur, non tamen illud principium se habet ad opposita; et ideo ex necessitate moventur, et non libere. Mota igitur a tali principio magis aguntur quam agunt. Homo vero, cum sit dominus sui actus, libere se movet ad omnia quae vult; et ideo homo habet vitam perfectam, et similiter quaelibet intellectualis natura.

Vita ergo Verbi, quae est lux hominum, est vita perfecta.

---

[3] Vgl. Johannes Chrysostomus, *In Ioannem homiliae* V 3 (PG 59,58).

[4] Vgl. Origenes, *In Ioannem* II § 141-143 (SC 120,301-303).

Andere Wesen aber leben und erkennen; doch geht ihr Erkennen, da es rein sinnenhaft ist, einzig auf das Besondere und Stoffliche. So ist es bei den Tieren. Sie haben also sowohl Leben als auch Licht, aber doch nicht das Licht der Menschen, welche leben und erkennen, und zwar nicht allein die wahren Dinge, sondern das Wesen der Wahrheit selbst, welche vermögend ist, offenbar zu werden und alles offenbar zu machen.

So sagt der Evangelist, indem er vom WORTE spricht, es sei nicht nur Leben, sondern auch „Licht“, damit du nicht an ein Leben ohne Erkenntnis denkst; und es sei „das Licht der Menschen“, damit du nicht etwa nur sinnliche Erkenntnis vermutest, wie in den Tieren.

98. - Warum aber sagt er „Licht der Menschen“, wenn es doch auch das Licht der Engel ist?

Hierauf läßt sich zweierlei antworten. Chrysostomus sagt, der Evangelist beabsichtige, uns in diesem Evangelium die Erkenntnis des WORTES zu überliefern, sofern es auf das Heil der Menschen Bezug hat. Und demgemäß ist mehr von den Menschen die Rede als von den Engeln. - Origenes aber sagt, die Teilhabe an diesem Licht komme den Menschen als geistigen Wesen zu, und so habe der Evangelist, vom „Licht der Menschen“ sprechend, jegliche geistige Natur mitverstanden wissen wollen.

99. - Hierin auch erweist sich die Vollkommenheit und die Würde dieses Lebens, daß es geistig und vernunfthaft ist.

Da nämlich „lebendig“ das genannt wird, was auf irgendeine Weise sich selbst bewegt, so besitzt ein vollkommenes Leben, was immer auf vollkommene Weise sich selbst bewegt. Auf vollkommene und eigentliche Weise sich selbst bewegen: dies kommt aber, im Bereich der niederen Schöpfung, allein dem Menschen zu. Denn mögen auch andere Wesen von einem inneren Anfang her aus sich selbst bewegt werden, so ist jener Anfang doch nicht auf gegensätzliche Möglichkeiten bezogen; und also bewegen sie sich nicht in Freiheit, sondern aus Notwendigkeit. Der Mensch aber, Herr seines Wirkens, bewegt sich in Freiheit zu allem, was er will. Darum hat der Mensch ein vollkommenes Leben, und ähnlich jegliches geistige Wesen.

Des WORTES Leben also, welches das Licht der Menschen ist, ist vollkommenes Leben.

100. – Attenditur etiam in praemissis verbis congruus ordo: nam in naturali rerum ordine primo invenitur esse, et hoc primo Evangelista insinuavit, dicens "In principio erat Verbum", secundo vivere, et hoc est quod sequitur "In ipso vita erat", tertio intelligere, et hoc consequenter adiunxit "vita erat lux hominum".

Unde, secundum Origenem[5], convenienter vitae attribuit lucem, quia lux nonnisi viventi attribui potest.

101. – Est tamen notandum quod lux ad viventem dupliciter comparari potest, vel ut obiectum, vel ut participata, ut patet in visu exteriori. Oculus enim lucem exteriorem cognoscit tamquam obiectum, sed oportet ad hoc quod eam videat, quod participet aliquam lucem interiorem, per quam aptetur et disponatur oculus ad lucem exteriorem videndam.

Sic ergo, quod hic dicit "Et vita erat lux hominum", dupliciter potest intelligi. – Ut dicatur lux hominum per modum obiecti quasi a solis hominibus conspicabilis; quia ipsam sola rationalis creatura conspicere potest, cum ipsa sola divinae visionis sit capax (*Iob* XXXV, v. 11: "Docet nos super iumenta terrae, et super volucres caeli erudit nos"); quia licet alia animalia cognoscant aliqua quae vera sunt, solus tamen homo ipsam rationem veritatis cognoscit. Potest etiam dici lux hominum participata. Numquam enim ipsum Verbum et ipsam lucem conspicere possemus nisi per participationem eius, quae in ipso homine est, quae est superior pars animae nostrae, scilicet lux intellectiva, de qua dicitur in *Ps.* IV,7: "Signatum est super nos lumen vultus tui", idest Filii tui, qui est facies tua, qua manifestaris.

II.

102. – Introduxit supra Evangelista lucem quamdam; nunc vero agit de ipsius irradiatione cum dicit "lux in tenebris lucet".

Quod quidem dupliciter exponi potest, secundum duplicem acceptionem tenebrarum.

---

[5] Vgl. Origenes, *In Ioannem* II § 153 (SC 120,307-309).

100. – Auch ist, in den vorausgegangenen Sätzen, die gemäße Ordnung gewahrt. Denn in der natürlichen Ordnung der Dinge findet sich zuerst das Sein – so sagt der Evangelist zuerst: „Im Anfang war das WORT"; danach das Leben – so folgt: „In ihm war das Leben"; an dritter Stelle das Erkennen – so wird folgerecht angefügt: „Das Leben war das Licht der Menschen". –

So spricht der Evangelist, nach Origenes, mit Fug dem Leben das Licht zu, weil das Licht einzig dem Lebendigen zugesprochen werden kann.

101. – Es bleibt jedoch anzumerken, daß das Licht in doppelter Weise dem Lebendigen sich vergleicht: das lebende Wesen kann sich auf das Licht als auf seinen Gegenstand richten, und es kann selbst am Licht teilhaben – wie es im sinnlichen Sehen sich zeigt. Das Auge nämlich erkennt das äußere Licht als seinen Gegenstand; aber damit es das Licht sehe, muß das Auge teilhaben an einem inneren Licht, durch das es geeignet und fähig gemacht wird, das äußere Licht zu sehen.

So also kann dieser Satz hier: „Und das Leben war das Licht der Menschen" auf doppelte Weise verstanden werden. – Das „Licht der Menschen" kann im Sinne des Gegenstandes gemeint sein – als ein Licht, das allein von den Menschen gesehen werden kann. Denn nur die geistige Kreatur vermag es zu erblicken, da sie allein der Schauung Gottes fähig ist. Im Buche *Hiob* (35,11) ist gesagt: „Er unterweist uns vor der Erde Tieren und macht uns weiser als des Himmels Vögel." Obwohl die anderen Sinnenwesen Wahres zu erkennen vermögen, so erkennt doch der Mensch allein das Wesen der Wahrheit selbst. – Es kann aber das „Licht der Menschen" auch verstanden werden als das, woran wir Anteil haben: denn niemals vermöchten wir das WORT selbst und das Licht selbst zu erblicken, wenn nicht kraft der Teilhabe an ihm, die sich im Menschen findet als der höhere Teil unserer Seele, als das geistige Erkenntnislicht – von welchem im *Psalm* (4,7) gesagt ist: „Gesiegelt sind wir durch das Licht Deines Antlitzes", das heißt, Deines Sohnes, welcher Dein Antlitz ist, worin Du offenbar wirst.

II.

102. – Zuerst hat der Evangelist von dem Licht gesprochen; danach spricht er von der Ausstrahlung des Lichtes, indem er sagt: „Das Licht leuchtet in der Finsternis."

Dieser Satz kann auf zweifache Weise ausgelegt werden, je nach der zweifachen Bedeutung von Finsternis.

Primo vero accipiamus tenebras naturalem defectum, ac creatae mentis. Nam, ita se habet mens ad lucem istam, de qua hic loquitur Evangelista, sicut se habet aer ad lucem solis: quia, licet aer capax sit lucis solis, tamen, in se consideratus, tenebra est. Et secundum hoc sensus est: "lux", idest vita illa, quae est lux hominum, "in tenebris lucet", scilicet in animabus et mentibus creatis, irradiando semper omnes [...].

Sed "tenebrae eam non comprehenderunt", idest includere non potuerunt. Illud enim dicitur comprehendi, cuius fines concluduntur et conspiciuntur. Quia, sicut dicit Augustinus[6], attingere Deum mente, magna beatitudo est: comprehendere vero, impossibile est. "Tenebrae" ergo "eam non comprehenderunt". *Iob* XXXVI,26: "Ecce Deus magnus vincens scientiam nostram"; *Ier.* XXXII,19: "Magnus consilio et incomprehensibilis cogitatu".

Et haec expositio habetur in illa homilia quae incipit "Vox spiritualis aquilae".[7]

103. – Alio modo potest exponi accipiendo tenebras, secundum Augustinum[8], pro naturali insipientia hominum, quae tenebra dicitur. Eccle. II,13: "Vidi quia tantum praecederet sapientia stultitiam, quantum differt lux a tenebris".

Ex eo ergo aliquis insipiens est quod privatur lumine sapientiae divinae. Sicut ergo mentes sapientum participatione istius divinae lucis et sapientiae lucidae sunt, ita eius privatione tenebrae sunt. Quod ergo quidam tenebrosi sint, non est ex defectu istius lucis; quia, inquantum est de se, in tenebris lucet et omnes irradiat; sed ideo insipientes privati sunt ea luce, quia "tenebrae eam non comprehenderunt", idest non apprehenderunt [...]. *Iob* XXXVI,32: "Immanibus", idest superbis, "abscondit lucem" [...].

Licet autem aliquae mentes sint tenebrosae, idest sapida et lucida sapientia privatae, nulla tamen adeo tenebrosa est quin aliquid lucis divinae participet. Quia quidquid veritatis a quocumque cognoscitur, totum est ex participatione istius lucis, quae in tenebris lucet, quia omne verum, a quocumque dicatur, a Spiritu Sancto est.

---

[6] Vgl. Augustinus, *Sermones* 117,5 (PL 38,663,45f.).

[7] Vgl. vielmehr Johannes Scotus Eriugena, *Homilia in Prologum S. Evangelii secundum Ioannem* XIII (SC 151,266-268).

[8] Vgl. Augustinus, *In Ioannem tractatus* I 19 (CCL 36,11,6-11).

Zunächst mag man die Finsternis verstehen als das natürliche Versagen des geschaffenen Geistes. Der Geist nämlich verhält sich zu jenem Licht, von welchem der Evangelist hier spricht, wie die Luft zum Sonnenlicht sich verhält: die Luft vermag zwar das Licht der Sonne aufzunehmen, in sich selber aber ist sie Finsternis. Der Sinn ist also dieser: das Licht - das heißt jenes Leben, welches das Licht der Menschen ist - leuchtet in der Finsternis, das heißt, in den geschaffenen Geistseelen, sie alle unablässig durchstrahlend [...].

Aber „die Finsternis hat es nicht begriffen": das heißt, sie hat nicht vermocht, es zu umfassen. Das nämlich wird begriffen, dessen Grenzen umfaßt und durchschaut werden. So sagt Augustinus, Gott im Geiste zu berühren sei hohe Glückseligkeit, ihn zu begreifen aber sei unmöglich. „Die Finsternis hat es nicht begriffen": „Siehe, Gott ist groß, er besiegt unser Wissen" (*Ijob* 36,26); „Groß in seinem Ratschluß und dem Denken unfaßlich" (*Jer* 32,19).

Diese Auslegung findet sich in jener Erklärung, die mit den Worten beginnt: „Die Stimme des geistlichen Adlers".

103. - Die zweite Auslegung versteht, mit Augustinus, die Finsternis als die natürliche Unweisheit der Menschen, welche „Dunkel" genannt wird: „Ich sah die Weisheit um so viel der Torheit vorauseilen, wie das Licht von der Finsternis sich unterscheidet" (*Koh* 2,13).

Unweise also ist einer dadurch, daß er des Lichtes der göttlichen Weisheit beraubt ist. Wie also der Geist des Weisen hell ist durch die Teilhabe an jenem göttlichen Licht und an der göttlichen Weisheit, so ist deren Abwesenheit Finsternis. Daß aber Finsternis herrscht in einigen Menschen, rührt nicht her von einem Versagen jenes Lichtes; aus sich selbst vielmehr leuchtet es in der Finsternis und erleuchtet alle. Sondern darum sind die Unweisen des Lichtes beraubt, weil „die Finsternis es nicht begriffen hat", das heißt, weil sie es nicht ergriffen haben [...]. „Den Gewaltigen", das heißt den Hochmütigen, „verbirgt er das Licht" (*Ij* 36,32) [...].

Wenn aber auch einzelne Seelen voller Finsternis sind, das heißt, des Wohlgeschmacks wie der Leuchtkraft der Weisheit beraubt, so ist dennoch keine so dunkel, daß sie nicht noch irgend teilhätte am göttlichen Licht. Denn wie wenig einer auch an Wahrem erkennt, es kommt ganz und gar her von der Teilhabe an jenem Licht - weil alles Wahre, gleichviel wer es ausspricht, vom Heiligen Geiste ist.

Et tamen "tenebrae", idest homines tenebrosi, "eam non comprehenderunt", secundum veritatem.

Sic ergo exponitur ista clausula, secundum Origenem et secundum Augustinum.

104. - Alio modo ab illo loco "Et vita erat lux hominum", exponitur secundum fluxum gratiae, qua irradiamur per Christum; et continuatur sic ad praecedentia.

Supra egit Evangelista de creatione rerum per Verbum, hic vero tractat de restauratione rationalis creaturae facta per Christum dicens: "Et vita", Verbi, "erat lux hominum", communiter, et non Iudaeorum tantum; quia Filius Dei carnem assumere venit in mundum, ut illuminaret gratia et veritate omnes homines. *Io.* c. XVIII,37: "In hoc natus sum, et ad hoc veni, ut testimonium perhibeam veritati". Item, infra IX, 5: "Quamdiu in mundo sum, lux sum mundi". Et ideo non dicit lux Iudaeorum, quia licet olim tantum in Iudaea notus esset, tamen postea toti mundo innotuit; *Is.* XLIX, v. 6: "Dedi te in lucem gentibus, ut sis salus mundo usque ad extremum terrae".

Congrue etiam coniungit lucem et vitam dicens "Et vita erat lux hominum", ut ostendat ista duo, lucem scilicet et vitam, nobis provenisse per Christum. Vitam quidem per participationem gratiae; [...] lucem vero per cognitionem veritatis et sapientiae.

105. - Hoc autem quod dicit "lux in tenebris lucet", potest secundum hanc expositionem exponi tripliciter, secundum quod tripliciter possumus accipere tenebras.

Uno modo pro poena: nam quaelibet tristitia et afflictio cordis tenebra quaedam dici potest, sicut quodlibet gaudium lux; *Mich.* ult. [VII], v. 8: "Cum sedero in tenebris et in afflictionibus, Dominus lux mea est", idest gaudium et consolatio.

Dicit ergo Origenes[9]: secundum hoc lux in tenebris lucet, idest Christus in mundum veniens, et corpus passibile et absque peccato habens "in similitudinem carnis", secundum quod dicitur *Rom.* VIII,3.

[9] Vgl. Origenes, *In Ioannem* II §§ 163-166 (SC 120,317-319).

Und dennoch: „Die Finsternis", das heißt die Menschen der Finsternis, haben es, in seiner wahren Wirklichkeit, „nicht begriffen."

Dies ist der Sinn jener Sätze, wenn man sie, gemäß Origenes und Augustinus, vom natürlichen Einströmen des Lichtes her versteht.

104. - Werden sie auf andere Weise, nämlich vom Einströmen der Gnade her, verstanden, so zeigt sich ein anderer Sinn: daß wir erleuchtet werden durch Christus.

Zuvor hat der Evangelist gesprochen von der Erschaffung der Dinge durch das WORT; hier nun ist die Rede von der Wiederherstellung der geistigen Kreatur durch Christus: „Und das Leben" des WORTES „war das Licht der Menschen" allgemein, nicht bloß der Juden, weil der Sohn Gottes Fleisch anzunehmen in die Welt gekommen ist, um mit seiner Gnade und Wahrheit alle Menschen zu erleuchten: „Dazu bin ich geboren und dazu bin ich gekommen: Zeugnis zu geben der Wahrheit" (*Joh* 18,37); und: „Solange ich in der Welt bin, bin ich das Licht der Welt" (*Joh* 9,5); er sagt also nicht, „das Licht der Juden". Denn obwohl er damals nur erst im Lande der Juden bekannt war, ist er später doch der ganzen Welt kundgeworden: „Er hat dich geschenkt als Licht für die Heidenvölker, damit du seiest das Heil der Welt bis an die Grenzen der Erde" (*Jes* 49,6).

Es ist auch sinnvoll, daß Licht und Leben zusammen genannt sind („Das Leben war das Licht der Menschen"), dadurch wird zweierlei deutlich, daß nämlich durch Christus uns das Leben und das Licht zuteil geworden ist. Das Leben durch die Teilhabe an der Gnade, [...] das Licht aber durch die Erkenntnis der Wahrheit und Weisheit.

105. - Der Satz: „Das Licht leuchtet in der Finsternis" kann, entsprechend dieser Deutung, auf dreifache Weise verstanden werden, je nach dem dreifachen Sinn von Finsternis.

Finsternis kann zunächst jegliche Pein und Strafe meinen; denn jede Traurigkeit und jede Anfechtung des Herzens kann eine Art Dunkelheit heißen und jede Freude Licht: „Da ich in Dunkel und Bedrängnis bin, ist der Herr mir Licht" (*Mi* 7,8), das heißt Freude und Tröstung.

Es sagt demnach Origenes: Das Licht, das in der Finsternis leuchtet, ist Christus, der in die Welt kam und, ohne Sünde, einen leidensfähigen Leib annahm, um so dem Fleische ähnlich zu werden, wie es im achten Kapitel des *Römerbriefes* (8,3) gesagt ist.

Lux in carne, quae scilicet caro Christi, secundum quod in se habet similitudinem carnis peccati, tenebra dicitur. Quasi dicat: lux, idest Verbum Dei circumvelatum tenebris carnis, luxit in mundum, secundum illud *Ez*. XXXII,7: "Solem nube tegam".

106. - Secundo, accipiendo per tenebras Daemones, iuxta illud *Eph.* ult. [VI],12: "Non est nobis colluctatio adversus carnem et sanguinem tantum, sed adversus principes et potestates, adversus mundi rectores tenebrarum harum".

Secundum hoc dicit: "lux", idest Filius Dei, "in tenebris lucet", idest in mundum descendit, ubi tenebrae, idest Daemones, dominabantur. Infra XII,31: "Princeps huius mundi, eiicietur foras. Et tenebrae", idest Daemones, "eam non comprehenderunt", idest eum obscurare non potuerunt tentando [...].

107. - Tertio accipiendo tenebras errores sive ignorantias, quibus totus mundus ante adventum Christi plenus erat, secundum quod dicit Apostolus: "Eratis aliquando tenebrae" [*Eph* 5,8].

Dicit ergo quod "lux", idest Verbum Dei incarnatum, "in tenebris lucet", idest hominibus mundi, erroris et ignorantiae tenebris obscuratis [...]. *Is.* IX,2: "Populus qui sedebat in tenebris, vidit lucem magnam. Et tenebrae eum non comprehenderunt", idest non vicerunt. Quia quantumcumque homines peccatis obscurati, invidia excaecati, superbia tenebrosi, contra Christum pugnaverunt, ut patet ex Evangelio, exprobrando scilicet, iniurias et contumelias inferendo, et tandem occidendo, non tamen "eum comprehenderunt"; idest non vicerunt eum obscurando, quin eius claritas per totum mundum fulgeret [...].

Das Licht ist im Fleische, im Leibe Christi, der wegen seiner Ähnlichkeit mit dem Fleisch der Sünde „Finsternis" genannt wird. Wie wenn gesagt wäre: das Licht, nämlich das WORT Gottes, leuchtet, eingehüllt von der Finsternis des Fleisches, in die Welt - gemäß dem Worte: „Ich werde die Sonne mit einer Wolke bedecken" (*Ez* 32,7).

106. - Zweitens können mit „Finsternis" die Dämonen gemeint sein, gemäß dem Worte: „Uns ist ein Kampf aufgetragen nicht allein gegen Fleisch und Blut, sondern gegen Mächte und Gewalten, gegen die Weltherrscher dieser Finsternis" (*Eph* 6,12).

Demgemäß ist dies gesagt: das Licht, nämlich der Sohn Gottes, leuchtet in der Finsternis, das heißt, er ist herabgestiegen in die Welt, in welcher die Finsternisse, nämlich die Dämonen, die Herrschaft besaßen. - Jedoch „der Fürst dieser Welt wird hinausgeworfen werden" (*Joh* 12,31); und die Finsternisse, nämlich die Dämonen, haben sie nicht umfangen, das heißt, sie haben ihn [Christus], in der Versuchung, nicht zu verdunkeln vermocht [...].

107. - Drittens können unter „Finsternis" die Irrtümer und die Unwissenheit verstanden werden, von denen die Welt erfüllt war, bevor Christus kam, gemäß dem Worte des Apostels: „Einst waret ihr Finsternis" (*Eph* 5,8).

Es ist also gesagt: das Licht, nämlich das menschgewordene WORT Gottes, leuchtet in der Finsternis, das heißt, in den Menschen, die von der Finsternis des Irrtums und der Unwissenheit der Welt dunkel geworden waren [...]. „Das Volk, das im Dunkeln sitzt, sieht ein großes Licht" (*Jes* 9,2). „Und die Finsternis hat es nicht umfangen", das heißt: sie hat es nicht bezwungen. Wie sehr auch die Menschen - verdunkelt durch Sünde, geblendet vom Neid, finster geworden durch Hochmut - gegen Christus gekämpft haben, indem sie ihm Unrechtes zur Last legten, ihn mit Schmach überschütteten und endlich töteten: sie haben ihn dennoch nicht „umfangen", das heißt, sie haben ihn nicht überwältigt noch verdunkelt: sein Strahlen leuchtet hin über die ganze Welt [...].

Lectio 4

I. [6]FUIT HOMO MISSUS A DEO,
CUI NOMEN ERAT IOANNES:
[7]HIC VENIT IN TESTINOMIUM,
UT TESTIMONIUM PERHIBERET DE LUMINE,
UT OMNES CREDERENT PER ILLUM.
II. [8]NON ERAT ILLE LUX,
SED UT TESTIMONIUM PERHIBERET DE LUMINE.

I.

108. - Supra Evangelista egit de Verbi divinitate; in parte vero ista incipit agere de Verbi incarnatione [...]: Primo agit de teste Verbi incarnati seu precursore [...].

109. - Considerandum autem est circa primum, quod statim cum Evangelista incipit de aliquo temporali, mutat modum loquendi. Cum enim supra loqueretur de aeternis, utebatur hoc verbo erat, quod est praeteriti imperfecti, ostendens per hoc, aeterna interminata esse; nunc vero, cum loquitur de temporalibus, utitur hoc verbo, fuit, ad ostendendum quod temporalia sic praeterierunt quod tamen terminantur.

110. - Dicit ergo "Fuit homo" [...]. Convenienter autem homo ad homines mittitur [...]. Poterat enim Deus homines gubernare per Angelos; sed maluit per homines, ut ipsorum exemplo magis instruerentur. Et ideo Ioannes homo fuit, et non Angelus.

111. - Ex auctoritate quidem describitur, cum dicit "missus a Deo".

Equidem, licet Ioannes natura non fuerit Angelus, fuit tamen officio, quia "missus a Deo". Proprium enim Angelorum officium est quod a Deo mittantur, et sint nuntii Dei; *Hebr.* I,14: "Omnes sunt administratorii spiritus in ministerium missi", unde Angelus nuntius interpretatur [...].

Requiritur autem ad hoc quod aliquis testimonium de Deo perhibeat, quod sit a Deo missus; iuxta illud *Rom.* X,15: "Quomodo praedicabunt nisi mittantur?" Et quia cum a Deo mittuntur, non sua quaerunt, sed quae Iesu Christi [...]: qui vero mittitur a seipso, non a Deo, sua quaerit, vel quae sunt hominis, non autem quae Christi,

<Lesung 4>

I. [6]DA IST EIN MENSCH GEWESEN, GESANDT VON GOTT;
DESSEN NAME WAR JOHANNES.
[7]DIESER IST GEKOMMEN ZUM ZEUGNIS,
DAMIT ER ZEUGNIS GEBE VON DEM LICHTE,
DAMIT ALLE DURCH IHN GLAUBEN SOLLTEN.
II. [8]ER WAR NICHT DAS LICHT,
SONDERN ER SOLLTE ZEUGNIS GEBEN VON DEM LICHTE.

I.

108. - Bis hierher hat der Evangelist von der Göttlichkeit des WORTES gesprochen; jetzt beginnt er von der Menschwerdung des WORTES zu handeln [...]. Zuerst ist die Rede von dem Zeugen und Vorläufer des menschgewordenen WORTES [...].

109. - Sobald der Evangelist von etwas Zeitlichem spricht, ändert er die Weise des Ausdrucks. Als er nämlich zuvor vom Ewigen sprach, gebrauchte er die Zeitform der unvollendeten Vergangenheit - „es war" -, um so das Nichtendende der ewigen Dinge kundzumachen. Jetzt aber, da er von Zeitlichem spricht, sagt er: „es ist gewesen", um zu zeigen, daß das Zeitliche zugleich vergangen und beendet ist.

110. - „Da ist ein Mensch gewesen" [...]. Es war aber gemäß, daß ein Mensch zu den Menschen gesandt wurde [...]. Gott konnte die Menschen auch durch Engel leiten, aber er wollte es lieber durch Menschen tun, damit die Menschen durch menschliches Vorbild eher belehrt würden. So also war Johannes ein Mensch und nicht ein Engel.

111. - Das Wort „gesandt von Gott" bezeichnet die Ermächtigung des Johannes.

Obwohl er von Natur nicht ein Engel war, so war er es dennoch durch sein Amt, als „von Gott Gesandter"; denn es ist das eigentümliche Amt der Engel, von Gott gesandt zu werden und Boten Gottes zu sein: „Sind sie nicht alle dienende Geister, ausgesandt zum Dienste?" (*Hebr* 1,14); Engel heißt ja Bote [...].

Dazu aber, daß einer Zeugnis gebe von Gott, ist erfordert, daß er von Gott gesandt sei: „Wie kann verkündigen, wer nicht gesandt ist?" (*Röm* 10,15). Und weil, wer von Gott gesandt ist, nicht das Seine sucht, sondern die Sache Jesu Christi [...], wer aber von sich selber herkommt, und nicht von Gott, das Seine sucht oder die Sache von Menschen, nicht aber die Sache Christi:

ideo hic dicitur: "Fuit homo missus a Deo": ut intelligas quia non annuntiavit nisi divinum, non humanum.

112. – Nota autem, quod tripliciter invenimus aliquos missos a Deo. – Scilicet per internam inspirationem, sicut *Is.* XLVIII,16: "Et nunc misit me Dominus, et spiritus eius"; quasi dicat: per interiorem Spiritus inspirationem sum a Deo missus. – Item, per expressam et apertam iussionem sive corporalem, sive imaginariam. Et sic iterum missus est Isaias; unde dicit *ibid.* VI,8: "Audivi vocem Domini dicentis: quem mittam, et quis ibit nobis? Et dixi: ecce ego, mitte me". – Item, per praelati iniunctionem, qui gerit in hoc personam Dei [...]. Et inde est quod qui mittuntur a praelato, mittuntur a Deo, sicut missi fuerunt ab Apostolo Barnabas et Timotheus.

Cum autem dicitur hic "Fuit homo missus a Deo", intelligendum est per interiorem inspirationem; vel etiam forte per exteriorem iussionem a Deo eum missum fuisse. Infra [1,33]: "Qui misit me, ipse dixit: super quem videris Spiritum descendentem et manentem super eum, hic est qui baptizat in Spiritu Sancto" [...].

114. – Ex idoneitate vero commendatur, cum dicit "cui nomen erat Ioannes" [...].

Homo autem efficitur idoneus ex gratia Dei [...], "cui nomen erat Ioannes", quod interpretatur in quo est gratia. Quod quidem nomen non fuit frustra sibi impositum, sed ex divina praeordinatione, et antequam nasceretur, ut patet *Lc.* I,13: "Et vocabis nomen eius Ioannem", dixit Angelus ad Zachariam [...].

115. – Ex officii etiam dignitate describitur, cum dicit "Hic venit in testimonium" [...].

116. – [...] Ubi notandum est quod Deus et homines, et omnia quae facit, propter se operatur [...]; non quidem ut aliquid ei accrescat, quia bonorum nostrorum non eget, sed ut eius bonitas manifestetur in omnibus a se factis, inquantum "per ea quae facta sunt, intellecta conspiciuntur; sempiterna eius virtus, et divinitas"; *Rom.* I,20. Fit ergo quaelibet creatura in testimonium Dei, inquantum quaelibet creatura est testimonium quoddam divinae bonitatis.

darum ist hier gesagt: „Da ist ein Mensch gewesen, gesandt von Gott" – damit du erkennest, daß er nicht Menschliches, sondern das Göttliche verkündigt hat.

112. – Es ist aber zu bedenken, daß es auf dreifache Weise geschehen kann, von Gott gesandt zu werden. – Erstens durch innere Einhauchung: „Nun sendet mich der Herr und sein Geist" (*Jes* 48,16), womit Jesaja sagen will: durch innere Einhauchung des Geistes bin ich von Gott gesendet. – Ferner durch ausdrücklichen und offenbaren Befehl – durch die Sinne oder durch die Einbildungskraft. Und auch in dieser Weise ist Jesaja gesendet worden: „Ich habe die Stimme des Herrn gehört, welcher sprach: Wen soll ich senden, wer wird für uns gehen? Und ich sagte: Sieh mich, sende mich!" (*Jes* 6,8). – Drittens durch die Anordnung des Oberen, der hierin Gottes Stelle vertritt [...]. So kann es sein, daß wer von einem Oberen gesendet wird, so wie Barnabas und Timotheus vom Apostel, von Gott gesendet ist.

Wenn es aber hier heißt: „Da ist ein Mensch gewesen, gesandt von Gott", so ist die Sendung durch innere Geisthauchung gemeint, vielleicht auch durch äußeren von Gott her kommenden Auftrag. Im folgenden heißt es: „Der mich gesandt hat, hat gesagt: über wen du den Geist herabsteigen siehst ..." (*Joh* 1,33) [...].

114. – Die Tauglichkeit des Mannes aber wird darin bestätigt, daß es heißt: „Dessen Name war Johannes" [...].

Tauglich nämlich wird der Mensch durch die Gnade Gottes [...], und der Name Johannes bedeutet soviel wie: „In ihm ist Gnade". Und nicht ins Leere ist dieser Name ihm gegeben worden, sondern aus göttlicher Vorausbestimmung, bevor er geboren wurde; der Engel sprach zu Zacharias: „Du wirst seinen Namen Johannes nennen" (*Lk* 1,13) [...].

115. – Auch durch die Würde seines Amtes wird er beschrieben, indem es heißt: „Dieser ist gekommen zum Zeugnis" [...].

116. – [...] Hier ist anzumerken, daß Gott die Menschen und alles, was er gemacht hat, um seiner selbst willen geschaffen hat [...], nicht freilich, damit ihm etwas zuwachse (denn unserer Güter bedarf er nicht), sondern damit seine Gutheit offenbar werde in allen Dingen, die er geschaffen hat – sofern „durch das, was geschaffen ist, seine ewige Kraft und Gottheit erkannt wird" (*Röm* 1,20). Jegliche Kreatur also wird gemacht zum Zeugnis Gottes, weil jede die Gutheit Gottes bezeugt:

Et quidem magnitudo creaturae testimonium quoddam est divinae virtutis et omnipotentiae; pulchritudo vero divinae sapientiae. Speciali vero modo ordinantur a Deo quidam homines; et non solum naturaliter inquantum sunt, sed etiam spiritualiter per sua bona opera Deo testimonium ferunt. Unde omnes sancti viri testes sunt Dei, inquantum propter eorum bona opera Deus gloriosus apud homines efficitur; *Matth.* V,16: "Sic luceat lux vestra coram hominibus, ut videant opera vestra bona, et glorificent Patrem vestrum qui in caelis est". Sed tamen illi, qui participant non solum dona Dei in seipsis per gratiam Dei bene operando, sed etiam diffundunt ad alios dicendo, movendo et exhortando, specialius sunt testes Dei. *Is.* XLIII,7: "Omnem qui invocat nomen meum, in laudem meam creavi illum".

Ioannes ergo venit in testimonium ad hoc, ut in alios diffunderet dona Dei, et annuntiaret laudem.

117. - Hoc autem officium Ioannis, scilicet testificandi, est valde magnum, quia nullus potest de aliquo testificari, nisi eo modo quo illud participat; infra III,11: "Quod scimus loquimur, et quod vidimus testamur". Unde testimonium perhibere divinae veritati, indicium est cognitionis ipsius veritatis. Et inde est quod etiam Christus hoc officium habuit; infra XVIII,37: "Ad hoc veni, et in hoc natus sum, ut testimonium perhibeam veritati". Sed aliter Christus, et aliter Ioannes. Christus enim ut ipsum lumen comprehendens, immo ipsum lumen existens; Ioannes vero, ut ipsum lumen participans tantum. Et ideo Christus perfecte testimonium perhibet, et perfecte manifestat veritatem, Ioannes vero et alii sancti inquantum ipsam veritatem divinam participant.

Est ergo magnum officium Ioannis et ex participatione divini luminis et ex similitudine ad Christum, qui hoc officio usus fuit [...].

118. - Ratio autem huius officii ponitur, cum dicit "ut testimonium perhiberet de lumine".

Ubi sciendum est, quod alicui rei testimonium perhibetur duplici de causa. Una causa potest esse ex parte rei, cui testimonium adhibetur, puta si est dubia, vel incerta;

die Größe der Schöpfung ist eine Bezeugung der göttlichen Kraft und Allmacht; ihre Schönheit aber bezeugt die göttliche Weisheit. Auf besondere Weise aber werden einzelne Menschen von Gott beauftragt, daß sie nicht allein durch ihr natürliches Sein, sondern auch auf geistige Weise durch ihre guten Werke Zeugnis geben von Gott. So sind alle heiligen Menschen Gottes Zeugen, durch deren gute Werke der Ruhm Gottes bei den Menschen verkündet wird: „So soll euer Licht leuchten bei den Menschen, auf daß sie eure guten Werke sehen und euren Vater preisen, der im Himmel ist" (*Mt* 5,16). Dennoch sind auf noch mehr besondere Weise diejenigen Zeugen Gottes, die nicht allein für sich selbst teilhaben an den Geschenken Gottes, sondern sie ausströmen lassen auf andere, durch Wort und Antrieb und Ermahnung: „Wer immer meinen Namen anruft, den habe ich geschaffen zu meinem Lobe" (*Jes* 43,7).

Johannes also ist gekommen zum Zeugnis, daß er die Geschenke Gottes ausströmen lasse auf andere und daß er sein Lob verkündige.

117. – Dies Amt des Johannes aber, Zeugnis zu geben, ist voller Größe. Denn auf andere Weise vermag niemand von etwas Zeugnis zu geben als auf die Weise, in welcher er daran teilhat: „Wir sprechen von dem, was wir wissen; und wir bezeugen, was wir gesehen haben" (*Joh* 3,11). So ist Zeugnis zu geben von der göttlichen Wahrheit ein Zeichen der Erkenntnis dieser Wahrheit selbst. Deswegen auch war Christus im Besitz dieses Amtes: „Hierzu bin ich gekommen und dazu bin ich geboren: der Wahrheit Zeugnis zu geben" (*Joh* 18,37). Auf eine Weise aber gibt Christus Zeugnis, auf eine andere Weise Johannes. Christus nämlich begreift das Licht, ja er ist selber das Licht; Johannes aber hat nur teil an dem Lichte. Darum gibt Christus auf vollkommene Weise Zeugnis, und auf vollkommene Weise offenbart er die Wahrheit, Johannes aber und die anderen Heiligen nur nach dem Maße, wie sie teilhaben an der göttlichen Wahrheit.

Groß also ist das Amt des Johannes, sowohl wegen der Teilhabe am göttlichen Lichte wie auch wegen der Ähnlichkeit mit Christus, der das gleiche Amt geübt hat [...].

118. – Der Sinn dieses Amtes aber wird deutlich in dem Satze: „Damit er Zeugnis gebe von dem Lichte".

Hierbei ist zu bedenken, daß von einer Sache aus doppeltem Grunde Zeugnis gegeben werden kann. Der Grund kann in der Sache liegen, von der Zeugnis gegeben wird, etwa wenn sie zweifelhaft und ungewiß ist.

alia causa est ex parte audientium, si sunt duri et tardi corde ad credendum. Ioannes vero in testimonium quidem venit non propter ipsam rem, cui testimonium perhibebat, quia lumen erat. Unde dicit "ut testimonium perhiberet de lumine", non de re obscura sed de re manifesta. Venit ergo in testimonium propter ipsos quibus testificabatur, "ut omnes crederent per eum", scilicet Ioannem. Nam sicut lumen non solum in seipso et per se visibile est, sed etiam omnia alia per ipsum videri possunt, ita Verbum Dei non solum in se lumen est, sed etiam est omnia manifestans quae manifestantur. Cum enim unumquodque manifestetur per suam formam et cognoscatur, omnes autem formae sint formae sint per Verbum, quod est ars plena rationum viventium: est ergo lumen, non solum in se, sed omnia manifestans; *Eph.* V,13: "Omne quod manifestatur, lumen est". Congrue autem Evangelista Filium dicit lumen, quia venit "lumen ad revelationem gentium", *Lc.* II,32. Supra autem dixit Filium Dei Verbum, quo Pater dicit se, et omnem creaturam. Unde cum proprie sit lux hominum, et hic Evangelista de eo agat secundum quod venit ad salutem hominum procurandam, congrue intermittit hoc nomen Verbum, cum loquitur de Filio, et dicit illud lumen.

119. – Sed si istud lumen sufficiens est per se omnia manifestare, non solum seipsum, quid ergo indigebat ut testificaretur? Non ergo necessaria sunt testimonia Ioannis et prophetarum de Christo.

Respondeo dicendum, quod haec obiectio est Manichaeorum[1], qui volunt destruere vetus testamentum. Unde a sanctis contra hos multiplex ratio assignatur, quare Christus testimonium prophetarum voluit habere.

Origenes[2] quidem assignat tres rationes ad hoc. Primo quidem quod Deus vult aliquos testes habere, non quod ipse eorum testimonio indigeat, sed ut eos nobilitet quos constituit testes; sicut videmus etiam in ordine universi, quod Deus producit aliquos effectus per causas medias, non quia ipse impotens sit ad eos immediate producendos, sed quia ad nobilitandas ipsas causas medias eis causalitatis dignitatem communicare dignatur.

---

[1] Vgl. Augustinus, *De haeresibus* 46 (PL 42,34).
[2] Vgl. Origenes, *In Ioannem* II § 199 (SC 120,345ff.).

Der Grund kann auch auf der Seite der Hörenden liegen, wenn diese starrsinnig sind und langsam zum Glauben. Johannes aber ist zum Zeugnis gekommen, nicht um der zu bezeugenden Sache willen, denn die war ja Licht; darum eben heißt es: „damit er Zeugnis gebe von dem Lichte", nicht von einer verborgenen, sondern von einer ganz offenbaren Sache. Er ist also gekommen zum Zeugnis um derer willen, denen er Zeugnis gab, „damit alle durch ihn glauben sollten". Wie nämlich das Licht nicht allein in sich selbst und durch sich selbst sichtbar ist, sondern auch alle Dinge sichtbar macht, so auch ist das WORT Gottes nicht nur Licht in sich selbst, sondern es ist auch der Offenbarmacher von allem, was offenbar wird. Weil nämlich ein Jegliches erkannt und offenbar wird durch seine Wesensform, und weil alle Wesensformen Dasein haben durch das WORT, welches ist die Kunst des Vaters, voll der lebendigen Urbilder, darum ist das WORT Licht, nicht allein in sich selbst, sondern sichtbar machend alle Dinge: „Alles, was offenbar gemacht wird, ist Licht" (*Eph* 5,3). Mit Fug aber nennt der Evangelist den Sohn Licht: „ein Licht zur Erleuchtung der Heidenvölker" (*Lk* 2,32). Vorher hat er ihn WORT genannt, in welchem der Vater sich selbst und die ganze Schöpfung aussagt. Da aber der Sohn auf eigentümliche Weise das Licht der Menschen ist und da der Evangelist hier davon spricht, daß er gekommen sei, den Menschen das Heil zu bringen, darum ist es gemäß, daß er an dieser Stelle den Sohn nicht das WORT nennt, sondern das Licht.

119. - Wenn aber jenes Licht genug ist, durch sich selber nicht nur sich selbst, sondern alle Dinge offenbar zu machen - wozu bedurfte es dann noch der Bezeugung? Dann ist doch also die Bezeugung Christi durch Johannes und die Propheten gar nicht notwendig!

Ich antworte darauf, daß dies der Einwand der Manichäer ist, welche das Alte Testament zunichte machen wollen. Wider sie werden von den Heiligen vielerlei Gründe angeführt, weswegen Christus durch die Propheten bezeugt werden wollte.

Origenes nennt drei solcher Gründe. - Gott wollte - erstens - einzelne Menschen zu Zeugen haben, nicht weil er selbst des Zeugnisses bedurft hätte, sondern weil er die adeln wollte, die er zu Zeugen bestellte. Wir sehen es auch sonst in der Ordnung des Universums, daß Gott einzelne Wirkungen durch Zwischen-Ursachen hervorbringt, nicht als wäre er unfähig, sie selber unmittelbar hervorzubringen, sondern weil er den Zwischen-Ursachen, um sie so zu adeln, die Würde der Urheberschaft mitzuteilen geruht.

Sic ergo, etsi Deus potuerit omnes homines illuminare per se et in cognitionem suam adducere, ut tamen debitus ordo servaretur in rebus, et ut aliquos homines nobilitaret, voluit divinam cognitionem ad homines per aliquos homines devenire. *Is.* XLIII,10: "Vere vos testes mei estis, dicit Dominus".

Secunda ratio est, quia Christus illuxit mundo per miracula: quae quidem, quia in tempore facta erant, temporaliter transierunt, neque pervenerunt ad omnes. Verba vero prophetarum commendata Scripturae, poterant non solum ad praesentes, sed etiam ad posteros pervenire. Voluit ergo Dominus homines ad cognitionem Verbi venire per testimonia prophetarum, ut non solum praesentes, sed etiam futuri de ipso illuminarentur; et ideo signanter dicit "ut omnes crederent per illum", non solum praesentes, sed etiam futuri.

Tertia ratio est, quia homines sunt diversae conditionis, et diversimode ad veritatis cognitionem perducti et dispositi. Quidam namque ad veritatis cognitionem magis perducuntur per signa et miracula; quidam vero magis per sapientiam; unde I *Cor.* I,22: "Iudaei signa petunt, et Graeci sapientiam quaerunt". Ut ergo Dominus omnibus ostenderet viam salutis, utramque viam pandere voluit, scilicet signorum et sapientiae, ut qui non perducerentur ad viam salutis per miracula in veteri et novo testamento facta, saltem per viam sapientiae, ut in prophetis et aliis sacrae Scripturae libris, ad veritatis cognitionem perveniant.

Quarta ratio est Chrysostomi[3], quia scilicet homines infirmi intellectus, veritatem et cognitionem Dei seipsa capere non possunt; unde voluit Deus eis condescendere et illuminare quosdam homines de divinis prae aliis, ut ab eis humano modo cognitionem de divinis acciperent, quorum cognitionem in seipsis attingere non valebant. Et ideo dicit "ut omnes crederent per illum". Quasi dicat: "venit in testimonium", non propter ipsum lumen, sed propter ipsos homines, ut scilicet "crederent per illum".

Sic ergo patet idonea esse et congruentia testimonia prophetarum, et ideo recipienda utpote nobis necessaria ad veritatis cognitionem.

---

[3] Vgl. Johannes Chrysostomus, *In Ioannem homiliae* VI (PG 59,61).

So auch hat Gott, wiewohl er durch sich selbst alle Menschen hätte erleuchten und zur Erkenntnis seiner selbst hätte hinführen können, dennoch gewollt, daß die Erkenntnis des Göttlichen durch Menschen zu den Menschen gelange – um auf diese Weise die gemäße Ordnung der Dinge zu wahren und um einzelne Menschen zu adeln: „Ihr werdet mir in Wahrheit Zeugen sein, spricht der Herr" (*Jes* 43,10).

Ein zweiter Grund ist dieser: Christus leuchtete zwar ein durch die Wunder, die er vollbrachte; die aber, da sie in der Zeit geschahen, gingen mit ihr dahin und gelangten nicht allen zur Kenntnis. Die Worte der Propheten aber vermochten, da sie schriftlich aufgezeichnet waren, nicht allein die Zeitgenossen, sondern auch die Späteren zu erreichen. Der Herr also hat gewollt, daß die Menschen durch das Zeugnis der Propheten zur Erkenntnis des WORTES kämen, so daß nicht allein die Zeitgenossen, sondern auch die kommenden Geschlechter Licht und Kunde von ihm empfingen. Deswegen heißt es hier mit klarer Bedeutung: „Damit alle durch ihn glauben sollten", nicht allein die Gegenwärtigen, sondern auch die noch Kommenden.

Ein dritter Grund: die Menschen sind verschieden geartet und gelangen auf verschiedene Weise zur Erkenntnis der Wahrheit, die einen eher durch Zeichen und Wunder, die andern eher durch Weisheit: „Die Juden verlangen Zeichen, die Griechen suchen Weisheit" (1 *Kor* 1,22). Um also allen Menschen den Weg des Heiles zu zeigen, hat der Herr beide Wege eröffnen wollen, den der Zeichen und den der Weisheit, damit wer durch die Wunder des Alten und des Neuen Testamentes nicht auf den Weg des Heiles geführt wird, wenigstens auf dem Wege der Weisheit, die in den Propheten und in anderen Büchern der Heiligen Schrift enthalten ist, zur Erkenntnis der Wahrheit gelange.

Einen vierten Grund nennt Chrysostomus: weil die Menschen von schwacher Erkenntniskraft sind und die Weisheit und die Erkenntnis Gottes aus Eigenem nicht zu fassen vermögen, darum hat Gott sich zu ihnen neigen wollen, indem er einzelnen Menschen vor den übrigen Erleuchtung über die göttlichen Dinge gewährte, damit von ihnen her jene auf menschliche Weise die Erkenntnis des Göttlichen empfingen, das an sich selbst zu erkennen sie nicht fähig waren. So also heißt es: „Damit alle durch ihn glauben sollten" – wie wenn gesagt sein sollte: „Er ist gekommen zum Zeugnis", aber nicht um des Lichtes selber willen, sondern wegen der Menschen, nämlich „damit sie durch ihn glauben sollten."

So also zeigt sich der Sinn und die Tauglichkeit des prophetischen Zeugnisses, das anzunehmen uns vonnöten ist zur Erkenntnis der Wahrheit.

120. – Dicit autem "crederent" quia est duplex participatio divini luminis. Una scilicet perfecta, quae est in gloria, *Ps.* XXXV, v. 10: "In lumine tuo videbimus lumen", alia est imperfecta, quae scilicet habetur per fidem, quia "venit in testimonium". De istis duobus modis dicitur I *Cor.* XIII,12: "Videmus nunc per speculum in aenigmate; tunc autem facie ad facies"; et ibidem dicitur: "Nunc cognosco ex parte; tunc autem cognoscam sicut et cognitus sum". Istorum autem modorum prior est modus participationis per fidem; quia per ipsam pervenitur ad speciem. Unde *Is.* VII, 9, secundum aliam litteram: "Nisi credideritis, non intelligetis" [...].

Dicit ergo "ut omnes crederent per illum"; non ut omnes viderent illum perfecte statim, sed ut primo per fidem credendo, et postea per speciem in patria perfruendo.

121. – Dicit autem "per eum", ut ostendat differentiam eius ad Christum. Christus enim venit, ut omnes crederent in eum; infra VII, v. 38: "Qui credit in me, sicut dicit Scriptura, flumina de ventre eius fluent aquae vivae". Ioannes vero ut omnes crederent, non quidem in eum, sed in Christum per eum.

Sed contra. Non omnes crediderunt per illum. Si ergo venit ut omnes crederent per illum, frustra venit.

Respondeo dicendum, quod quantum est ex parte Dei mittentis, et ex parte Ioannis venientis, sufficiens modus adhibitus est omnibus perveniendi ad finem; sed ex parte eorum qui "oculos suos statuerunt declinare in terram" [*Ps* 16,11], et noluerunt videre ipsum lumen, defectus fuit, quia non omnes crediderunt.

II.

122. – Licet autem Ioannes, de quo tot dicta sunt, et quod missus a Deo, magnus sit, nihilominus tamen eius adventus non est sufficiens hominibus ad salutem; quia salus hominis in hoc consistit, quod participet ipsam lucem. Unde, et si Ioannes lux fuisset, suffecisset hominibus ad salutem eius adventus; sed ipse non erat lux; unde dicit "Non erat ille lux" [...].

120. – Es heißt aber, daß „sie glauben sollten". Denn es gibt eine zweifache Teilhabe am göttlichen Licht. Eine ist vollkommen; sie wird uns zuteil in der Herrlichkeit: „In deinem Lichte werden wir das Licht schauen" (*Ps* 36 [35],10). Die andere ist unvollkommen; sie geschieht im Glauben: „Er ist gekommen zum Zeugnis". Von dieser zweifachen Weise heißt es: „Wir sehen jetzt in Spiegel und Gleichnis, dann aber von Angesicht zu Angesicht", und: „Jetzt erkenne ich stückhaft; dann aber werde ich erkennen, so wie auch ich erkannt bin" (1 *Kor* 13,12). Von diesen beiden Weisen ist die Teilhabe durch den Glauben die frühere; von ihr her nämlich gelangt man zum Schauen. Weswegen es bei Jesaja, in einer abweichenden Textfassung, heißt: „Wenn ihr nicht glaubet, werdet ihr nicht einsehen" (*Jes* 7,9) [...].

Es ist also gesagt: „Damit alle durch ihn glauben sollten" – nicht damit alle ihn sogleich auf vollkommene Weise sähen, sondern zuerst glaubend, später aber im Vaterlande schauend-genießend.

121. – Es ist ferner gesagt: „durch ihn", damit der Unterschied gegenüber Christus deutlich werde. Christus nämlich ist gekommen, damit alle „an" ihn glauben: „Wer an mich glaubt, aus dessen Innerem werden, wie die Schrift sagt, Ströme lebendigen Wassers fließen" (*Joh* 7,38). Johannes ist gekommen, „damit alle glauben sollten", nicht an ihn, sondern durch ihn an Christus.

Hiergegen könnte man sagen: Es haben aber nicht alle durch ihn geglaubt; wenn er also gekommen ist, „damit alle durch ihn glauben sollten", dann ist er vergebens gekommen.

Darauf ist zu antworten: Sowohl von der Seite Gottes, der ihn gesendet hat, wie auch von der Seite des Johannes ist dem Genüge geschehen, daß alle zum Glauben gelangen konnten. Das Versagen, daß nicht alle wirklich geglaubt haben, war auf der Seite derer, „welche beschlossen, ihre Augen auf die Erde zu heften" (*Ps* 17 [16],11), und die das Licht nicht sehen wollten.

II.

122. – Wie groß aber auch Johannes ist, von dem so vieles gesagt ist, auch daß er von Gott gesandt wurde – dennoch konnte sein Kommen den Menschen nicht genug sein zu ihrem Heile. Denn das Heil des Menschen besteht darin, daß er am Lichte selber teilhat. Wenn daher Johannes selbst das Licht gewesen wäre, dann hätte sein Kommen genügt zum Heile der Menschen; er selber aber war nicht das Licht: „Er war nicht das Lichte" [...].

Vel aliter. Ioannes venit ut testimonium perhiberet de lumine. Consuetum est autem testificantem esse maioris auctoritatis, quam ille cui perhibet testimonium. Ne ergo credatur Ioannem esse maioris auctoritatis, quam Christus, dicit Evangelista "non erat ille lux, sed ut testimonium perhiberet de lumine". Testatur enim non quia maior, sed quia notior, etiamsi sit minor [...].

Man kann das auch so verstehen: Johannes ist gekommen, um Zeugnis zu geben vom Lichte. Nun aber ist es gewöhnlich so, daß der, welcher Zeugnis gibt, höherer Vollmacht ist als der, wovon er Zeugnis gibt. Damit nun keiner glaubt, Johannes habe größere Vollmacht als Christus, sagt der Evangelist: „Er war nicht das Licht, sondern er sollte Zeugnis geben von dem Lichte." Er gibt Zeugnis, nicht weil er größer wäre, sondern weil er, wenngleich geringer, doch weniger unbekannt ist [...].

Lectio 5

I. [9]ERAT LUX VERA,
QUAE ILLUMINAT OMNEM HOMINEM
VENIENTEM IN HUNC MUNDUM.
[10]IN MUNDO ERAT.
II. ET MUNDUS PER IPSUM FACTUS EST,
ET MUNDUS EUM NON COGNOVIT.

I.

124. - [...]

125. - [...] Istud tamen ad praesens est dicendum, quomodo sit "lux vera".

Notandum est ergo ad huiusmodi evidentiam, quod verum in Scriptura tribus opponitur. - Aliquando enim dividitur contra falsum, sicut illud *Eph.* IV,25: "Deponentes mendacium, loquimini veritatem". - Aliquando autem dividitur contra figurale, sicut illud infra I,17: "Lex per Moysen data est; gratia et veritas per Iesum Christum facta est", quia veritas figurarum legis facta est per Christum. - Aliquando vero dividitur contra participans, sicut illud I *Io.* ult. [V],20: "ut simus in vero Filio eius"; qui scilicet non est Filius per participationem.

Fuit autem ante adventum Verbi in mundo quaedam lux, quam scilicet philosophi se habere iactabant; sed haec quidem falsa fuit, quia, ut dicitur *Rom.* I,21: "[...] dicentes enim se esse sapientes, stulti facti sunt" [...]. - Fuit etiam quaedam alia lux, quam gloriabantur se habere Iudaei ex doctrina legis; sed haec quidem lux erat lux figuralis; *Hebr.* X,1: "Umbram habens lex futurorum bonorum, non ipsam imaginem rerum". - Erat etiam in Angelis et in sanctis hominibus lux quaedam, inquantum specialiori modo per gratiam Deum cognoscebant; sed haec lux participata erat; *Iob* XXV,3: "Super quem non resplendet lumen illius?" Quasi dicat: quicumque lucidi sunt, intantum lucent inquantum participant lumen illius, idest Dei. Sed Verbum Dei non erat lux falsa, non figuralis, non participata, sed lux vera, idest per essentiam suam. Et ideo dicit "Erat lux vera" [...].

127. - Efficacia autem ipsius Verbi est, quia "illuminat omnem hominem venientem".

<Lesung 5>

I. [9]ES WAR DAS WAHRE LICHT,
DAS JEDEN MENSCHEN ERLEUCHTET,
DER IN DIESE WELT KOMMT.
[10]ES WAR IN DER WELT.
II. UND DIE WELT IST DURCH ES GEMACHT.
UND DIE WELT HAT IHN NICHT ERKANNT.

I.

124. - [...]

125. - [...] Zuerst ist zu bedenken, in welcher Weise das WORT „das wahre Licht" ist.

Um hier deutlicher zu sehen, muß man wissen, daß in der Schrift das „Wahre" eine dreifache Entgegensetzung erfährt. - Einmal meint „wahr" den Gegensatz zu „falsch": „So leget die Lüge ab und redet Wahrheit" (*Eph* 4,25). - Ein ander Mal besagt „wahr" den Gegensatz zu „bildlich": „Das Gesetz ist gegeben durch Moses, die Gnade und die Wahrheit aber ist geworden durch Jesus Christus" (*Joh* 1,17); die Wahrheit der Bilder des Gesetzes ist Wirklichkeit geworden durch Christus. - Wieder ein anderes Mal bedeutet „wahr" den Gegensatz zu „bloß teilhabend": „Damit wir seien in seinem wahren Sohne" (1 *Joh* 5,20), welcher nicht durch bloße Teilhabe der Sohn Gottes ist.

Es gab nun in der Welt vor der Ankunft des WORTES ein Licht, das die Philosophen zu besitzen sich brüsteten. Dies aber war ein falsches Licht: „[...] indem sie sagten, sie seien weise, sind sie töricht geworden" (*Röm* 1,21) [...]. - Es gab noch ein anderes Licht, das die Juden kraft der Kenntnis der Gesetzeslehre zu besitzen sich rühmten. Dieses Licht aber war nur ein bildliches Licht: „Das Gesetz hat bloß den Schatten der zukünftigen Güter, nicht das wahre Wesen der Dinge" (*Hebr* 10,1). - Licht war auch in den Engeln und in den heiligen Menschen, da sie kraft der Gnade auf vornehmere Weise Gott erkannten. Aber dieses Licht war ein Licht bloß durch Teilhabe: „Über wem geht nicht auf Sein Licht?" (*Ijob* 25,3), das heißt, wer immer licht ist, der leuchtet nur, soweit er teilhat an Seinem Licht, am Lichte Gottes. Das WORT Gottes aber war weder ein falsches noch ein bildliches noch ein bloß mitgeteiltes Licht: „Es war das wahre Licht", das heißt, Licht durch sein Wesen selbst [...].

127. - Die Wirksamkeit des WORTES aber ist, daß es jeden Menschen erleuchtet, der in diese Welt kommt.

Omne enim quod est per participationem, derivatur ab eo quod est per essentiam suam tale; ut omne ignitum est hoc per participationem ignis, qui est ignis per suam naturam. Quia ergo Verbum est lux vera per suam naturam, oportet quod omne lucens luceat per ipsum, inquantum ipsum participat. Ipse ergo "illuminat omnem hominem venientem in hunc mundum".

128. – Sciendum est autem ad horum intellectum, quod mundus in Scriptura accipitur tribus modis. – Aliquando enim ratione suae creationis, sicut hic inferius ait Evangelista "Mundus per ipsum factus est" [*Joh* 1,10]. – Aliquando autem ratione suae perfectionis, ad quam per Christum pertingit, sicut illud II *Cor.* V,19: "Deus erat in Christo mundum reconcilians sibi". – Aliquando ratione suae perversitatis sicut illud I *Io.* V,19: "Totus mundus in maligno positus est".

Illuminatio seu illuminari per Verbum, intelligitur dupliciter: scilicet de lumine naturalis cognitionis, de quo dicitur in *Ps.* IV,7: "Signatum est super nos lumen vultus tui, Domine". Item de lumine gratiae, de quo dicitur *Is.* LX,1: "Illuminare, Ierusalem".

129. – His duabus distinctionibus suppositis, facile solvitur dubitatio quae ex istis oritur.

Cum enim dicit Evangelista "illuminat omnem hominem", videtur subesse falsum, cum adhuc multi sint in mundo tenebrosi.

Si ergo nos, memores dictarum distinctionum, accipiamus mundum secundum quod ponitur ratione suae creationis; et illuminare, secundum quod accipitur pro lumine naturalis rationis, verbum Evangelistae nullam habet calumniam: quia homines omnes venientes in hunc mundum sensibilem illuminantur lumine naturalis cognitionis ex participatione huius verae lucis, a qua derivatur quicquid de lumine naturalis cognitionis participatur ab hominibus. Utitur autem Evangelista hoc modo loquendi, ut dicat "venientem in hunc mundum", non quod homines vixissent aliquo temporis spatio extra mundum, et postea venirent in mundum [...]. Cum ergo homo, secundum naturam corporalem non veniat in hunc mundum, sed sit ex mundo, sed secundum intellectualem naturam, quae est ab extrinseco, ut dictum est, sit a Deo per creationem,

Alles nämlich, was bloß auf Grund einer Teilhabe ist, leitet sich her von dem, was kraft eigenen Wesens ist, wie alles Feurige feurig ist auf Grund einer Teilhabe am Feuer, welches durch seine Natur selbst feurig ist. Weil also das WORT durch seine Natur das wahre Licht ist, darum muß notwendig kraft der Teilhabe an ihm alles Leuchtende leuchten. Das WORT selbst also „erleuchtet jeden Menschen, der in diese Welt kommt".

128. – Um dies aber zu verstehen, muß man wissen, daß die „Welt" in der Schrift in dreierlei Sinn genommen wird. – Einmal unter dem Gesichtspunkt ihrer Geschaffenheit; so sagt hier der Evangelist: „Die Welt ist durch es gemacht" (*Joh* 1,10). – Ein anderes Mal unter dem Gesichtspunkt der Vollendung, zu der sie durch Christus gelangt, wie es im *zweiten Korintherbrief* heißt: „In Christus hat Gott die Welt mit sich versöhnt" (2 *Kor* 5,19). – Endlich unter dem Gesichtspunkt ihrer Verkehrtheit, wie in dem Wort: „Die ganze Welt liegt im Argen" (1 *Joh* 5,19).

Die Erleuchtung aber und das Erleuchtetwerden durch das WORT versteht sich auf zweifache Weise – einmal in der Weise des natürlichen Erkenntnislichtes, von dem es heißt: „Gesiegelt ist über uns das Licht deines Antlitzes" (*Ps* 4,7); dann auch in der Weise des Lichtes der Gnade, von dem gesagt ist: „Werde Licht, Jerusalem" (*Jes* 60,1).

129. – Von diesen beiden Unterscheidungen her löst sich leicht der Zweifel, der aus dem Gesagten entspringen kann.

Der Satz nämlich, daß jeder Mensch erleuchtet werde, könnte etwas Falsches zu enthalten scheinen, da doch viele in der Welt noch unerleuchtet sind.

Wenn wir jedoch, eingedenk jener Unterscheidungen, die „Welt" im Hinblick auf ihre Geschaffenheit verstehen und das Erleuchtetwerden im Hinblick auf das Licht der natürlichen Vernunft, so hat das Wort des Evangelisten keinerlei Trug in sich; denn alle Menschen, die in diese sichtbare Welt kommen, werden wirklich erleuchtet durch das Licht der natürlichen Erkenntnis, kraft der Teilhabe an diesem wahren Licht, von dem alles sich herleitet, was immer des Menschen Anteil ist an natürlichem Erkenntnislicht. – Der Evangelist spricht aber von dem „Kommen in diese Welt" hier nicht so, als hätten die Menschen schon für irgendeine Spanne Zeit außerhalb der Welt gelebt und kämen nun nachträglich „in die Welt" [...]. Weil jedoch der Mensch nach seiner leiblichen Natur nicht erst in diese Welt kommt, sondern aus dieser Welt ist, nach seiner geistigen Natur aber, die von außerhalb stammt, durch die Erschaffung aus Gott her kommt, unde dicitur *Eccle*. XII, 7: "Donec omnis caro in suam revertatur originem, et spiritus dirigatur ad Deum qui fecit illum": ostendit Evangelista quod haec illuminatio est secundum illud quod est ab extrinseco, scilicet secundum intellectum, cum dicit "venientem in hunc mundum".

130. - Si vero accipiatur illuminari pro lumine gratiae, sic hoc quod dicitur, "illuminat omnem hominem" potest tripliciter exponi. - Uno modo, secundum Origenem in illa Hom. *Aquila grandis*[1], exponitur hoc modo, ut accipiamus mundum ratione suae perfectionis, ad quam perducitur homo reconciliatus per Christum. Et tunc dicitur "illuminat omnem hominem venientem", per fidem, "in hunc mundum", spiritualem, scilicet Ecclesiam illuminatam lumine gratiae.

Alio modo, secundum Chrysostomum[2], exponitur, accipiendo mundum ratione suae creationis, et talis est sensus: "illuminat", scilicet Verbum, quantum de se est, quia ex parte sua nulli deest, imo "vult omnes salvos fieri, et ad agnitionem veritatis venire", ut dicitur I *Tim*. II,4, "omnem hominem venientem", idest qui nascitur in hunc mundum sensibilem. Quod si aliquis non illuminatur, ex parte hominis est, avertentis se a lumine illuminante.

Tertio modo, secundum Augustinum[3], exponitur, ut ly omnem sit distributio accommoda. Ut sit sensus "illuminat omnem hominem venientem in hunc mundum", non simpliciter, sed omnem hominem, qui illuminatur, scilicet quia nullus illuminatur nisi a Verbo. Dicit ergo, secundum Augustinum[4], "venientem", ut assignet rationem quare homo indiget illuminari; accipiendo tamen mundum ratione suae perversitatis et defectus. Quasi dicat: ideo indiget illuminari, quia venit in hunc mundum, perversitate et defectibus tenebrosum et ignorantia plenum. De mundo spirituali primo hominis; *Lc*. I,79: "Illuminare his, qui in tenebris et in umbra mortis sedent".

---

[1] Vgl. vielmehr Johannes Scotus Eriugena, *Homilia in Prologum S. Evangelii secundum Ioannem* XVII (SC 151,285).

[2] Vgl. Johannes Chrysostomus, *In Ioannem homiliae* VIII 1 (PG 59,65).

[3] Vgl. Augustinus, *Enchiridion* 103 (CCL 46,104,10-13).

[4] Vgl. Augustinus, *In Ioannem tractatus* II 7 (CCL 36,15,19-21).

weswegen es heißt „... bis alles Fleisch zu seinem Ursprung zurückkehrt und der Geist zu Gott sich kehrt, der ihn gemacht hat" (*Koh* 12,7) - darum macht der Evangelist, indem er von dem „in diese Welt Kommenden" spricht, deutlich, daß die Erleuchtung sich auf das bezieht, was von außen her stammt, nämlich auf den Geist.

130. - Wird aber das Erleuchtetwerden vom Lichte der Gnade her verstanden, dann kann der Satz: „Es erleuchtet jeden Menschen" auf dreifache Weise gedeutet werden. - Erstens, nach Origenes, so, daß wir die Welt verstehen im Hinblick auf ihre Vollendung, zu welcher der wiederversöhnte Mensch durch Christus gelangt. Es heißt dann so: „Es erleuchtet jeden Menschen, der" durch den Glauben „in diese Welt kommt", in die geistliche Welt nämlich, in die Kirche, die erleuchtet wird durch das Licht der Gnade.

Versteht man, zweitens, die „Welt" im Hinblick auf ihre Geschaffenheit, so ist, nach Chrysostomus, der Sinn dieser: das WORT erleuchtet, soviel an ihm ist, jeden Menschen, der kommt, das heißt, der geboren wird in diese sichtbare Welt - von seiner Seite fehlt es an nichts, „es will ja, daß alle gerettet werden und zur Erkenntnis der Wahrheit gelangen" (1 *Tim* 2,4). Wenn einer etwa nicht erleuchtet wird, so liegt es an dem Menschen selbst, der sich abwendet von dem erleuchtenden Licht.

Drittens, nach Augustinus, bedeutet das „jeden" die angemessene Zuteilung, so daß dies der Sinn des Satzes ist: „Es erleuchtet jeden Menschen, der in diese Welt kommt", das heißt, nicht schlechthin jeden Menschen, sondern jeden, der erleuchtet wird; denn niemand wird erleuchtet außer durch das WORT. Es ist aber, nach Augustinus, gesagt „der in diese Welt kommt", damit so der Grund angezeigt werde, weswegen der Mensch der Erleuchtung bedarf - wobei „Welt" verstanden ist im Hinblick auf ihre Verkehrtheit und ihr Versagen: der Mensch bedarf der Erleuchtung, weil er, aus der geisterfüllten Welt des ersten Menschen, in „diese Welt" kommt, die finster von Verkehrtheit und Mangel ist und voller Unwissenheit. So ist gesagt: „Gib Licht denen, die in Finsternis und im Schatten des Todes sitzen" (*Lk* 1,79).

131. – Destruitur autem per verba praedicta error Manichaei[5] ponentis, homines a principio contrario, idest Diabolo, in mundo creatos fuisse: quia si homo fuisset creatura Diaboli, veniens in mundum, non illuminaretur a Deo, sive a Verbo; quia "Christus venit in mundum, ut dissolvat opera Diaboli"; I *Io*. III [8].

132. – Sic ergo patet ex efficacia divini Verbi, quod defectus cognitionis in hominibus non est ex parte ipsius Verbi: quia ad omnes illuminandos efficax est, cum sit "lux vera quae illuminat omnem hominem venientem in hunc mundum". Sed ne credas defectum ipsum esse ex remotione seu absentia verae lucis, hoc excludens Evangelista, subdit: "In mundo erat".

Simile huic habetur *Act*. XVII,27-28: "Non longe est ab unoquoque nostrum", scilicet Deus, "in ipso enim vivimus, et movemur, et sumus". Quasi dicat Evangelista: Verbum divinum efficax est et praesens est ad illuminandum.

133. – Notandum vero quod in mundo dicitur aliquid esse tripliciter. Uno modo per continentiam, sicut locatum in loco; infra c. XVII,11: "Hi in mundo sunt". – Alio modo, sicut pars in toto; nam pars mundi dicitur esse in mundo, etiamsi non sit locata; sicut substantiae supernaturales, licet localiter non sint in mundo, tamen sunt ut partes *Ps*. CXLV, v. 6: "Qui fecit caelum et terram, mare et omnia quae in eis sunt".

Neutro autem istorum modorum lux vera in mundo erat, quia nec localis est, nec pars universi: immo quodammodo (ut ita liceat loqui), totum universum est pars, bonitatem eius partialiter participans. Erat ergo in mundo tertio modo, sicut causa efficiens et conservans; *Ier*. XXIII,24: "Caelum et terram ego impleo".

Sed tamen aliter est de Verbo agente et causante omnia, et aliter de aliis agentibus. Nam alia agentia operantur ut extrinsecus existentia [...], Deus vero operatur in omnibus ut interius agens, quia agit creando.

---

[5] Vgl. Augustinus, *De haeresibus* 46 (PL 42,34).

131. - Durch diese Worte aber wird zunichte gemacht der manichäische Irrtum, wonach die Menschen in der Welt durch das feindliche Prinzip, das heißt durch den Teufel erschaffen sein sollen. Wäre der Mensch, wie er in diese Welt kommt, eine Kreatur des Teufels, dann wäre er nicht erleuchtet von Gott oder vom WORTE; denn: „Christus ist in die Welt gekommen, die Werke des Teufels zunichte zu machen" (1 *Joh* 3,8).

132. - Es ist also auf Grund der Wirkkraft des göttlichen WORTES deutlich, daß der Mangel an Erkenntnis in den Menschen nicht durch das WORT verursacht sein kann. Denn das WORT ist wirkkräftig, alle zu erleuchten; es ist „das wahre Licht, das jeden Menschen erleuchtet, der in diese Welt kommt". Damit du aber nicht meinest, der Mangel liege darin, daß das Licht sich entfernt habe und abwesend sei, fügt der Evangelist, dies ausschließend, hinzu: „Es war in der Welt".

Ähnlich heißt es in der *Apostelgeschichte*: Gott „ist nicht weit von einem jeden aus uns, in ihm nämlich leben wir, bewegen wir uns und sind wir" (*Apg* 17,27f). Der Sinn ist dieser: Das göttliche WORT ist sowohl wirkkräftig als auch anwesend, auf daß es erleuchte.

133. - Hier ist anzumerken, daß etwas auf dreierlei Weise „in der Welt" sein kann. Einmal in der Weise des Enthaltenseins, so wie das räumlich begrenzte Ding in einem Raum ist. In diesem Sinn heißt es später: „Diese sind in der Welt" (*Joh* 17,11). - Ein anderes Mal wie der Teil im Ganzen. Denn auch der Teil der Welt ist „in der Welt", auch wenn er nicht etwas Räumliches ist; so sind etwa die übernatürlichen Wesen Teile der Welt, obwohl sie nicht auf räumliche Weise „in der Welt" sind: „Er hat Himmel, Erde und Meer geschaffen und alles, was in ihnen ist" (*Ps* 146 [145],6).

Auf keine dieser beiden Weisen war das wahre Licht „in der Welt"; denn es ist weder räumlich begrenzt noch ist es ein Teil des Universums. In gewissem Sinn ist, wenn man so sagen darf, umgekehrt das ganze Universum ein Teil von ihm, teilhabend an einem Teil von seiner Gutheit. Es war also „in der Welt" auf eine dritte Weise: als ihre bewirkende und erhaltende Ursache: „Ich erfülle den Himmel und die Erde" (*Jer* 23,24).

Doch verhält es sich mit dem WORTE, das alle Dinge wirkt und verursacht, anders als sonst mit den Wirkursachen. Die nämlich wirken von außen her [...], Gott aber wirkt in allen Dingen als innewohnende Wirkkraft, weil er auf die Weise des Erschaffens wirkt.

Creare autem est dare esse rei creatae. Cum ergo esse sit intimum cuilibet rei, Deus, qui operando dat esse, operatur in rebus ut intimus agens. In mundo ergo erat ut dans esse mundo.

134. - Consuetum est autem dici Deum esse in omnibus per essentiam, praesentiam et potentiam.

Ad cuius intellectum sciendum est quod per potentiam dicitur esse aliquis in omnibus quae subduntur potentiae eius: sicut rex dicitur esse in toto regno sibi subiecto, per suam potentiam; non tamen ibi est per praesentiam, neque per essentiam. - Per praesentiam dicitur esse in omnibus quae sunt in conspectu eius, sicut rex dicitur esse per praesentiam in domo sua. - Per essentiam vero dicitur esse in illis rebus, in quibus est sua substantia: sicut est rex in uno loco determinato.

Dicimus enim Deum esse ubique per potentiam, quia omnia eius potestati subduntur; *Ps.* CXXXVIII,8-10: "Si ascendero in caelum, tu illic es (...). Si sumpsero pennas meas diluculo et habitavero in extremis maris: etenim illuc manus tua deducet me et tenebit me dextera tua". - Per praesentiam vero, quia "omnia nuda et aperta sunt oculis eius", quae sunt in mundo, ut habetur *Hebr.* IV,13. - Per essentiam autem, quia essentia sua intima est omnibus rebus: oportet enim de necessitate omne agens, inquantum agens, immediate coniungi suo effectui, cum movens et motum oporteat simul esse. Deus autem actor est et conservator omnium secundum esse uniuscuiusque rei. Unde, cum esse rei sit intimum in qualibet re, manifestum est quod Deus per essentiam suam, per quam omnia creat, sit in omnibus rebus.

135. - Notandum autem quod Evangelista signanter utitur hoc verbo "erat", cum dicit "in mundo erat", ostendens ab initio creaturae semper ipsum fuisse in mundo, causans et conservans omnia: quia si ad momentum subtraheret Deus virtutem suam a rebus conditis, omnia in nihilum redigerentur, et esse desinerent.

Erschaffen aber heißt dem erschaffenen Wesen das Sein geben. Weil aber nun das Sein das Innerlichste ist in jedem Wesen, darum wirkt Gott, der durch sein Wirken das Sein gibt, in den Dingen als innerste Wirkkraft. Er war also „in der Welt" als der, welcher der Welt das Sein gibt.

134. - Man hat sich gewöhnt zu sagen, Gott sei in allen Dingen durch seine Wesenheit, durch seine Gegenwart und durch seine Macht.

Durch seine Macht nun ist einer in dem ganzen Bereich, der seiner Gewalt unterworfen ist. So sagt man, der König sei durch seine Macht „in" dem gesamten Königreich, das ihm unterstellt ist; doch ist er dort nicht durch seine Gegenwart noch durch seine Wesenheit. - Durch seine Gegenwart ist einer überall da, wo man seiner ansichtig ist; so ist der König durch seine Gegenwart in seinem Palast. - Durch seine Wesenheit aber ist einer da, wo seine Substanz ist; auf diese Weise ist der König nur in einem einzigen bestimmten Raum.

Nun aber sagen wir, Gott sei überall durch seine Macht, weil alle Dinge seiner Herrschaft unterworfen sind: „Wenn ich aufsteigen wollte in den Himmel, du bist da (…). Wenn ich die Flügel der Morgenröte nähme und an den äußersten Enden des Meeres wohnte: auch da leitet mich deine Hand und hält mich deine Rechte" (*Ps* 139 [138],8ff). - Durch seine Gegenwart ist Gott überall, weil alle Dinge der Welt „unverhüllt und offen vor seinen Augen liegen" (*Hebr* 4,13). - Durch seine Wesenheit aber ist Gott überall, weil sein Wesen in allen Dingen zuinnerst wohnt; notwendigerweise nämlich muß jegliches Wirkende, als Wirkendes, unmittelbar mit dem von ihm Gewirkten verbunden sein, weil das Bewegende und das Bewegte beieinander sein müssen. Gott aber ist der Wirker und Erhalter aller Dinge, indem er einem jeden Ding das Sein gibt. Weil aber das Sein in jeglichem Ding das Innerste ist, so ist offenbar Gott in allem durch seine Wesenheit, kraft deren er alles erschafft.

135. - Es ist aber zu beachten, daß der Evangelist mit Betonung das Wort „war" gebraucht: „es war in der Welt" - womit er zeigt, daß das WORT von Anbeginn der Schöpfung her immer in der Welt gewesen ist, wirkend und erhaltend alle Dinge. Wenn Gott für einen Augenblick seine Kraft von den geschaffenen Dingen zurückgezogen hätte, so wären sie alle in das Nichts zurückgesunken und hätten aufgehört zu sein.

Unde Origenes[6] satis ad hoc congruo exemplo utitur, dicens quod sicut se habet vox humana ad verbum humanum in mente conceptum, sic se habet creatura ad Verbum divinum: nam sicut vox nostra est effectus verbi concepti in mente nostra, ita et creatura est effectus Verbi in divina mente concepti; "Dixit enim et facta sunt". *Ps.* CXLVIII, v. 5. Unde sicut videmus quod statim, deficiente verbo nostro, vox sensibilis deficit, ita si virtus Verbi divini subtraheretur a rebus, statim res omnes in ipso momento deficerent; et hoc quia est "portans omnia Verbo virtutis suae", *Hebr.* I,3.

136. – Sic ergo patet quod defectus divinae cognitionis non est in hominibus ex Verbi absentia, quia "in mundo erat"; non est etiam ex Verbi invisibilitate seu occultatione, quia fecit opus, in quo similitudo evidenter relucet, scilicet mundum [...]. Et ideo statim Evangelista subiungit "Et mundus per ipsum factus est", ut scilicet in ipso lux ipsa manifestaretur. Sicut in artificio manifestatur ars artificis, ita totus mundus nihil aliud est quam quaedam repraesentatio divinae sapientiae in mente Patris conceptae; *Eccli.* I,10: "Sparsit illam super omnia opera sua".

Sic ergo patet quod defectus divinae cognitionis non est ex parte Verbi, quia efficax est, cum sit "lux vera"; praesens est, quia "in mundo erat"; evidens est, quia "mundus per ipsum factus est".

II.

137. – Unde autem sit huius defectus, ostendit Evangelista consequenter, cum dicit "Et mundus eum non cognovit"; quasi dicat, non est ex parte ipsius, sed ex parte mundi, qui "eum non cognovit".

Dicit autem "eum" in singulari, quia supra Verbum dixerat non solum lucem hominum, sed Deum: unde cum dicit "eum", intelligit Deum.

---

[6] Vgl. vielmehr Johannes Scotus Eriugena, *Homilia in Prologum S. Evangelii secundum Ioannem* XVIII (SC 151,289); ders., *Commentarium super Evangelium s. Ioannis* (SC 180,143).

Origenes gebraucht ein sehr zutreffendes Bild: wie der menschliche Laut sich verhalte zum inneren Wort des menschlichen Geistes, so die Schöpfung zum göttlichen WORT; wie nämlich unser gesprochenes Wort die Wirkung des inneren Wortes unseres Geistes, so sei auch die Schöpfung die Wirkung des WORTES, das im göttlichen Geiste sich gebildet: „Gott sprach, und es ward Schöpfung" (*Ps* 148,5). Und wie wir sehen, daß sogleich, wenn unser inneres Wort aufhört zu sein, auch der Laut unserer Stimme vergeht, ebenso würden alle Dinge augenblicks aufhören zu sein, sobald die Kraft des göttlichen WORTES von ihnen genommen würde – weil er „alles trägt durch das WORT seiner Kraft" (*Hebr* 1,3).

136. – So also ist offenbar, daß wenn es den Menschen an Gotteserkenntnis gebricht, dies nicht in einer Abwesenheit des WORTES seinen Grund hat; denn: „es war in der Welt". Auch nicht darin, daß das WORT unsichtbar wäre oder sich verborgen hätte; denn es hat ein Werk gemacht, in welchem sein Bild deutlich widerleuchtet, nämlich die Welt [...]. Deswegen fügt der Evangelist sogleich hinzu: „Und die Welt ist durch es gemacht", damit nämlich in ihr das Licht offenbar werde; wie sich im Kunstwerk die Kunst des Künstlers offenbart, so ist die ganze Welt nichts anderes als eine Widerspiegelung der göttlichen Weisheit, wie sie im Geiste des Vaters wohnt: „Ausgestreut hat er sie über alle seine Werke" (*Sir* 1,10).

Die Mangelhaftigkeit der Erkenntnis Gottes ist also – das ist nun offenbar – nicht vom WORTE her verursacht. Denn das WORT ist wirkkräftig: es ist „das wahre Licht". Es ist gegenwärtig: „es war in der Welt". Es ist offenkundig: „die Welt ist durch es gemacht."

II.

137. – Den Ursprung jenes Mangels zeigt der Evangelist im folgenden, indem er sagt: „Und die Welt hat ihn nicht erkannt" – als wollte er sagen: nicht an ihm liegt es, sondern an der Welt, die ihn nicht erkannt hat.

Es heißt hier aber „ihn"; gemeint ist Gott, wie er auch schon vorher das WORT nicht nur das Licht der Menschen, sondern auch Gott genannt hatte.

Ponitur autem hic mundus pro homine: Angeli namque cognoverunt eum intelligendo; elementa cognoverunt eum obediendo; sed mundus, idest homo habitator mundi, eum non cognovit.

138. - Et possumus hunc defectum cognitionis divinae referre vel ad naturam hominis, vel ad culpam.

Ad naturam quidem, quia licet omnia haec praedicta auxilia data sint homini, ut ducatur in cognitionem Dei, tamen ratio humana in se deficiens est ab hac cognitione; *Iob* XXXVI, v. 25: "Unusquisque intuetur eum procul"; et iterum ibi: "Ecce Deus magnus vincens scientiam nostrum". Sed si aliqui eum cognoverunt, hoc fuit non inquantum fuerunt in mundo, sed inquantum fuerunt supra mundum, et tales quibus dignus non erat mundus, quia "mundus eum non cognovit" [...].

Si vero referatur ad culpam hominis, tunc hoc quod dixit "mundus eum non cognovit", est quasi ratio quare ab hominibus Deus non cognoscitur; et sic accipitur mundus pro inordinato mundi amatore [...]. Amor enim mundi, ut dicit Augustinus[7], maxime retrahit a Dei cognitione; quia "amor mundi inimicum Dei constituit", *Iac.* c. IV,4 [...].

139. - Notandum autem quod ex hoc solvitur quaestio gentilium, qui vane quaerunt: si a paucis temporibus Filius Dei pro salute humana mundo innotuit, videtur quod ante tempus illud naturam humanam despiceret.

Quibus dicendum est quod non despexit, sed semper fuit in mundo, et quantum in se est, cognoscibilis est ab hominibus; sed quod aliqui eum non cognoverunt, fuit eorum culpa, quia mundi amatores erant [...].

141. - Possumus etiam ex praedictis accipere triplicem rationem, quare Deus voluit incarnari.

Una est perversitas humanae naturae, quae ex sui malitia iam obtenebrata erat vitiorum et ignorantiae obscuritate. Unde supra dixerat quod "tenebrae eam non comprehenderunt". Venit ergo in carnem Deus, ut tenebrae possent apprehendere lucem, idest cognitionem eius pertingere. *Is.* IX,2: "Populus, qui ambulabat in tenebris, vidit lucem magnam".

---

[7] Vgl. Augustinus, *In Ioannem tractatus* II 11 (CCL 36,17,9-20).

Die „Welt" aber steht hier für den Menschen. Denn die Engel haben Gott schauend erkannt; und auch die Elemente haben ihn erkannt: durch Gehorchen. Die Welt aber, das heißt, der Mensch als Bewohner der Welt, hat ihn nicht erkannt.

138. – Dieses Versagen in der Erkenntnis Gottes läßt sich zurückführen sowohl auf die Natur des Menschen wie auch auf seine Sünde.

Auf seine Natur: Obwohl all jene genannten Hilfen dem Menschen zuteil geworden sind, daß er zur Erkenntnis Gottes hingeführt werde, so ist dennoch die menschliche Vernunft aus sich selbst versagend vor dieser Erkenntnis: „Ein jeder schaut ihn von ferne"; „Gott ist groß, er überwältigt unser Wissen" (*Ijob* 36,25f). Wenn aber einzelne ihn doch erkannt haben, so nicht sofern sie in der Welt, vielmehr sofern sie über der Welt waren; und sie waren von solcher Art, daß die Welt ihrer nicht wert war: „Die Welt hat ihn nicht erkannt" [...].

Wird aber jener Satz bezogen auf die Schuld des Menschen, dann gibt er sozusagen den Grund an, weswegen Gott von den Menschen nicht erkannt wird; „Welt" steht dann für den, der die Welt ungeordnet liebt [...]. Die Liebe zur Welt nämlich hindert, wie Augustinus sagt, am meisten an der Erkenntnis Gottes: „Die Weltliebe macht den Feind Gottes" (*Jak* 4,4) [...].

139. – Anzumerken ist hier, daß auf diese Weise die eitle Frage der Heiden beantwortet wird: Gott scheine, wenn erst vor kurzer Zeit der Sohn Gottes zum Heile der Welt offenbar geworden sei, die Menschen vor dieser Zeit zu verachten.

Worauf zu sagen ist: Er hat sie nicht verachtet, sondern er war immer in der Welt, und er ist auch, so viel an ihm liegt, den Menschen erkennbar. Daß aber einige ihn nicht erkannt haben, war ihre eigene Schuld, weil sie Liebhaber der Welt waren [...].

141. – Aus dem Gesagten können wir einen dreifachen Grund entnehmen, weswegen Gott Mensch werden wollte.

Der eine ist die Verkehrtheit der menschlichen Natur, die durch ihre eigene Bosheit verdunkelt war von der Finsternis der Sünde und der Unwissenheit – weswegen zuvor gesagt war: „Die Finsternis hat es nicht begriffen." So ist also Gott in das Fleisch gekommen, damit die Finsternis das Licht fassen, das heißt hingelangen könne zu seiner Erkenntnis: „Das Volk, das im Finstern wandelte, sieht ein großes Licht" (*Jes* 9,2).

Secunda propter insufficientiam prophetici testimonii. Venerunt enim prophetae, venerat Ioannes; sed sufficienter illuminare non poterant, quia "non erat ille lux". Unde necessarium erat ut post prophetarum vaticinia, post Ioannis adventum, lux ipsa veniret, et sui cognitionem mundo traderet; et hoc est quod Apostolus dicit, *Hebr.* I,1: "Multifarie, multisque modis olim Deus loquens patribus in prophetis, novissime locutus est nobis in Filio"; et II *Petr.* I,19: "Habetis propheticum sermonem, cui bene facitis attendentes, donec dies illucescat".

Tertia propter creaturarum defectum. Nam creaturae insufficientes erant ad ducendum in cognitionem creatoris; unde "mundus per ipsum factus est, et ipsum non cognovit". Unde necessarium erat ut ipse creator per carnem in mundum veniret, et per seipsum cognosceretur: et hoc est quod Apostolus dicit, I *Cor.* I,21: "Nam, quia in Dei sapientia mundus non cognovit per sapientiam Deum, placuit Deo per stultitiam praedicationis salvos facere credentes" [...].

Der zweite Grund ist das Ungenügen des prophetischen Zeugnisses. Es kamen nämlich die Propheten, es kam Johannes; doch vermochten sie nicht genug Licht zu bringen, denn: „er war nicht das Licht". Darum mußte, nach den Weissagungen der Propheten und nach der Ankunft des Johannes, das Licht selber kommen, um der Welt die Erkenntnis seiner selbst zu bringen. Dies ist es, was der Apostel sagt: „Auf vielfache Art und in mannigfacher Weise hat Gott einst zu den Vätern gesprochen durch die Propheten; zuletzt aber hat er gesprochen durch seinen Sohn" (*Hebr* 1,1); und: „Ihr habet das Wort der Propheten. und ihr tut gut, euch daran zu halten, bis der Tag anbricht" (2 *Petr* 1,19).

Der dritte Grund ist das Ungenügen der Schöpfung; die Schöpfung nämlich reichte nicht hin, zur Erkenntnis des Schöpfers zu führen: „Die Welt ist durch ihn gemacht, und sie hat ihn nicht erkannt." Darum war es notwendig, daß der Schöpfer selbst im Fleische in die Welt komme und durch sich selbst erkannt werde. Und das ist es, was der Apostel sagt: „Denn da die Welt mit ihrer Weisheit Gott in seiner göttlichen Weisheit nicht erkannte, gefiel es Gott, durch die Torheit der Verkündigung die zu retten, die glauben" (1 *Kor* 1,21) [...].

Lectio 6

I. [11]IN PROPRIA VENIT:
II. ET SUI EUM NON RECEPERUNT;
[12]QUOTQUOT AUTEM RECEPERUNT EUM,
III. DEDIT EIS POTESTATEM FILIOS DEI FIERI,
IV. HIS QUI CREDUNT IN NOMINE EIUS.
V. [13]QUI NON EX SANGUINIBUS,
NEQUE EX VOLUNTATE CARNIS,
NEQUE EX VOLUNTATE VIRI,
SED EX DEO NATI SUNT.

I.

142. - [...]

143. - Ostendit ergo quod lux quae erat praesens in mundo et evidens seu manifesta per effectum, non tamen cognoscebatur a mundo. Et ideo "venit in propria", ut cognosceretur.

Sed ne, cum dicit "venit", intelligeres motum localem hoc modo, ut scilicet venerit quasi desinens esse ubi prius erat, et denuo incipiens esse, ubi prius non erat, dicit Evangelista "in propria"; [...] et venit ipse, ubi erat [...]. "Venit", inquam, "in propria", idest in Iudaeam, secundum quosdam, quae quidem speciali modo sua erat [...]. Sed melius est ut dicatur, "propria", idest in mundum ab eo creatum [...].

144. - Sed si prius erat in mundo, quomodo venit in mundum?

Respondeo, dicendum quod venire in aliquem locum dicitur dupliciter, scilicet vel quod aliquis veniat ubi nullo modo prius fuerat, vel quod ubi aliquo modo prius fuerat, incipiat esse quodam novo modo. Sicut rex, qui prius erat in civitate aliqua sui regni per potentiam, ad illam postmodum veniens personaliter, dicitur venire ubi prius erat: venit enim per suam substantiam ubi prius erat solum per suam potentiam. Sic ergo Filius Dei venit in mundum, et tamen in mundo erat. Erat quidem per essentiam, potentiam et praesentiam, sed venit per carnis assumptionem; erat invisibilis, venit ut esset visibilis.

<Lesung 6>

I. [11]ER KAM IN SEIN EIGENTUM,
II. UND DIE SEINEN NAHMEN IHN NICHT AUF.
[12]ALLEN ABER, DIE IHN AUFNAHMEN,
III. GAB ER DIE MACHT, SÖHNE GOTTES ZU WERDEN,
IV. JENEN, DIE AN SEINEN NAMEN GLAUBEN,
V. [13]DIE NICHT AUS DEM BLUTE,
NICHT AUS DEM WILLEN DES FLEISCHES
NOCH AUS DEM WILLEN DES MANNES,
SONDERN AUS GOTT GEBOREN SIND.

I.

142. - [...]

143. - Das Licht, obgleich anwesend in der Welt und einleuchtend oder offenbar durch sein Wirken, wurde dennoch von der Welt nicht erkannt. Und so „kam er in sein Eigentum", auf daß er erkannt werde.

Damit man aber dieses Kommen nicht als Bewegung im Raum verstehe, als hätte er aufgehört zu sein, wo er zuvor war, und als hätte er neu begonnen zu sein, wo er zuvor nicht war – darum sagt der Evangelist: „Er kam in sein Eigentum" [...]. Er kam dorthin, wo er schon war [...]. Einige verstehen das so, daß es bedeute: er kam zu den Juden, die freilich in besonderer Weise sein Eigentum waren [...]. Zutreffender aber wird der Satz so verstanden, daß „sein Eigentum" die Welt bedeutet, die von ihm erschaffen ist [...].

144. - Wenn er aber schon vorher in der Welt war - wieso „kam" er dann in die Welt?

Irgendwohin kommen kann zweierlei bedeuten. Es kann bedeuten, daß einer dorthin komme, wo er zuvor auf keine Weise war, und daß er dorthin komme, wo er zuvor schon auf eine bestimmte Weise war, wo er nun aber auf eine neue Weise anwesend zu sein beginnt. So sagt man von einem König, der zuvor in einer Stadt seines Reiches nur durch seine Macht anwesend war, nun aber persönlich sie besucht, er komme dorthin, wo er zuvor schon war; er kommt in Person dorthin, wo er vorher schon war durch seine Macht. Auf solche Weise kam der Sohn Gottes in die Welt, und doch war er schon in der Welt. Er war schon dort durch seine Wesenheit, seine Macht, seine Gegenwart; aber er kam durch die Annahme des Fleisches. Er war unsichtbar; er kam, um sichtbar zu sein.

II.

145. – Deinde cum dicit "Et sui eum non receperunt", sequitur hominum occursus, qui differenter se habuerunt ad venientem. Quia quidam eum receperunt, non sui; unde dicitur "Et sui eum non receperunt". Sui sunt homines, quia ab eo formati [...].

Sed melius est ut dicamus "sui", idest Iudaei, "eum non receperunt", per fidem credendo et honorando; infra V, 43: "Ego veni in nomine Patris mei, et non recepistis me" [...]. Sunt quidem Iudaei, sui, quia ab ipso in populum peculiarem electi [...]. Sui secundum carnem coniuncti; *Rom.* IX,5: "Ex quibus Christus secundum carnem". Item sui, ab eo beneficiis promoti; *Is.* I,2: "Filios enutrivi, et exaltavi". Sed licet "sui", Iudaei "eum non receperunt".

146. – Non defuerunt tamen, qui eum receperunt; unde subdit "Quotquot autem receperunt". Utitur Evangelista hoc modo loquendi, dicens "quotquot", ut ostendat ampliorem esse factam solutionem, quam fuerit promissio, quae facta fuit solum suis, scilicet Iudaeis [...].

Sed solutio non solum fuit facta suis, sed "quotquot receperunt eum", idest omnibus in eum credentibus [...].

147. – Dicit "quotquot", ut ostendat quod gratia Dei indifferenter datur omnibus recipientibus Christum [...]. Et non solum liberis, sed etiam servis, non solum masculis, sed etiam feminis; *Gal.* III,28: "In Christo Iesu non est masculus, nec femina, gentilis, vel Iudaeus, circumcisio et praeputium" et cetera.

III.

148. – Deinde cum dicit "dedit eis potestatem filios Dei fieri", sequitur fructus eius adventus [...].

149. – Est ergo fructus adventus Filii Dei magnus, quia homines fiunt per hoc filii Dei; *Gal.* IV,4: "Misit Deus Filium suum factum ex muliere, ut adoptionem filiorum reciperemus".

II.

145. - Dann aber wird gesprochen von der Antwort der Menschen, die sich auf unterschiedliche Weise zu dem Ankömmling verhielten. Einige nahmen ihn auf, aber nicht die Seinen: „Und die Seinen nahmen ihn nicht auf." Die „Seinen" sind die Menschen, von ihm gebildet und nach seinem Ebenbilde geschaffen [...].

Besser jedoch sagen wir: die Seinen, nämlich die Juden, nahmen ihn nicht auf, indem sie nicht an ihn glaubten und ihm nicht Ehre erwiesen: „Ich bin gekommen im Namen meines Vaters, und ihr habt mich nicht aufgenommen" (*Joh* 5,43) [...]. Die Juden nämlich sind die Seinen, weil er sie als Volk in besonderer Weise auserwählt hat [...]; sie sind die Seinen auch kraft leiblicher Verwandtschaft: „Aus ihnen stammt Christus dem Fleische nach" (*Röm* 9,5). Sie sind die Seinen auch deswegen, weil er sie mit besonderen Wohltaten bedacht hat: „Söhne habe ich aufgezogen und erhöht" (*Jes* 1,2). Obwohl sie also „die Seinen" waren, „nahmen" die Juden „ihn" dennoch „nicht auf".

146. - Freilich fehlte es nicht an solchen, die ihn aufnahmen. Darum wird hinzugefügt: „Allen aber, die ihn aufnahmen". Diese Redeweise aber soll zeigen, daß die Erlösung weiter gegriffen hat als die Verheißung, die ja nur den Seinen, den Juden, gegeben war [...].

Die Erlösung ist nicht allein den Seinen zuteil geworden, sondern „allen, die ihn aufnahmen", das heißt, allen, die an ihn glauben [...].

147. - Es ist gesagt „Allen", damit deutlich sei, daß die Gnade Gottes unterschiedslos allen geschenkt wird, die Christus aufnehmen [...] - nicht nur den Freien, sondern auch den Sklaven, nicht nur den Männern, auch den Frauen: „In Christus Jesus gilt nicht Mann noch Frau, nicht Heide noch Jude" (*Gal* 3,28).

III.

148. - Der folgende Satz: „Er gab ihnen die Macht, Söhne Gottes zu werden" bezeichnet die Frucht der Ankunft des Herrn [...].

149. - Es ist eine Frucht voller Größe, da ja die Menschen zu Söhnen Gottes werden: „Gott hat seinen Sohn gesandt, geboren aus dem Weibe, damit uns die Annahme an Sohnes Statt zuteil werde" (*Gal* 4,5).

Et hoc congrue, ut qui sumus filii Dei, per hoc quod assimilamur Filio, reformemur per Filium.

150. - [...] Ad cuius evidentiam sciendum est, quod homines fiunt filii Dei per assimilationem ad Deum; et ideo secundum triplicem assimilationem hominum ad Deum homines sunt filii Dei.

Primo enim per gratiae infusionem: unde quicumque habet gratiam gratum facientem, efficitur filius Dei; *Rom.* VIII,15: "Non enim accepistis spiritum servitutis" etc. [...].

Secundo assimilamur Deo per operum perfectionem, quia qui facit opera iustitiae, est filius; *Matth.* V,44: "Diligite inimicos vestros".

Tertio assimilamur Deo per gloriae adeptionem, et quantum ad animam per lumen gloriae, I *Io.* III,2: "Cum apparuerit, similes ei erimus", et quantum ad corpus, *Phil.* III, v. 21: "Reformabit corpus humilitatis nostrae". Unde de istis duobus dicitur *Rom.* VIII,23: "Adoptionem filiorum Dei expectantes".

151. - Si ergo accipiamus potestatem filios Dei fieri quantum ad operum perfectionem et gloriae adeptionem, nullam difficultatem habebit sermo, quia cum dicit "dedit eis potestatem", intelligitur de potestate gratiae, qua habita, potest homo facere opera perfectionis, et adipisci gloriam; quia, ut dicitur *Rom.* VI,23, "gratia Dei vita aeterna". Et secundum hunc modum dicitur "dedit eis", qui eum receperunt, "potestatem", idest infusionem gratiae, "filios Dei fieri", bene operando, et gloriam acquirendo.

152. - Si vero intelligatur de gratiae infusione, tunc dubitationem habet hoc quod dicitur "dedit eis potestatem", quia non est in potestate nostra fieri filios Dei, cum non sit in potestate nostra gratiam habere.

Hoc ergo quod dicit "dedit eis potestatem", aut intelligitur de potestate naturae: et hoc non videtur esse verum, quia infusio gratiae est supra naturam nostram.

Dies aber wird höchst sinnvoll gesagt: daß wir, die wir Söhne Gottes sind, durch die Verähnlichung mit dem Sohne durch den Sohn neugestaltet werden.

150. - [...] Es ist aber zu bedenken, daß die Menschen Söhne Gottes werden durch die Verähnlichung mit Gott. Und so sind die Menschen in dreierlei Sinn „Söhne Gottes", entsprechend einer dreifachen Verähnlichung der Menschen mit Gott.

Erstens durch die Eingießung der Gnade: wer immer die Gnade hat, welche heilig macht, wird ein Sohn Gottes. „Ihr habt ja nicht den Geist der Knechtschaft empfangen, sondern den Geist der Sohnschaft, in dem wir rufen: Abba, Vater" (*Röm* 8,15) [...].

Zweitens werden wir Gott ähnlich durch die Vollkommenheit der Werke. Wer die Werke der Gerechtigkeit tut, ist ein Sohn Gottes: „Liebet eure Feinde und betet für die, welche euch verfolgen - so werdet ihr Söhne eures himmlischen Vaters" (*Mt* 5,44).

Drittens werden wir Gott ähnlich durch die Erlangung der Herrlichkeit, sowohl an der Seele durch das Licht der Glorie („Wenn er erscheint, werden wir ihm ähnlich sein", 1 *Joh* 3,2), wie auch am Leibe („Er wird unseren armseligen Leib verwandeln ...", *Phil* 3,21): von beiden ist gesagt: „Wir harren darauf, als Söhne Gottes angenommen zu werden" (*Röm* 8,23).

151. - Wenn wir nun die Macht, Söhne Gottes zu werden, im Hinblick auf die Vollkommenheit der Werke verstehen und im Hinblick auf die Erlangung der Herrlichkeit, so hat der Satz: „Er gab ihnen die Macht ..." keine Schwierigkeit, sofern er bezogen wird auf die Macht der Gnade, in deren Kraft der Mensch die Werke der Vollkommenheit zu vollbringen und die Herrlichkeit zu erlangen vermag, denn „die Gnade Gottes ist das ewige Leben" (*Röm* 6,23). In solchem Sinn also ist gesagt: „Er gab ihnen", die ihn aufnahmen, „die Macht", nämlich die Gnade, „Söhne Gottes zu werden" in der Vollbringung guter Werke und in der Erlangung der Herrlichkeit.

152. - Wird aber die Sohnschaft Gottes als die Eingießung der Gnade selbst verstanden, so mag ein Zweifel entstehen, was der Satz: „Er gab ihnen die Macht ..." bedeute. Denn es ist ja nicht in unserer Macht, Söhne Gottes zu werden, weil es nicht in unserer Macht ist, die Gnade zu haben.

Entweder also ist die Macht der Natur gemeint - dann aber scheint der Satz unzutreffend zu sein; denn die Eingießung der Gnade liegt über unsere Natur hinaus.

Aut intelligitur de potestate gratiae: et tunc hoc ipsum est gratiam habere, quod habere "potestatem filios Dei fieri"; et sic non dedit potestatem filios fieri Dei, sed filios Dei esse.

153. – Ad quod dicendum quod in datione gratiae requiritur in homine adulto ad iustificationem suam consensus per motum liberi arbitrii: unde quia in potestate hominis est ut consentiat et non consentiat, "dedit eis potestatem".

Dedit autem hanc potestatem suscipiendi gratiam dupliciter: praeparando, et hominibus proponendo. Sicut enim qui facit librum, et proponit homini ad legendum, dicitur dare potestatem legendi; ita Christus, per quem gratia facta est [...], "dedit" nobis "potestatem filios Dei fieri" per gratiae susceptionem.

154. – Secundo, quia hoc non sufficit, cum etiam liberum arbitrium indigeat ad hoc quod moveatur ad gratiae susceptionem, auxilio gratiae divinae, non quidem habitualis, sed moventis, ideo dat potestatem movendo liberum arbitrium hominis, ut consentiat ad susceptionem gratiae, iuxta illud *Thren.* ult. [V], v. 21: "Converte nos, Domine, ad te", movendo voluntatem nostram ad amorem tuum, "et convertemur". Et hoc modo vocatur interior vocatio, de qua dicitur *Rom.* VIII,30: "Quos vocavit", interius voluntatem instigando ad consentiendum gratiae, "hos iustificavit", gratiam infundendo.

155. – Quia vero per hanc gratiam habet homo hanc potestatem conservandi se in divina filiatione, potest et aliter dici: "dedit eis", idest eum recipientibus, "potestatem filios Dei fieri", idest gratiam, per quam potentes sunt in divina filiatione conservari; I *Io.* ult. [V], 18: "Omnis qui natus est ex Deo, non peccat, sed gratia Dei", per quam regeneramur in filios Dei, "conservat eum".

156. – Sic ergo "dedit eis potestatem filios Dei fieri", per gratiam gratum facientem, per operum perfectionem, per gloriae adeptionem, et haec praeparando, movendo et conservando gratiam.

Oder es ist die Macht der Gnade gemeint - dann ist „die Gnade haben" dasselbe wie „die Macht haben, Söhne Gottes zu werden", und also hat er nicht die Macht gegeben, Söhne Gottes zu *werden,* sondern Söhne Gottes zu *sein.*

153. - Hierauf ist zu sagen, daß die Schenkung der Gnade im erwachsenen Menschen, damit er gerechtfertigt werde, die Zustimmung durch einen Akt des freien Willens erfordert. Weil es also in der Macht des Menschen liegt, zuzustimmen und nicht zuzustimmen, „gab er ihnen die Macht".

Er gab ihnen aber diese Macht, die Gnade zu empfangen, auf doppelte Weise: auf die Weise der Bereitung und auf die Weise der Darbietung. Wie es nämlich von einem, der ein Buch macht und es dem Menschen zum Lesen darbietet, heißt, daß er ihm die Möglichkeit zu lesen gebe, so auch hat Christus, durch den die Gnade gewirkt ist [...], uns die Möglichkeit gegeben, „Söhne Gottes zu werden": durch die Annahme der Gnade.

154. - Weil aber dies nicht genügt, weil auch der freie Wille dazu, daß er zur Annahme der Gnade bewegt werde, der Hilfe der göttlichen Gnade bedarf, nicht zwar der habituellen, wohl aber der bewegenden - darum gibt Gott zweitens, indem er den freien Willen des Menschen bewegt, die Möglichkeit, der Annahme der Gnade zuzustimmen, gemäß dem Worte: „Kehre uns, Herr, zu Dir", indem du nämlich unseren Willen zu deiner Liebe bewegst, „und wir werden bekehrt" (*Klg* 5,21). Dies ist die innere Berufung, von der es heißt: „Die er berufen hat", indem er innerlich den Willen anregt, der Gnade zuzustimmen, „die hat er gerechtfertigt" durch die Eingießung der Gnade (*Röm* 8,30).

155. - Weil aber der Mensch auf diese Weise die Macht hat, sich in der göttlichen Sohnschaft zu bewahren, kann es auch in anderem Sinn heißen: „Er gab ihnen", nämlich denen, die ihn aufnahmen, „die Macht, Söhne Gottes zu werden", nämlich die Gnade, kraft deren sie fähig sind, sich in der Gottessohnschaft zu bewahren, gemäß dem Worte: „Jeder, der aus Gott geboren ist, sündigt nicht, sondern die Gnade Gottes", durch die wir aufs neue zu Söhnen Gottes werden, „bewahrt ihn" (1 *Joh* 5,18).

156. - So also „gab er ihnen die Macht, Söhne Gottes zu werden": durch die heiligmachende Gnade, durch die Vollkommenheit der Werke, durch die Erlangung der Herrlichkeit - indem er uns gnadenhaft bereitet, bewegt und bewahrt.

IV.

157. - Deinde cum dicit "His qui credunt in nomine eius", ostenditur quibus conferatur fructus eius adventus. Et hoc quidem potest accipi dupliciter, vel ut sit expositivum superiorum, vel determinativum. Expositivum quidem, [...] ut ergo ostendat quid est recipere eum, quasi exponendo, consequenter subiungit "His qui credunt in nomine eius"; quasi dicat: hoc est recipere eum, in eum credere, quia "per fidem Christus habitat in cordibus nostris", iuxta illud *Eph* III,17 [...].

158. - Ut determinativum vero ponitur ab Origene[1] [...]. Hoc modo multi recipiunt Christum, dicentes se esse Christianos, qui tamen non fiunt filii Dei, quia non vere credunt in nomine eius, falsa dogmata de Christo suggerendo, subtrahendo scilicet aliquid sibi de divinitate, vel de humanitate, iuxta illud I *Io.* c. IV,3: "Omnis spiritus qui solvit Christum, ex Deo non est". Et ideo Evangelista quasi determinando dicit "dedit eis", scilicet recipientibus eum per fidem, "potestatem filios Dei fieri", illis tamen, "qui credunt in nomine eius", idest qui nomen Christi integrum servant, ut nihil de divinitate, vel humanitate Christi diminuant.

159. - [...] Sed prima expositio, quae accipitur ut expositivum praemissorum, melior est.

V.

160. - Deinde cum dicit "qui non ex sanguinibus" etc., ostenditur qualiter conferatur hominibus tam magnificus fructus.

Quia enim dixerat quod fructus advenientis lucis est potestas fieri filios Dei hominibus data; filius autem dicitur aliquis ex eo quod nascitur: ne aestimes eos materiali generatione nasci, dicit "non ex sanguinibus" [...].

161. - [...] Sic ergo generatio filiorum Dei non est carnalis, sed est spiritualis, quia "ex Deo nati sunt". I *Io.* V,4: "Omne quod natum est ex Deo vincit mundum" [...].

---

[1] Vgl. Johannes Scotus Eriugena, *Homilia in Prologum S. Evangelii secundum Ioannem* XX (SC 151,299-303).

IV.

157. - Die folgenden Worte: „Denen, die an seinen Namen glauben" zeigen, wem die Frucht seiner Ankunft zugewendet wird. Und zwar können sie verstanden werden als eine Erläuterung des Vorigen oder auch als eine nähere Bestimmung. - Als Erläuterung: [...] um zu zeigen, was es heißt „ihn aufnehmen", fügt der Evangelist erläuternd hinzu: „Denen, die an seinen Namen glauben", wie wenn er sagte: dies eben heißt, ihn aufnehmen, daß man an ihn glaubt; denn durch den Glauben wohnt Christus in unseren Herzen (*Eph* 3,17) [...].

158. - Als nähere Bestimmung versteht Origenes den Satz [...]. Viele nämlich nehmen Christus auf, indem sie sich Christen nennen, und doch werden sie nicht Söhne Gottes, weil sie nicht in Wahrheit an seinen Namen glauben, sondern falsche Lehren über Christus verbreiten, indem sie ihm seine Gottheit oder seine Menschheit verkürzen: „Ein jeder Geist, der Christus auflöst, ist nicht aus Gott" (1 *Joh* 4,3). So sagt also der Evangelist, indem er eine nähere Bestimmung gibt: „Er gab ihnen", nämlich denen, die ihn im Glauben aufnahmen, „die Macht, Söhne Gottes zu werden", freilich nur denen, „die an seinen Namen glauben", das heißt, die den Namen Christi unverkürzt bewahren und weder von der Gottheit noch von der Menschheit Christi etwas abstreichen.

159. - [...] Doch ist die erste Deutung, die den Satz als Erläuterung des Vorhergehenden versteht, besser.

V.

160. - Die nun folgenden Worte zeigen, auf welche Weise den Menschen diese herrliche Frucht mitgeteilt wird.

Weil nämlich gesagt war, die Frucht der Ankunft des Lichtes sei die den Menschen gegebene Macht, Söhne Gottes zu werden, und weil einer „Sohn" genannt wird auf Grund von Zeugung und Geburt, darum heißt es nun: „nicht aus dem Blute", damit man nicht an eine leibhaftige Geburt denke [...].

161. - [...] So ist die Zeugung der Söhne Gottes nicht fleischlich, sondern geistlich: sie werden „aus Gott geboren". „Alles, was aus Gott geboren ist, besiegt die Welt" (1 *Joh* 5,4) [...].

Lectio 7

I. 14aET VERBUM CARO FACTUM EST,
II. ET HABITAVIT IN NOBIS.

I.

165. – [...] [C]ontinuatur ad hoc quod dixerat: "In propria venit" [...]. Sed ne credas ipsum venisse, locum mutando, ostendit modum quo venit, scilicet per incarnationem: eo enim modo venit, quo missus est a Patre, a quo missus est, inquantum factus est caro. *Gal.* IV,4: "Misit Deus Filium suum, factum ex muliere" etc. [...].

Secundum Chrysostomum[1] autem continuatur ad illud "dedit eis potestatem" etc.; quasi dicat: si quaeris unde potuit dare hanc potestatem hominibus, ut filii Dei fierent, respondet Evangelista "quia Verbum caro factum est", dedit nobis quod possemus filii Dei fieri. *Gal.* IV,5-6: "Misit Deus Filium suum, ut adoptionem filiorum Dei reciperemus".

Secundum vero Augustinum[2] continuatur sic ad hoc quod dixerat "sed ex Deo nati sunt": quasi enim dure videbatur, ut homines ex Deo nascerentur, ideo quasi in argumentum huius dicti, ut scilicet Verbum esse credatur, subdit Evangelista illud de quo minus videtur, scilicet quod "Verbum caro factum est". Quasi dicat: ne mireris si homines ex Deo sunt nati, quia "Verbum caro factum est", idest Deus factus est homo.

166. – Notandum quod hoc quod dicitur "Verbum caro factum est", quidam male intelligentes, sumpserunt occasionem erroris.

Quidam namque posuerunt Verbum ita carnem factum esse ac si ipsum vel aliquid eius sit in carnem conversum, sicut cum farina fit panis [...]. Et hic fuit Eutiches[3], qui posuit commixtionem naturarum in Christo, dicens in eo eamdem fuisse Dei et hominis naturam.

---

[1] Vgl. Johannes Chrysostomus, *In Ioannem homiliae* XI 1 (PG 59,78-79).
[2] Vgl. Augustinus, *In Ioannem tractatus* II 15 (CCL 36,19,13-19).
[3] Vgl. Johannes Damascenus, *De fide orthodoxa* III 3 (PG 94,988 B-C).

<Lesung 7>

I. [14a]UND DAS WORT IST FLEISCH GEWORDEN
II. UND HAT UNTER UNS GEWOHNT.

I.

165. – [...] Der Satz: „Und das WORT ist Fleisch geworden“ knüpft an den früheren an: „Er kam in sein Eigentum“ [...]. Damit nun nicht einer glaube, er sei in der Weise der Ortsbewegung gekommen, wird hier die Weise des Kommens gezeigt: die Menschwerdung. Er kam auf die Weise, wie er vom Vater gesendet wurde; er ist aber von ihm gesendet, sofern er Fleisch angenommen hat: „Gott hat seinen Sohn gesandt, geboren aus dem Weibe“ (*Gal* 4,4) [...].

Nach Chrysostomus aber knüpft der Satz an den anderen an: „Er gab ihnen die Macht ...“, so daß der Sinn dieser wäre: Wenn du fragst, wieso denn das WORT den Menschen diese Macht geben könne, Söhne Gottes zu werden, so antwortet der Evangelist: weil das WORT Fleisch geworden ist, hat es uns die Macht verliehen, Söhne Gottes zu werden. „Gott hat seinen Sohn gesandt, damit uns die Sohnschaft Gottes zuteil werde“ (*Gal* 4,5f).

Augustinus aber versteht den Satz so, daß er anknüpfe an die Worte: „die aus Gott geboren sind“, als könne es seltsam scheinen, daß Menschen aus Gott geboren werden – weswegen der Evangelist wie ein Argument etwas noch weniger Glaubliches hinzufügt, nämlich: „das WORT ist Fleisch geworden“. So daß der Sinn wäre: Wundere dich nicht darüber, daß Menschen aus Gott geboren sein sollen; denn: „Das WORT ist Fleisch geworden“, das heißt, Gott ist Mensch geworden.

166. – Es ist nun zu bedenken, daß dieser Satz: „Und das WORT ist Fleisch geworden“ manchen, die ihn nicht richtig verstanden haben, zum Anlaß des Irrtums geworden ist.

Einige nämlich haben gemeint, das WORT sei auf solche Weise Fleisch geworden, daß es selbst oder ein Teil von ihm sich in Fleisch gewandelt habe, so wie der Weizen zu Brot wird [...]. Es war Eutyches, welcher die Vermischung der Naturen in Christus behauptete, indem er sagte, die Natur Gottes und die des Menschen sei in ihm eine und dieselbe gewesen.

Sed huius opinionis falsitas manifeste apparet, quia, sicut est dictum supra, "Verbum erat Deus". Deus autem immutabilis est, ut dicitur *Mal.* III,6: "Ego Deus, et non mutor", unde nullo modo potest esse quod in aliam naturam convertatur. Est ergo dicendum contra Eutichem "Verbum caro factum est": Verbum carnem assumpsit, non quod ipsum Verbum sit ipsa caro; sicut si dicamus: homo factus est albus, non quod ipse sit ipsa albedo, sed quod albedinem assumpsit.

167. - Fuerunt etiam alii qui, licet crederent Verbum non in carnem mutatum sed quod eam assumpsit, tamen dixerunt ipsum assumpsisse carnem sine anima; nam si carnem animatam assumpsisset, dixisset Evangelista: "Verbum caro" cum anima "factum est". Et sic fuit error Arii[4], qui dixit quod in Christo non erat anima, sed Verbum Dei erat ibi loco animae.

Et huius positionis falsitas apparet, tum quia repugnat sacrae Scripturae, quae in pluribus locis mentionem facit de anima Christi, sicut illud *Matth.* XXVI,38: "Tristis est anima mea usque ad mortem"; tum etiam quia quaedam passiones animae recitantur de Christo, quae in Verbo Dei nullo modo esse possunt, nec etiam in carne sola, sicut illud *Matth.* XXVI,37: "Coepit Iesus taedere, et maestus esse"; tum etiam quia Deus non potest esse forma alicuius corporis; nec etiam Angelus corpori uniri potest per modum formae, cum secundum naturam a corpore sit separatus; anima autem unitur corpori sicut forma. Non igitur Verbum Dei corporis forma esse potest [...].

168. - Fuerunt autem alii, qui, ex hoc moti, dixerunt Verbum carnem quidem animatam assumpsisse, sed anima sensitiva tantum, non intellectiva, loco cuius in corpore Christi dixerunt Verbum esse. Et hic fuit error Apollinaris[5], qui quandoque Arium secutus est, tandem propter auctoritates praedictas coactus fuit ponere aliquam animam in Christo, quae posset harum passionum esse subiectum, ita tamen quod ratione et intellectu careret sed loco horum Verbum esset in homine Christo.

---

[4] Vgl. Augustinus, *De haeresibus* 49 (PL 42,39).

[5] Vgl. *ebd.* 55 (PL 42,40).

Daß aber diese Meinung falsch ist, liegt offen zutage. Denn, wie zuvor gesagt wurde: „Das WORT war Gott"; Gott aber ist unveränderlich: „Ich bin Gott und ändere mich nicht" (*Mal* 3,6). So kann es also auf keine Weise geschehen, daß er sich in eine andere Natur verwandle. Wider Eutyches also ist zu sagen: „Das WORT ist Fleisch geworden", das heißt, das WORT hat Fleisch angenommen, so nämlich, daß nicht das WORT selbst zu Fleisch geworden ist. Wenn wir sagen, ein Mensch sei weiß geworden, so bedeutet das ja auch nicht, er selbst sei zur Weiße geworden, sondern er habe die Weiße angenommen.

167. - Andere gab es, die zwar glaubten, das WORT sei nicht zu Fleisch geworden, sondern habe Fleisch angenommen; aber sie sagten, das WORT habe das Fleisch ohne die Seele angenommen; denn wenn es beseeltes Fleisch angenommen hätte, so würde der Evangelist gesagt haben, das WORT sei Fleisch und Seele geworden. Von solcher Art war der Irrtum des Arius, der sagte, in Christus sei keine Seele gewesen, vielmehr habe das WORT Gottes in ihm die Stelle der Seele innegehabt.

Auch diese Meinung ist offenbar falsch; denn sie widerspricht der Heiligen Schrift, die an vielen Stellen von der Seele Christi spricht, wenn es etwa heißt: „Meine Seele ist betrübt bis zum Tode" (*Mt* 26,38). Auch wird von seelischen Regungen Christi berichtet, die im WORTE Gottes auf keine Weise und auch nicht im Leibe allein angetroffen werden können; so heißt es etwa: „Jesus begann zu trauern und zu zagen" (*Mt* 26,37). Ferner kann Gott nicht die Wesensform eines Leibes sein, wie auch der Engel sich nicht mit einem Leibe in der Weise der Wesensform verbinden kann; die Seele aber eint sich dem Leibe als seine Wesensform. Das WORT kann also nicht die Form eines Leibes sein [...].

168. - Wieder andere haben gesagt, das WORT habe zwar beseeltes Fleisch angenommen, aber nur eine sinnliche, nicht jedoch die geistige Seele; an deren Stelle, so sagten sie, sei im Leibe Christi das WORT gewesen. Das war der Irrtum des Apollinaris, der eine Zeitlang dem Arius folgte, dann aber sich durch die angeführten Argumente genötigt sah, in Christus eine Seele anzunehmen, als Trägerin jener Regungen; doch sollte die Seele ohne Vernunft und Einsicht sein; ihre Stelle habe in dem Menschen Christus das WORT innegehabt.

Sed hoc manifeste apparet esse falsum, quia repugnat auctoritati sacrae Scripturae, in qua quaedam dicuntur de Christo, quae nec in divinitate, nec in anima sensitiva, nec in carne inveniri possunt: sicut illud quod admiratus est, ut dicitur *Matth.* VIII,10; admiratio autem est passio animae rationalis et intellectivae, cum sit desiderium cognoscendi causam occultam effectus visi. Sic igitur, sicut tristitia cogit in Christo ponere partem animae sensitivam, contra Arium, ita admiratio cogit ponere in ipso partem animae intellectivam, contra Apollinarem [...].

Praeterea ad hoc Verbum humanam naturam assumpsit, ut eam repararet. Ergo id reparavit quod assumpsit. Si ergo non assumpsit animam rationalem, non reparasset eam: et sic nullus fructus proveniret nobis ex Verbi incarnatione, quod falsum est [...].

169. – Sed forte dicis: si Verbum carnem sic animatam assumpsit, quare Evangelista de anima rationali mentionem non fecit, sed de carne solum dicens "Verbum caro factum est"?

Respondeo dicendum quod propter quatuor rationes Evangelista hoc fecit.

Primo ad ostendendum veritatem incarnationis contra Manichaeos[6], qui dicebant Verbum non assumpsisse veram carnem, sed phantasticam tantum, cum non esset conveniens ut boni Dei Verbum assumeret carnem, quam ipsi dicebant Diaboli creaturam. Et ideo Evangelista, ut hoc excluderet, fecit de carne specialiter mentionem; sicut et Christus, *Lc.* XXIV,39, existimantibus discipulis eum esse phantasma, veritatem resurrectionis ostendit, dicens: "Spiritus carnem et ossa non habet, sicut me videtis habere".

Secundo ad demonstrandam Dei erga nos magnitudinem benignitatis. Constat enim quod anima rationalis magis conformis est Deo quam caro, et quidem magnum pietatis sacramentum fuisset si Verbum assumpsisset animam humanam, utpote sibi conformem, sed assumere etiam carnem elongatam a simplicitate suae naturae, fuit multo amplioris, immo inaestimabilis pietatis indicium;

---

[6] Vgl. Augustinus, *De haeresibus* 46 (PL 42,37).

Doch auch dies ist offenbar falsch, weil es gleichfalls der Autorität der Heiligen Schrift widerstreitet, in welcher von Christus Dinge ausgesagt sind, die sich weder in der Gottheit noch in der sinnlichen Seele noch im bloßen Leibe finden, zum Beispiel, daß er gestaunt habe, wie es bei *Matthäus* (8,10) heißt. Staunen nämlich ist eine Regung der geistigen Seele, denn es ist die Sehnsucht, die verborgene Ursache einer zutage liegenden Wirkung zu erkennen. Wie also die Traurigkeit Christi uns nötigt, in Christus, wider Arius, eine sinnliche Seele anzunehmen, so nötigt uns sein Erstaunen, ihm, wider die Meinung des Apollinaris, eine geistige Seele zuzusprechen [...].

Außerdem hat das WORT deswegen die menschliche Natur angenommen, um sie zu heilen. Es hat das geheilt, was es angenommen hat. Hätte das WORT also nicht die geistige Seele angenommen, dann hätte es sie auch nicht geheilt - so daß uns aus der Menschwerdung des WORTES gar keine Frucht zugekommen wäre. Das aber ist falsch [...].

169. - Man könnte jedoch sagen: Wenn das WORT auf solche Weise einen beseelten Leib angenommen hat, warum spricht dann der Evangelist gar nicht von der geistigen Seele, sondern einzig vom „Leibe", indem er sagt: „Und das WORT ist Fleisch geworden"?

Darauf antworte ich, der Evangelist habe dies aus vierfachem Grunde getan.

Erstens um die Wirklichkeit der Menschwerdung zu erweisen - wider die Manichäer, welche sagten, das WORT habe nicht wirkliches, sondern nur ein irgendwie phantastisches Fleisch angenommen; denn es sei nicht angemessen, daß des guten Gottes WORT Fleisch annehme, das sie eine Kreatur des Teufels nannten. Darum also, um dem zu widersprechen, tut der Evangelist gerade des Fleisches besondere Erwähnung, wie auch Christus selbst, da er den Jüngern, die ihn für ein Gespenst hielten, die Wirklichkeit der Auferstehung beweisen wollte, sprach: „Ein Geist hat nicht Fleisch und Knochen, wie ihr seht, daß ich sie habe" (*Lk* 24,39).

Ein zweiter Grund ist: um die Größe der göttlichen Güte gegen uns zu erweisen. Es ist nämlich einleuchtend, daß die geistige Seele Gott eher gleichförmig ist als das Fleisch. Wäre es nun schon ein großes Geheimnis väterlicher Güte gewesen, wenn das WORT die ihm seinsverwandtere menschliche Seele angenommen hätte, so war es der Erweis einer noch größeren, ja einer unausdenkbaren Güte, daß das WORT auch den Leib angenommen hat, der so weit entfernt ist von der Einfachheit seiner geistigen Natur.

secundum quod Apostolus dicit I *ad Tim.* III,16: "Et manifeste magnum est pietatis sacramentum, quod manifestatum est in carne". Et ideo ut hoc ostenderet Evangelista, solum de carne mentionem fecit.

Tertio ad demonstrandam veritatem et singularitatem unionis in Christo. Aliis enim hominibus sanctis unitur quidem Deus, quantum ad animam solum [...]. Sed quod Verbum Dei uniretur carni, hoc est singulare in Christo [...].

Quarto ad insinuandam congruitatem humanae reparationis. Homo enim per carnem infirmabatur, et ideo Evangelista volens insinuare adventum Verbi congruum esse nostrae reparationi, mentionem de carne specialiter fecit, ut ostenderet quod caro infirma per carnem Verbi reparata fuit; et hoc est quod Apostolus dicit, *Rom.* VIII,3: "Nam quod impossibile erat legi, in quo infirmabatur per carnem, Deus Filium suum mittens in similitudinem carnis peccati, et de peccato damnavit peccatum in carne".

170. - Sed quaeritur, quare Evangelista non dixit Verbum carnem assumpsit, sed potius "Verbum caro factum est".

Respondeo dicendum, quod hoc ideo fecit, ut excluderet errorem Nestorii[7], qui dixit in Christo fuisse duas personas, et duos filios, et alium esse filium virginis: unde non concedebat quod beata virgo esset mater Dei. Sed secundum hoc Deus non esset factus homo; quia impossibile est quod duorum singularium, quae diversa sunt secundum suppositum, unum praedicetur de alio. Unde si alia est persona Verbi, seu suppositum, et alia persona hominis, seu suppositum in Christo, tunc non erit verum quod dicit Evangelista "Verbum caro factum est". Ad hoc enim fit aliquid, ut sit; si ergo Verbum non esset homo, non posset dici quod Verbum sit factum homo. Et ideo signanter Evangelista dixit "factum est", et non dixit assumpsit, ut ostendat quod unio Verbi ad carnem non est talis qualis est assumptio prophetarum, qui non assumebantur in unitatem suppositi, sed ad actum propheticum: sed est talis quod Deum vere faceret hominem, et hominem Deum, idest quod Deus esset homo [...].

[7] Vgl. Boethius, *Liber de persona et duobus naturis* 4 (ed. Elsässer 80-89).

So sagt der Apostel: „Groß ist offenbar der Güte Geheimnis, das sich im Fleische offenbart hat“ (1 *Tim* 3,16). Um also dies deutlich zu machen, spricht der Evangelist einzig vom Fleische.

Drittens: er wollte die Wahrheit und die Einzigartigkeit der Vereinigung in Christus erweisen. Anderen heiligen Menschen nämlich verbindet sich Gott nur der Seele nach [...]. Daß sich aber das WORT Gottes mit dem Leibe verbindet, das ist einzig in Christus Wirklichkeit geworden [...].

Viertens wollte er die Gemäßheit der Wiederherstellung des Menschen dartun. Im Fleische nämlich war der Mensch schwach. Und so wollte der Evangelist zeigen, daß die Ankunft des WORTES unserer Heilung gemäß sei, weswegen er mit besonderer Betonung vom Fleische spricht, um darauf hinzuweisen, daß durch das Fleisch des WORTES die Schwachheit unseres Fleisches geheilt wurde. Dies ist es, wovon der Apostel spricht: „Was das Gesetz nicht vermochte, weil es dem Fleische gegenüber ohnmächtig war, das bewirkte Gott, indem er seinen Sohn in der Gestalt des sündigen Fleisches sandte: in seinem Fleische hat er die Sünde gerichtet“ (*Röm* 8,3).

170. - Nun aber ist zu fragen, warum der Evangelist nicht gesagt hat, das WORT habe Fleisch angenommen, sondern: „Das WORT ist Fleisch geworden“.

Ich antworte, daß er dies getan hat, um den Irrtum des Nestorius auszuschließen, der gesagt hat, in Christus seien zwei Personen gewesen und auch zwei Söhne, einer von ihnen der Sohn der Jungfrau - weswegen er nicht zugeben wollte, daß die heilige Jungfrau die Mutter Gottes sei. Nach dieser Meinung aber wäre Gott nicht wirklich Mensch geworden; denn es ist unmöglich, daß zwei Einzelwesen, die in ihrem Seinsgrund verschieden sind, voneinander ausgesagt werden. Wenn also in Christus eines die Person des WORTES ist und ein anderes die menschliche Person, dann kann nicht wahr sein, was der Evangelist sagt: „Das WORT ist Fleisch geworden“; es „wird“ nämlich einer, damit er „sei“, was er „wird“. Wenn also das WORT nicht Mensch wäre, dann könnte es auch nicht heißen, das WORT sei Mensch geworden. Und darum sagt der Evangelist mit Betonung: „es ist geworden“ und nicht: „es hat angenommen“, damit deutlich sei, daß die Verbindung des WORTES mit dem Fleische nicht nur von der Art sei, wie es sich auch mit den Propheten verbunden hat, die aber nicht zur Einheit der Person, sondern einzig für den prophetischen Akt „angenommen“ wurden. Jene Vereinigung hingegen ist so geartet, daß sie Gott wahrhaft zum Menschen gemacht hat und den Menschen zu Gott, das heißt, daß in ihr Gott Mensch war [...].

172. – Si vero quaeris quomodo Verbum est homo, dicendum quod eo modo est homo quo quicumque alius est homo, scilicet habens humanam naturam. Non quod Verbum sit ipsa humana natura, sed est divinum suppositum unitum humanae naturae. Hoc autem quod dicitur "Verbum caro factum est", non aliquam mutationem in Verbo, sed solum in natura assumpta de novo in unitatem personae divinae dicit. "Et Verbum caro factum est", per unionem ad carnem. Unio autem relatio quaedam est. Relationes autem de novo dictae de Deo in respectu ad creaturas, non important mutationem ex parte Dei, sed ex parte creaturae novo modo se habentis ad Deum.

II.

173. – [...] Secundum enim Chrysostomum[8] et Hilarium[9], per hoc quod Evangelista dicit "Verbum caro factum est", posset aliquis intelligere quod sit conversum in carnem, et non sint in Christo duae naturae distinctae, sed una tantum natura ex humana et divina commixta; ideo Evangelista hoc excludens, subiunxit "et habitavit in nobis", idest in nostra natura, ut tamen in sua maneret distinctum. Illud enim quod in aliquid convertitur, non manet ab eo in quod convertitur secundum naturam distinctum; quod autem ab aliquo non distinguitur, non inhabitat illud; quia habitare distinctionem inhabitantis et in quo habitat importat. Sed Verbum habitavit in nostra natura ergo naturaliter est ab ipsa distinctum. Et ideo inquantum humana natura a natura Verbi fuit in Christo distincta, dicitur habitaculum divinitatis et templum, iuxta illud infra II,21: "Hoc autem dicebat de templo corporis sui".

174. – Et quidem, quamvis a praedictis sanctis hoc sane dicatur, cavenda est tamen calumnia quam aliqui ex hoc incurrunt. Nam antiqui doctores et sancti, emergentes errores circa fidem ita persequebantur, ut interdum viderentur in errores labi contrarios;

---

[8] Vgl. Johannes Chrysostomus, *In Ioannem homiliae* XI 2 (PG 59,80).
[9] Vgl. Hilarius von Poitiers, *De trinitate* X 22 (PL 10,359-360).

172. – Wenn du nun aber fragst, auf welche Weise denn das WORT Mensch sei, so ist darauf zu sagen: auf keine andere Weise wie auch sonst einer Mensch ist, nämlich durch den Besitz der menschlichen Natur. Nicht als wäre das WORT selbst die menschliche Natur; vielmehr hat die göttliche Person sich vereinigt mit der menschlichen Natur. Wenn es aber heißt: „Das WORT ist Fleisch geworden", so besagt das nicht eine Veränderung im WORTE, sondern nur in der menschlichen Natur, die neu aufgenommen worden ist in die Vereinigung mit dem Fleische. Vereinigung aber ist Beziehung. Die Entstehung neuer Beziehungen im Verhältnis Gottes zur Schöpfung besagt nicht eine Veränderung auf seiten Gottes, sondern auf seiten der Kreatur, die sich auf neue Weise zu Gott verhält.

II.

173. – [...] Nach Chrysostomus und Hilarius könnte einer den Satz: „Das WORT ist Fleisch geworden" so verstehen, als habe sich das WORT in Fleisch verwandelt und als gebe es in Christus nicht zwei unterschiedene Naturen, sondern nur eine, gemischt aus göttlicher und menschlicher. Um dies auszuschließen, fügt der Evangelist noch hinzu: „Und es hat unter [in] uns gewohnt", was besagen soll: in unserer Natur, so daß es dennoch unterschieden in der seinen verblieb. Was sich nämlich in etwas anderes verwandelt, bleibt nicht seiner Natur nach verschieden von dem, worin es sich verwandelt. Was aber nicht verschieden ist von etwas anderem, „wohnt" nicht in ihm; denn „wohnen" schließt eine Unterschiedenheit des Wohnenden von dem, darin er wohnt, in sich. Das WORT aber hat gewohnt in unserer Natur, und also ist es seiner Natur nach von der unseren verschieden. Sofern daher in Christus die menschliche Natur von der Natur des WORTES verschieden war, kann jene die Wohnstatt und der Tempel der Gottheit genannt werden, gemäß dem Worte: „Dies aber sagte er von dem Tempel seines Leibes" (*Joh* 2,21).

174. – Obwohl aber dies von Chrysostomus und Hilarius mit Recht vorgebracht worden ist, muß man sich dennoch hüten vor dem Irrtum, den einige hieraus hergeleitet haben. Die heiligen Lehrer der Vorzeit haben die auftauchenden Glaubensirrtümer manchmal auf solche Weise bekämpft, daß sie dabei selbst in den entgegengesetzten Irrtum zu fallen schienen;

sicut Augustinus[10] contra Manichaeos, qui destruebant libertatem arbitrii, taliter disputat, quod videtur in haeresim Pelagii[11] incidisse. Hoc igitur modo Evangelista Ioannes, ne per hoc quod dixerat "Verbum caro factum est", intelligeretur in Christo confusio vel transmutatio naturarum, subiunxit "et habitavit in nobis": ex quo verbo Nestorius[12] occasionem sumens erroris, dixit, Filium Dei sic esse unitum homini ut tamen Dei et hominis non esset una persona: voluit enim quod Verbum per solam inhabitationem per gratiam fuerit humanae naturae unitum. Ex hoc autem sequitur quod Filius Dei non sit homo.

175. - Ad quorum evidentiam sciendum est quod in Christo duo considerare possumus, scilicet naturam et personam.

Secundum naturam autem attenditur in Christo distinctio, non secundum personam, quae una et eadem est in duabus naturis; quia humana natura in Christo fuit assumpta in unitatem personae. Inhabitatio ergo, quam ponunt sancti, referenda est ad naturam, ut dicatur quod "habitavit in nobis", idest natura Verbi inhabitavit naturam nostram, non secundum hypostasim seu personam, quae est eadem utriusque naturae in Christo.

176. - Quod autem blasphemat Nestorius, auctoritate sacrae Scripturae evidenter refellitur.

Apostolus enim *Phil.* II,6 unionem Dei et hominis exinanitionem vocat, dicens de Filio Dei: "Qui cum in forma Dei esset, non rapinam arbitratus est se esse aequalem Deo; sed semetipsum exinanivit, formam servi accipiens". Non autem dicitur Deus exinaniri Deus ex eo quod creaturam rationalem per gratiam inhabitet, quia sic Pater et Spiritus Sanctus exinanirentur, cum et ipsi inhabitare hominem dicantur per gratiam; dicit enim Christus de se et de Patre loquens, infra XIV,23: "Ad eum veniemus et mansionem apud eum faciemus" [...].

---

[10] Vgl. Augustinus, *Contra duas epistolas Pelagianorum ad Bonifacium libri quattuor* (PL 44,550).

[11] Vgl. ders., *De haeresibus* 88 (PL 42,48).

[12] Vgl. Boethius, *Liber de persona et duobus naturis* 4 (ed. Elsässer 80-89).

so wendet sich Augustinus auf solche Weise gegen die Manichäer, welche die Willensfreiheit verneinten, daß es scheinen kann, er sei der Irrlehre des Pelagius anheimgefallen. So auch der Evangelist Johannes: damit der Satz „Das WORT ist Fleisch geworden" nicht so ausgelegt werde, als gebe es in Christus eine Verwandlung oder Vermengung der Naturen, fügt er hinzu: „Und hat unter [in] uns gewohnt." Diesen Satz wiederum hat Nestorius zum Anlaß genommen für seinen Irrtum, der Sohn Gottes sei auf solche Weise mit dem Menschen verbunden, daß aus Gott und Mensch nicht eine Person werde, vielmehr war, nach seiner Meinung, das WORT durch bloße gnadenhafte Einwohnung mit der menschlichen Natur verbunden. Daraus aber würde folgen, daß der Sohn Gottes gar nicht Mensch geworden ist.

175. – Um diese Dinge klar zu sehen, muß man bedenken, daß wir in Christus ein Zweifaches betrachten können: die Natur und die Person.

In bezug auf die Natur gibt es in Christus eine Unterschiedenheit, nicht aber in bezug auf die Person, welche in zwei Naturen eine und dieselbe ist, weil in Christus die menschliche Natur aufgenommen ist in die Einheit der Person. Die „Einwohnung" also, von der die Heiligen sprechen, ist zu beziehen auf die Natur, so daß der Satz „und hat in uns gewohnt" bedeutet: die Natur des WORTES hat in unserer Natur gewohnt; sie kann aber nicht bezogen werden auf die Person, die in Christus eine einzige ist für beide Naturen.

176. – Jene Lästerung des Nestorius wird offenbar zunichte durch die Autorität der Heiligen Schrift.

Der Apostel nämlich nennt die Vereinigung von Gott und Mensch eine „Selbst-Entäußerung" des Sohnes Gottes, indem er sagt: „Obwohl er sich in der Gestalt Gottes befand, wollte er dennoch nicht gewaltsam an seiner Gottgleichheit festhalten; vielmehr entäußerte er sich, nahm Knechtsgestalt an und ward den Menschen gleich" (*Phil* 2,6f). Nicht aber könnte die gnadenhafte Einwohnung in der geistbegabten Kreatur eine „Selbst-Entäußerung" genannt werden. Sonst würden auch der Vater und der Heilige Geist sich selbst entäußern; denn auch von ihnen ist gesagt, daß sie durch die Gnade im Menschen wohnen; Christus selbst sagt ja, indem er von sich und dem Vater redet: „Wir werden kommen und Wohnung bei ihm nehmen" (*Joh* 14,23) [...].

Praeterea, si Christus personaliter Deus non esset, praesumptuosissime dixisset: "Ego et Pater unum sumus"; et "antequam Abraham fieret, ego sum". Ego autem personam loquentis demonstrat; homo autem erat, qui loquebatur; unum cum Patre praeexistebat Abrahae.

177. – Potest etiam aliter continuari, ut dicatur quod supra egit de Verbi incarnatione, nunc autem agit de Verbi incarnati conversatione, dicens "et habitavit in nobis", idest inter nos Apostolos conversatus est familiariter, secundum quod dicit Petrus, *Act.* I,21: "In omni tempore quo intravit et exivit inter nos Dominus Iesus" [...].

178. – Hoc autem Evangelista addidit propter duo. – Primo ut ostendat mirabilem conformitatem Verbi ad homines, inter quos sic conversatus est, ut videretur quasi unus ex eis. Non solum enim in natura voluit assimilari hominibus, sed etiam in convictu et familiari conversatione absque peccato, cum eis voluit esse simul, ut sic homines suae conversationis dulcedine allectos traheret ad seipsum.

Secundo ut ostendat sui testimonii veritatem. Evangelista enim supra de Verbo magna quaedam dixerat et adhuc multa de eo mirabilia dicturus erat, et ideo ut eius testimonium credibilius fieret, accepit quasi in veritatis argumentum, se cum Christo conversatum fuisse, dicens "et habitavit in nobis". Quasi dicat: bene possum testimonium perhibere de ipso quia cum ipso conversatus sum; I *Io.* c. I,1: "Quod fuit ab initio, quod audivimus, quod vidimus oculis nostris, quod perspeximus, et manus nostrae contrectaverunt de Verbo vitae" etc. [...].

Wäre anderseits Christus nicht personhaft Gott, so wäre es höchste Vermessenheit gewesen, zu sagen: „Ich und der Vater sind eins" (*Joh* 10,30), und: „Bevor Abraham ward, bin ich" (*Joh* 8,58). Das „Ich" meint aber die Person dessen, der spricht; es war aber ein Mensch, der sprach; eins mit dem Vater war er früher als Abraham.

177. - Der Satz kann indessen auch auf andere Weise an das Vorige angeknüpft werden. Zuvor war die Rede von der Menschwerdung des WORTES; jetzt aber spricht der Evangelist von dem Wandel des menschgewordenen WORTES, indem er sagt: „Es hat unter uns gewohnt", nämlich unter uns Aposteln, mit denen es vertrauten Umgang gehabt, wie auch Petrus es ausspricht: „Die ganze Zeit über ging Jesus, der Herr, bei uns aus und ein" (*Apg* 1,21) [...].

178. - Dies aber hat der Evangelist aus zwei Gründen hinzugefügt. - Erstens um die wunderbare Seinsverwandtschaft des WORTES mit den Menschen zu erweisen, mit denen es auf solche Weise Umgang hatte, daß es einer von ihnen zu sein schien. Denn nicht nur in der Natur wollte das WORT sich den Menschen angleichen, sondern auch im Zusammenleben und im vertrauten Umgang wollte es ihnen - außer in der Sünde - ähnlich sein, um so die Menschen durch die Süße des Umgangs mit ihm anzulocken und an sich zu ziehen.

Zweitens zum Erweis der Wahrheit seines eigenen Zeugnisses. Denn Großes hat der Evangelist bereits über das WORT gesagt, und viel Wunderbares wollte er noch berichten. Um nun dies alles glaubhafter zu machen, sagt er, wie zum Beweis für die Wahrheit seines Zeugnisses, er selber habe mit Christus Umgang gehabt: „Es hat unter uns gewohnt" - wie wenn er sagte: Sehr wohl vermag ich Zeugnis von dem WORTE zu geben, denn ich bin mit ihm umgegangen. „Was von Anfang gewesen, was wir gehört, was wir mit eigenen Augen gesehen, was wir angeschaut und was unsere Hände berührt haben: das künden wir vom WORTE des Lebens" (1 *Joh* 1,1) [...].

Lectio 8

I. [14b]ET VIDIMUS GLORIAM EIUS,
II. GLORIAM QUASI UNIGENITI A PATRE,
III. PLENUM GRATIAE ET VERITATIS.

I.

179. - [...]

180. - Hoc autem quod dicit "vidimus gloriam eius", potest continuari ad praecedentia tripliciter.

Primo ut sit argumentum eius quod dixerat "Verbum caro factum est": quasi dicat: ex hoc habeo et scio quod Verbum Dei est incarnatum, quia ego et alii Apostoli vidimus gloriam eius. Infra III,11: "Quod scimus, loquimur: et quod vidimus, testamur" [...].

181. - Secundo continuatur, secundum Chrysostomum[1], ut sit expressivum multiplicis beneficii. Quasi dicat: non solum hoc beneficium collatum est nobis per incarnationem Verbi, scilicet quod efficiamur filii Dei, sed etiam quod videamus gloriam. Oculi enim debiles et infirmi lucem solis non possunt videre; sed tunc eam videre possunt, cum in nube vel in aliquo corpore opaco resplendet. Ante incarnationem enim Verbi mentes humanae erant invalidae ad videndum in seipsa lucem divinam, quae illuminat omnem rationalem naturam; et ideo ut a nobis facilius cerni contemplarique posset nube nostrae carnis se texit, iuxta illud *Ex.* XVI,10: "Respexerunt ad solitudinem, et viderunt gloriam Domini in nube", idest Verbum Dei in carne.

182. - Secundum Augustinum[2] autem continuatur sic quod referatur ad beneficium gratiae.

Spirituales enim oculi hominum non solum naturaliter deficiebant a contemplatione divinae lucis, sed etiam ex defectu peccati, secundum illud *Ps.* LVII, 9:

---

[1] Vgl. Johannes Chrysostomus, *In Ioannem homiliae* XII 1 (PG 59,81).

[2] Vgl. Augustinus, *In Ioannem tractatus* II 16 (CCL 36,19,4-20).

<Lesung 8>

I. [14b]UND WIR HABEN SEINE HERRLICHKEIT GESEHEN, II. EINE HERRLICHKEIT WIE DIE DES VOM VATER EINZIGGEZEUGTEN, III. VOLL DER GNADE UND WAHRHEIT.

I.

179. - [...]

180. - Die Worte: „Und wir haben seine Herrlichkeit gesehen" können auf dreierlei Weise an das Vorige angeknüpft werden.

Erstens als eine Begründung für den Satz: „Das Wort ist Fleisch geworden" - so daß der Sinn dieser ist: daß Gottes WORT Mensch geworden ist, dessen bin ich durchaus gewiß, denn ich und auch die anderen Apostel, wir haben seine Herrlichkeit gesehen. „Was wir wissen, davon sprechen wir; und was wir gesehen haben, davon geben wir Zeugnis" (*Joh* 3,11) [...].

181. - Zweitens können, nach Chrysostomus, die Worte sich so anschließen, daß in ihnen die Vielfalt des Geschenkes zum Ausdruck gebracht sein soll - so daß dies der Sinn wäre: Nicht allein dies Geschenk ist uns durch die Menschwerdung des WORTES zuteil geworden, Söhne Gottes zu werden, sondern auch seine Herrlichkeit zu sehen. Schwache und kranke Augen vermögen nicht in das Licht der Sonne zu blicken, wenn es aber widerleuchtet in einer Wolke oder an einem undurchlässigen Körper, dann können sie es anschauen. Vor der Menschwerdung des WORTES nun war der Geist der Menschen unvermögend, das göttliche Licht, das alle geistbegabte Kreatur erleuchtet, in sich selbst zu schauen; damit es aber mit unseren Augen leichter angeblickt und geschaut werden könne, hat es sich in die Wolke unseres Fleisches gehüllt, gemäß den Worten: „Sie wandten sich der Wüste zu und erblickten die Herrlichkeit des Herrn in einer Wolke" (*Ex* 16,10), nämlich das WORT Gottes im Fleische.

182. - Nach Augustinus aber knüpft sich der Satz auf solche Weise an das Vorige an, daß er zu beziehen sei auf das Geschenk der Gnade.

Die geistigen Augen des Menschen versagten vor dem Anblick des göttlichen Lichtes nicht allein wegen ihrer natürlichen Unkraft, sondern auch wegen der Sünde, gemäß dem Worte:

"Supercecidit ignis", scilicet concupiscentiae, "et non viderunt solem", scilicet iustitiae. Ut ergo ipsa divina lux posset a nobis videri, sanavit oculos hominum, faciens de carne sua salutare collirium, ut sic oculos ex concupiscentia carnis corruptos Verbum collirio suae carnis curaret. Et inde est quod statim cum Verbum factum est caro, dixerunt "Et vidimus gloriam eius" [...].

183. - Hanc autem Verbi gloriam Moyses videre optavit, dicens "Ostende mihi gloriam tuam" (*Ex.* XXXIII,18). Sed eam videre non meruit: immo dictum est ei a Domino: "Posteriora mea videbis" [Ex XXXIII,23], idest umbras et figuras. Apostoli vero ipsam claritatem viderunt; II *Cor.* III,18: "Nos autem revelata facie gloriam Dei speculantes in eamdem imaginem transformamur de claritate in claritatem".

Moyses enim et alii prophetae Verbi gloriam manifestandam mundo in fine temporum speculabantur in aenigmatibus et figuris; unde dicit Apostolus, infra XII [41]: "Haec dixit Isaias, quando vidit gloriam eius". Apostoli autem ipsam Verbi claritatem per praesentiam corporalem viderunt [...]. *Lc.* c. X,23: "Beati oculi qui vident quae vos videtis. Multi enim reges et prophetae voluerunt videre quae vos videtis et non viderunt".

II.

184. - [...] gloria eius non est sicut gloria Angeli, vel Moysis, et Eliae, vel Elisei, vel cuiusque alterius, sed "quasi unigeniti"; quia, ut dicitur *Hebr.* III,3: "Ampliori gloria iste prae Moyse dignus est habitus" [...].

185. - Hoc autem quod dicit "quasi" [...] est modus, ut Chrysostomus[3] dicit. Sicut si aliquis vidisset regem multiplici gloria incedentem, et interrogatus ab aliquo, qualiter regem vidisset, volens se expedire, illam multiplicem gloriam uno verbo exprimeret, dicens quod ipse incedebat sicut rex, idest sicut regem decebat;

[3] Vgl. Johannes Chrysostomus, *In Ioannem homiliae* XII 1 (PG 59,81-82).

„Feuer fiel auf sie", nämlich das Feuer der Begierlichkeit, „und sie sahen nicht die Sonne" der Gerechtigkeit (*Ps* 58 [57],9). Damit also das göttliche Licht von uns angeblickt werden könne, machte das WORT die Augen der Menschen heil, indem es aus seinem Fleische die heilbringende Arznei bereitete, um so die durch die Begierlichkeit des Fleisches verderbten Augen durch das Heilmittel seines Fleisches gesund zu machen. Dies also sei der Grund, weswegen die Menschen, sobald das WORT Fleisch geworden, sagten: „Wir haben seine Herrlichkeit gesehen" [...].

183. - Diese Herrlichkeit des WORTES hat Moses zu schauen verlangt, als er sprach: „Zeige mir Deine Herrlichkeit" (*Ex* 33,18). Er aber ist nicht gewürdigt worden, sie zu schauen; es wird ihm sogar vom Herrn gesagt: „Du wirst mich vom Rücken schauen, mein Angesicht aber bleibt dir verborgen" (*Ex* 33,23), das heißt, du wirst Schatten und Bilder sehen. Die Apostel aber haben das Licht selbst gesehen: „Wir aber schauen die Herrlichkeit des Herrn unverhüllten Angesichts" (2 *Kor* 3,18).

Moses hingegen und die anderen Propheten schauten in der Weise von Bild und Gleichnis die Herrlichkeit des WORTES, die am Ende der Weltzeit offenbar werden sollte. So sagt der Apostel: „Dies sprach Jesaja, da er seine Herrlichkeit schaute" (*Joh* 12,41). Die Apostel aber haben die Herrlichkeit des WORTES in leibhaftiger Gegenwart gesehen [...]: „Selig die Augen, die sehen, was ihr sehet; denn viele Könige und Propheten verlangten danach, zu sehen, was ihr sehet; aber sie haben es nicht gesehen" (*Lk* 10,23).

II.

184. - [...] Die Herrlichkeit des WORTES ist nicht wie die Herrlichkeit eines Engels noch des Moses oder des Elias oder sonst eines Menschen; sondern es ist „eine Herrlichkeit wie die des vom Vater Einziggezeugten": „Er ist größerer Herrlichkeit gewürdigt worden als Moses" (*Hebr* 3,3) [...].

185. — Das „wie" ist [...], nach Chrysostomus, so gemeint, wie wenn einer, der einen König in vielfacher Herrlichkeit einherziehen sah, von einem anderen gefragt wird, wie denn der König aufgetreten sei; und jener sucht nun, die vielfältige Pracht in ein einziges Wort zu fassen, und sagt, er sei einhergezogen „wie ein König", das heißt, wie es einem König ziemt.

ita hic Evangelista, quasi interrogaretur ab aliquo, qualis esset gloria Verbi quam viderat, non valens eam plene exprimere, dicit eam esse „quasi unigeniti a Patre", idest talem qualem decebat unigenitum Dei.

186. – Attenditur autem singularitas gloriae Verbi quantum ad quatuor.

Primo quantum ad Patris testimonium, quod Filio reddidit. Quia Ioannes fuit unus de tribus qui viderant Christum transfiguratum in monte, et audierunt vocem Patris dicentis: "Hic est Filius meus dilectus, in quo mihi bene complacui" [*Matth* XVII,5] [...].

Secundo quantum ad Angelorum ministerium. Nam ante incarnationem Christi homines erant Angelis subiecti; postmodum vero, Christo subiecti ministraverunt, *Matth*. IV,11: "Tunc accesserunt Angeli et ministrabant ei".

Tertio vero quantum ad naturae obsequium. Tota enim natura Christo obediens ei obsequebatur ad nutum, utpote ab ipso instituta, quia "omnia per ipsum facta sunt": quod quidem nec Angelis, nec alicui alii creaturae concessum est, nisi soli Verbo incarnato. Et hoc est quod dicitur *Matth*. VIII,27: "Qualis est iste, quia mare et venti obediunt ei?"

Quarto quantum ad docendi, seu operandi modum. Moyses enim et alii prophetae non propria auctoritate praecepta dabant et homines instruebant, sed Dei; unde dicebant: "Haec dicit Dominus" etc.; et: "Locutus est Dominus ad Moysen" et cetera. Christus vero loquitur tamquam Dominus et potestatem habens, idest propria virtute: unde dicebat, *Matth*. V, v. 22: "Ego dico vobis" etc. [...]. Item, alii sancti operabantur miracula virtute non sua; Christus vero virtute propria; unde dicitur *Mc*. I,27: "Quaenam est haec nova doctrina, quia in potestate etiam spiritibus immundis imperat, et obediunt ei?" Sic ergo singularis est gloria Verbi.

187. – Nota autem quod aliquando dicimus in Scriptura Christum unigenitum [...]. Aliquando vero dicimus ipsum primogenitum [...]. Quod ideo est, quod sicut totius sanctae Trinitatis proprium est esse Deum, ita Verbo Dei proprium est quod sit Deus genitus:

So auch hier der Evangelist - als habe ihn einer gefragt, von welcher Art denn die Herrlichkeit des WORTES sei, die er geschaut, sagt er, da er sie nicht vollkommen wiederzugeben vermag: „eine Herrlichkeit wie die des vom Vater Einziggezeugten", das heißt, wie sie dem Einziggezeugten Gottes geziemt.

186. - Die Einzigartigkeit dieser Herrlichkeit des WORTES aber liegt in vier Dingen.

Erstens in dem Zeugnis, das der Vater seinem Sohne gegeben hat. Johannes war einer von den dreien, die den verklärten Christus auf dem Berge gesehen und die Stimme des Vaters gehört haben, der sprach: „Dieser ist mein geliebter Sohn, an dem ich mein Wohlgefallen habe" (*Mt* 17,5) [...].

Zweitens ist der Dienst der Engel zu nennen. Vor der Menschwerdung Christi waren die Menschen den Engeln unterstellt; nachher aber wurden sie Christus untertan und dienten ihm: „Engel kamen und bedienten ihn" (*Mt* 4,11).

Drittens zeigt sich die Einzigartigkeit der Herrlichkeit des WORTES im Gehorsam der Schöpfung. Die ganze Natur nämlich war Christus gehorsam und folgte ihm auf den Wink; von ihm war sie ja gegründet: „durch ihn ist alles gemacht". Dies ist keinem Engel noch irgendeiner anderen Kreatur je zugestanden worden, sondern einzig dem menschgewordenen WORTE. „Wer ist doch dieser, daß ihm das Meer und die Stürme gehorchen?" (*Mt* 8,27).

Viertens ist die Weise des Lehrens und Wirkens ein Zeichen für jene Einzigartigkeit. Moses nämlich und die anderen Propheten lehrten die Menschen und gaben ihnen Gebote nicht kraft eigener Vollmacht, sondern im Auftrag Gottes - weswegen es heißt: „So spricht der Herr ...", und: „Es sprach der Herr zu Moses ..." und so fort. Christus aber spricht als der Herr und als einer, der Macht hat, das heißt, er spricht kraft eigener Vollmacht: „Ich aber sage euch ..." (*Mt* 5,22) [...]. Desgleichen wirkten die anderen Heiligen nicht aus eigener Kraft Wunder, Christus aber tat sie aus eigener Kraft: „Was ist das für eine neue Lehre: mit Macht befiehlt er den unreinen Geistern, und sie gehorchen ihm?" (*Mk* 1,17). - So also ist die Herrlichkeit des WORTES unvergleichlich.

187. - Hier ist anzumerken, daß die Heilige Schrift Christus manchmal den „Einziggezeugten" nennt [...], manchmal aber den „Erstgeborenen" [...]. Wie es nämlich der ganzen Dreieinigkeit eigen ist, Gott zu sein, so ist es dem WORTE Gottes eigentümlich, gezeugter Gott zu sein.

et quandoque quidem nominamus Deum, secundum quod est in se, et sic ipse solus singulariter est Deus per essentiam suam. Unde hoc modo dicimus quod est tantum unus Deus, secundum illud *Deut.* VI,4: "Audi Israel, Dominus Deus tuus, unus est". Quandoque nomen deitatis derivamus etiam ad alios, secundum quod aliqua similitudo divinitatis ad homines derivatur: et sic dicimus multos deos, secundum illud I *Cor.* VIII,5: "Siquidem sunt dii multi, et domini multi".

Eodem modo ergo, si consideremus proprietatem Filii qua genitus est, quantum ad modum quo sibi ista filiatio attribuitur, scilicet per naturam, dicimus ipsum unigenitum Dei: quia cum ipse solus sit naturaliter genitus a Patre, unus tantum est genitus Dei. Si vero consideremus ipsum Filium, secundum quod per similitudinem ad ipsum filiatio derivatur ad alios, sic sunt multi filii Dei per participationem. Et quia per eius similitudinem dicuntur filii Dei, ideo ipse dicitur primogenitus omnium. *Rom.* VIII,29: "Quos praescivit conformes fieri imaginis Filii sui, ut sit ipse primogenitus in multis fratribus".

Sic ergo Christus dicitur unigenitus Dei per naturam, primogenitus vero inquantum ab eius naturali filiatione per quamdam similitudinem et participationem filiatio ad multos derivatur.

III.

188. - Consequenter cum dicit "plenum gratiae et veritatis", ipsam gloriam Verbi determinat, quasi dicat: talis est eius gloria quod plenus est gratia et divinitate.

Possunt autem haec verba exponi de Christo tripliciter.

Primo secundum unionem. Ad hoc enim alicui datur gratia, ut per ipsam uniatur Deo. Ille ergo gratia plenus est qui perfectissime Deo unitur. Et alii quidem coniunguntur Deo per participationem similitudinis naturalis, *Gen.* I,26: "Faciamus hominem ad imaginem et similitudinem nostram", alii per fidem, *Eph.* III,17: "Habitare per fidem Christum" etc., alii per caritatem, quia, "qui manet in caritate, in Deo manet", ut dicitur I *Io.* IV, v. 16. Sed omnes isti modi particulares sunt:

Manchmal nun sprechen wir von Gott, wie er in sich selber ist, und so verstanden ist er allein auf einzigartige Weise Gott durch sein Wesen. In solchem Sinne sagen wir, es sei nur *ein* Gott: „Höre, Israel, der Herr, dein Gott ist Einer" (*Dtn* 6,4). Manchmal aber beziehen wir den Namen der Gottheit auch auf andere, sofern sich ein Gleichnis der Göttlichkeit den Menschen mitteilt; und so sprechen wir von vielen Göttern: „Es gibt viele Götter und viele Herren" (1 *Kor* 8,5).

Ebenso, wenn wir die Weise ins Auge fassen, in welcher dem Sohne Gottes seine Sohnschaft zukommt, nämlich kraft seines Wesens, so nennen wir ihn den „Einziggezeugten" Gottes; da nämlich er allein kraft seines Wesens vom Vater gezeugt ist, so ist er der einzige von Gott Gezeugte. Blicken wir aber darauf, daß vom Sohne Gottes her die Sohnschaft gleichnishaft übergeht auf viele andere, die also ebenfalls, durch Teilhabe und Gleichnis, Söhne Gottes heißen können, so sagen wir, er sei der Erstgeborene unter allen: „Die er vorher erkannt hat, die hat er auch vorherbestimmt, dem Bilde seines Sohnes gleichförmig zu werden; dieser sollte der Erstgeborene sein unter vielen Brüdern" (*Röm* 8,29).

So also heißt Christus der „Einziggezeugte" Gottes kraft seines Wesens; der „Erstgeborene" aber heißt er, sofern von seiner wesenhaften Sohnschaft her, auf die Weise der Teilhabe und des Gleichnisses, die Sohnschaft sich vielen anderen mitteilt.

III.

188. – Durch die folgenden Worte: „voll der Gnade und Wahrheit" kennzeichnet der Evangelist die Herrlichkeit des WORTES in sich selbst: von solcher Art ist seine Herrlichkeit, daß er voll der Gnade und Wahrheit ist.

Diese Worte aber können in dreifachem Sinn auf Christus gedeutet werden.

Erstens im Hinblick auf seine Einung mit Gott. Dazu nämlich wird einem die Gnade gegeben, daß er durch sie mit Gott verbunden werde. Der also ist „voll der Gnade", der auf die vollkommenste Weise mit Gott verbunden ist. Auch andere sind zwar mit Gott verbunden durch die Teilhabe natürlicher Wesensähnlichkeit („Lasset uns den Menschen machen nach unserem Bild und Gleichnis", *Gen* 1,16); andere durch den Glauben („Daß Christus durch den Glauben in euren Herzen wohne ...", *Eph* 3,17); andere durch die Liebe („Wer in der Liebe bleibt, der bleibt in Gott", 1 *Joh* 4,16). Alle diese Weisen aber sind nur stückhaft:

quia neque per participationem naturalis similitudinis perfecte aliquis Deo coniungitur, neque videtur Deus per fidem sicuti est, neque per caritatem diligitur, quantum diligibilis est: quia enim ipse est infinitum bonum, ideo sua amabilitas est infinita, ad quam infinite amandam non potest pertingere alicuius creaturae amor; et ideo non potest esse plena coniunctio.

In Christo autem, in quo humana natura est unita divinitati in unitate suppositi, est invenire plenam et perfectam coniunctionem ad Deum, quia talis fuit illa unio, ut omnes actus tam divinae quam humanae naturae essent actus suppositi. Fuit ergo plenus gratia, inquantum non accepit a Deo aliquod donum gratuitum speciale, sed quod esset ipse Deus; *Phil.* II,9: "Dedit illi nomen", scilicet Deus Pater Filio, "quod est super omne nomen" [...]. – Fuit etiam plenus veritatis, quia humana natura in Christo pervenit ad ipsam veritatem divinam, scilicet quod ille homo esset ipsa divina veritas: in aliis enim hominibus sunt multae veritates participatae, secundum quod ipsa veritas prima per multas similitudines in mentibus eorum relucet, sed Christus est ipsa veritas. Unde dicitur *Col.* II,3 quod "in ipso sunt absconditi omnes thesauri sapientiae".

189. – Secundo possunt exponi secundum animae perfectionem, secundum quam dicitur plenus gratiae et veritatis, secundum quod in anima eius fuit plenitudo omnium gratiarum absque mensura aliqua; *Io.* III,34: "Non enim datus est Spiritus ad mensuram", qui tamen mensurate datus est omnibus creaturis rationalibus, tam Angelis, quam hominibus. [...] [I]n Christo, qui est caput omnis rationalis naturae, et specialiter sanctorum, qui ei uniuntur per fidem et caritatem, superabundanter omnes virtutes, et gratiae, et dona inveniuntur: in aliis vero sanctis participationes sunt donorum et gratiarum, quamvis commune donum omnium sanctorum sit caritas. De plenitudine gratiae Christi dicitur *Is.* XI,1-3: "Egredietur virga de radice Iesse et flos de radice eius ascendet, et requiescet super eum Spiritus Domini: spiritus sapientiae et intellectus, spiritus consilii et fortitudinis, spiritus scientiae et pietatis, et replebit eum spiritus timoris Domini".

durch die natürliche Ebenbildlichkeit wird einer nicht schon auf vollkommene Weise mit Gott verbunden; durch den Glauben wird Gott nicht geschaut, wie er ist; durch die Liebe wird er nicht so sehr geliebt, wie er geliebt zu werden verdient, denn er ist das grenzenlose Gut, und also ist seine Liebens-Würdigkeit grenzenlos, ihn unbegrenzt zu lieben aber reicht die Liebe eines Geschöpfes nicht hin - und also kann es keine vollkommene Vereinigung geben.

In Christus aber, in dem die menschliche Natur mit der Gottheit zur Einheit der Person verbunden ist, findet sich die vollkommene und volle Vereinigung mit Gott, eine Vereinigung solchen Maßes, daß alles Wirken sowohl der göttlichen wie der menschlichen Natur das Wirken der Einen Person ist. Er also war „voll der Gnade", nicht als hätte er von Gott irgendein besonderes Gnadengeschenk empfangen, sondern er selbst war Gott: „Er hat ihm einen Namen gegeben, welcher über alle Namen ist" (*Phil* 2,9) [...]. - Er war aber auch voll der Wahrheit, weil die menschliche Natur in Christus zur göttlichen Wahrheit selbst vorgedrungen ist; denn in ihm war der Mensch diese göttliche Wahrheit selbst. In den anderen Menschen sind viele Teilwahrheiten, sofern die Ur-Wahrheit selbst in vielen Abbildern widerleuchtet in ihrem Geiste. Christus aber ist die Wahrheit selbst: „In ihm sind verborgen alle Schätze der Weisheit" (*Kol* 2,3).

189. - Eine zweite Deutung kann jene Worte auf die Vollkommenheit der Seele Christi beziehen. „Voll der Gnade und Wahrheit" wird er genannt, weil in seiner Seele die Fülle aller Gnaden ist, ohne Maß; „der Geist nämlich wird nicht nach kargem Maß gegeben" (*Joh* 3,34). Freilich wird er doch zugemessen aller geistigen Kreatur sonst, den Engeln wie den Menschen [...]. In Christus, welcher das Haupt der ganzen geistigen Schöpfung ist, vornehmlich aber der Heiligen, die ihm durch Glaube und Liebe verbunden sind, finden sich alle Tugenden und Gnaden und Gaben über alles Maß verwirklicht; in den anderen Heiligen aber, obwohl die ihnen allen gemeinsame Gabe die Liebe ist, finden sich nur Teil-Gnaden und Teil-Gaben. Von der Fülle der Gnaden Christi heißt es: „Ein Reis wird aus Jesses Stumpf entsprießen, ein Schößling hervorbrechen aus seiner Wurzel: auf ihm wird ruhen der Geist des Herrn, der Geist der Weisheit und des Verstandes, der Geist des Rates und der Stärke, der Geist der Wissenschaft und der Frömmigkeit, und erfüllen wird ihn der Geist der Furcht des Herrn" (*Jes* 11,1ff).

Fuit etiam Christus veritate plenus, quia eius pretiosa et beata anima omnem veritatem, tam divinam quam humanam, ab instanti conceptionis cognovit; unde dicit ei Petrus: "Tu omnia scis" [*Io* XXI,17] [...].

190. - Tertio modo possunt exponi secundum capitis dignitatem, scilicet inquantum Christus est caput Ecclesiae. Et sic sibi competit gratiam communicare aliis, tam in mentibus hominum operando virtutem per gratiae infusionem, quam merendo per doctrinam et opera et passiones mortis superabundantem gratiam infinitis mundis, si essent. Inquantum igitur nobis largitus est perfectam iustitiam, quam non poteramus habere per legem, quae infirmabatur, quae nullum iustificare posset, neque ad perfectum adducere, intantum gratia plenus est, ut dicitur *Rom.* c. VIII,3: "Quod impossibile erat legi, in quo infirmabatur per carnem, Deus Filium suum mittens in similitudinem carnis peccati, de peccato damnavit peccatum in carne".

Item fuit veritate plenus, inquantum figuras veteris legis et promissiones factas patribus adimplevit [...]. II *Cor.* I, v. 20: "Quotquot promissiones Dei sunt in illo est".

Item dicitur [...] plenus veritate, quia non docebat in aenigmatibus et figuris, nec palpabat vitia hominum, sed veritatem omnibus aperte sine ulla fraude praedicabat; infra XVI, 29: "Ecce palam loqueris" et cetera.

Christus war auch „voll der Wahrheit"; denn seine kostbare und glückselige Seele hat, vom Augenblick der Empfängnis an, alle Wahrheit, sowohl die göttliche wie die menschliche, erkannt. So sagt Petrus zu ihm: „Herr, Du weißt alles" (*Joh* 21,17) [...].

190. - Drittens können jene Worte auf die Würde des Hauptes gedeutet werden, sofern nämlich Christus das Haupt der Kirche ist. So kommt es ihm zu, den anderen die Gnade mitzuteilen - wirkend sowohl im Geiste der Menschen durch die Eingießung der Gnade, als auch durch sein Lehren und seine Werke und sein Todesleiden überströmende Gnade verdienend für, wenn es sie gäbe, unendlich viele Welten. „Voll der Gnade" also ist er, weil er uns die vollkommene Gerechtigkeit geschenkt hat, die wir durch das Gesetz, das niemanden gerecht machen noch zur Vollkommenheit führen konnte, nicht zu erlangen vermochten: „Was dem Gesetze unmöglich war, wozu es wegen des Fleisches zu schwach gewesen war, hat Gott vermocht, indem er seinen Sohn sandte, den sündigen Menschen ähnlich: an seiner menschlichen Natur verurteilte er die Sünde" (*Röm* 8,3).

Desgleichen war er „voll der Wahrheit", weil er die Gleichnisbilder des Alten Bundes und die den Vätern gegebenen Versprechungen erfüllt hat [...]: „Alle Verheißungen Gottes haben in ihm ihr Ja gefunden" (2 *Kor* 1,20).

„Voll der Wahrheit" [...] war Christus auch deswegen, weil er nicht in Bildern und Gleichnissen lehrte, weil er nicht den Sünden der Menschen schmeichelte, weil er vielmehr allen offen und ohne Verbergung die Wahrheit verkündigt hat: „Siehe, jetzt redest Du offen und gebrauchst kein Gleichnis mehr" (*Joh* 16,29).

Lectio 9

I. [15]IOANNES TESTIMONIUM PERHIBET DE IPSO,
II. ET CLAMAT DICENS :
III. HIC ERAT, QUEM DIXI :
IV. QUI POST ME VENTURUS EST, ANTE ME FACTUS EST, QUIA PRIOR ME ERAT.

I.

191. - [...]

192. - Dicit ergo: nos quidem gloriam eius vidimus, sicut unigeniti a Patre, sed hoc nobis non creditur, quia forte habemur suspecti: accedat illius testis, scilicet Ioannes Baptista, qui testimonium Christo perhibuit; est enim testis fidelis, qui non mentietur [...]. Infra V,33: "Vos misistis ad Ioannem, et testimonium perhibuit veritati".

Hic enim Ioannes "testimonium perhibet"; [...] perseveranter suum officium implet, quia ipse venit in testimonium. *Prov.* c. XII,19: "Labium veritatis firmum erit in perpetuum".

II.

193. - Deinde cum dicit "et clamat dicens", ponitur modus testificandi, qui fit cum clamore. Et ideo dicit "clamat", inquantum libere sine timore; *Is.* XL,9: "Exalta in fortitudine vocem tuam (...) ecce Deus noster". Ardenter et ex magno fervore; quia, ut dicitur *Eccli.* XLVIII,1, "verbum eius ut facula ardebat"; [...] per quod intimior ardor mentis exprimitur.

Per manifestationem etiam clamoris ostenditur, quod non sub figuris, neque occulte ad paucos sermo testificantis dirigitur; sed aperte et ostensive declaratur et denuntiatur veritas iam non paucis, sed multis [...].

III.

194. - Deinde cum dicit "Hic erat quem dixi", [...] primo [...] describit continuitatem sui testimonii [...].

195. - Fuit ergo testimonium Baptistae continuum, quia non semel tantum sed multoties, et etiam antequam Christus ad ipsum venisset, Ioannes testimonium ei perhibuit:

<Lesung 9>

I. [15]JOHANNES GIBT ZEUGNIS VON IHM,
II. INDEM ER LAUT RUFT UND SPRICHT:
III. DIESER WAR ES, VON DEM ICH GESAGT:
IV. DER NACH MIR KOMMT, IST VOR MIR GEWORDEN; ER WAR FRÜHER ALS ICH.

I.

191. - [...]

192. - Zwar haben wir, so sagt der Evangelist, seine Herrlichkeit gesehen, eine Herrlichkeit wie die des vom Vater Einziggezeugten; aber vielleicht glaubt man uns nicht, weil wir nicht glaubwürdig erscheinen. Es soll also hinzutreten ein anderer Zeuge, Johannes der Täufer, der Zeugnis gegeben von Christus; er nämlich ist ein getreuer Zeuge, der nicht lügt [...]: „Ihr habt zu Johannes gesandt, und er hat für die Wahrheit Zeugnis abgelegt" (*Joh* 5,33).

Dieser Johannes „gibt Zeugnis von ihm"; [...] unverwandt übt er sein Amt, zum Zeugnis ist er ja gekommen: „Der Mund der Wahrheit bleibet fest alle Zeit" (*Spr* 12,19).

II.

193. - Mit den Worten: „indem er laut ruft und spricht" wird die Weise der Bezeugung bezeichnet, die mit erhobener Stimme geschieht. „Er ruft laut", das ist, frei und ohne Furcht: „Erhebe deine Stimme in Tapferkeit: siehe, er ist unser Gott" (*Jes* 40,9). Es heißt auch: feurig und mit großer Glut („Sein Wort brannte wie eine Fackel", *Sir* 48,1), [...] wodurch das innere Feuer des Geistes ausgedrückt sein soll.

Das laute Rufen bedeutet auch, daß das bezeugende Wort sich nicht in Chiffren und heimlich auf einen kleinen Kreis beschränkt, sondern daß die Wahrheit offen und deutlich vernehmbar verkündet und erklärt wird, und dies schon nicht mehr wenigen, sondern vielen [...].

III.

194. - Mit den folgenden Worten [...] wird [...] zunächst die Unablässigkeit des Zeugnisses beschrieben [...].

195. - Es war aber das Zeugnis des Johannes unaufhörlich: nicht einmal, sondern viele Male und auch schon, bevor Christus zu ihm kam, hat er Zeugnis gegeben.

et ideo dixit "Hic erat quem dixi", idest antequam vidissem eum corporaliter, testimonium ei perhibui. *Lc.* I,76: "Tu puer propheta altissimi vocaberis". Et hoc ideo quia praesentem et futurum ostendit.

Est etiam eius testimonium certum, quia non solum futurum esse praedixit, sed praesentem digito demonstravit, dicens "Ecce agnus Dei" [...].

IV.

196. - [...] "qui post me venturus est, ante me factus est".

Ubi notandum est, quod Ioannes non statim praedicat discipulis Christum esse Filium Dei, sed paulatim eos ad altiora provehit: primo praeferens eum sibi, qui tamen tantae famae et auctoritatis erat ut crederetur esse Christus, vel aliquis de magnis prophetis.

Comparat autem Christum sibi primo quantum ad ordinem praedicationis; secundo quantum ad ordinem dignitatis; tertio quantum ad ordinem durationis.

197. - Quantum ad ordinem praedicationis, Ioannes praecessit Christum sicut famulus Dominum, et sicut miles regem, et sicut Lucifer solem; *Mal.* III,1: "Ecce ego mitto Angelum meum, et praeparabit viam ante faciem meam". "Qui" igitur "post me venit", scilicet in notitiam hominum praedicando [...].

198. - Comparat sibi quantum ad ordinem dignitatis, cum dicit "ante me factus est": [...] idest mihi praelatus est, et antepositus. Quasi dicat: quamvis Iesus post me ad praedicandum venerit, tamen factus est ante me, idest dignior, et superior auctoritate [...].

199. - Item comparat eum sibi quantum ad ordinem durationis, dicens "quia prior me erat". Quasi dicat: ipse est ab aeterno Deus, ego ex tempore homo fragilis; et ideo, licet eum praedicando praecesserim, tamen rationabiliter praelatus est mihi in fama et opinione hominum, qui sua aeternitate praecedit omnia. *Hebr.* ult. [XIII],8: "Iesus Christus heri et hodie, ipse et in saecula"; et infra VIII,58: "Antequam Abraham fieret, ego sum" [...].

So sagt er: „Dieser war es, von dem ich gesagt habe", das heißt: bevor ich ihn leibhaftig gesehen, habe ich ihn bezeugt. Von Johannes heißt es: „Du Knabe wirst genannt werden: Prophet des Allerhöchsten" (*Lk* 1,76), weil er auf den Gegenwärtigen und auch auf den Zukünftigen hinweist.

Hierdurch aber ist sein Zeugnis auf besondere Weise sicher; er prophezeit nicht nur, daß er kommen werde, sondern er zeigt mit dem Finger auf den schon Gekommenen: „Seht das Lamm Gottes" [...].

IV.

196. - [...] „Der nach mir kommt, ist vor mir geworden."

Hier ist zu bedenken, daß Johannes seinen Jüngern nicht unvermittelt verkündet, Christus sei der Sohn Gottes; sondern er führt sie allmählich zum Höheren hin. Zuerst sagt er, Christus sei größer als er selbst, der doch von solchem Ruf und Ansehen war, daß man ihn für den Christus oder für einen der großen Propheten hielt.

Er vergleicht aber Christus mit sich selbst erstens in bezug auf die Zeitfolge der Verkündigung, dann in bezug auf die Ordnung des Dauerns.

197. - In der Zeitfolge der Verkündigung ging Johannes Christus voraus, so wie der Knecht dem Herrn, der Soldat dem König, der Morgenstern der Sonne voraufgeht. „Siehe, ich sende meinen Engel, er wird den Weg bereiten vor meinem Angesicht" (*Mal* 3,1). Wenn also gesagt wird: „der nach mir kommt", so heißt das soviel wie: der später als ich durch die Verkündigung den Menschen zur Kenntnis kommen wird [...].

198. - Die Rangfolge der Würdigkeit aber ist ausgesprochen in den Worten: „er ist vor mir geworden" [...] das heißt: er ist mir „vor"-gesetzt; obwohl Jesus später als ich zur Verkündigung kommt, ist er mir doch voraus, er ist höheren Ranges und größer an Vollmacht [...].

199. - Endlich vergleicht er ihn sich selbst in der Ordnung der Dauer: „er war früher als ich". Der Sinn ist dieser: Er ist von Ewigkeit her Gott, ich bin ein gebrechlicher Mensch aus der Zeit; und wenn ich ihm auch vorausgehe in der Zeitfolge der Verkündigung, so ist er mir doch mit Fug an Ruhm und Ansehen bei den Menschen vorgeordnet: er ist ja in seiner Ewigkeit allen Dingen voraus, gemäß den Worten: „Christus gestern und heute und in Ewigkeit" (*Hebr* 13,8), und: „Ehe Abraham ward, bin ich" (*Joh* 8,58) [...].

Lectio 10

I. [16]ET DE PLENITUDINE EIUS NOS OMNES ACCEPIMUS
II. ET GRATIA PRO GRATIA.
III. [17]QUIA LEX PER MOYSEN DATA EST;
GRATIA ET VERITAS PER IESUM CHRISTUM FACTA EST.

I.

200. – [...] Verba ista [...] dupliciter inseruntur. Nam, secundum Origenem[1], sunt verba prolata a Ioanne Baptista, et subduntur ab eo quasi in argumentum praemissorum; quasi dicat: vere "prior me erat", quia "de plenitudine eius" [...] non solum ego, sed etiam "omnes", prophetae et patres, "accepimus", quia omnes gratiam quam habuerunt, habuerunt per fidem incarnati Verbi [...].

Secundum Augustinum[2] autem et Chrysostomum[3], sunt verba Ioannis Evangelistae [...], et tunc continuatur ad hoc quod dixerat "plenum gratiae et veritatis" [...]. Primo ostendit Christum esse fontalem originem omnis spiritualis gratiae; secundo ostendit derivatam in nos gratiam per ipsum et ab ipso [...].

201. – Dicit ergo primo: experimento patet, quod vidimus eum "plenum gratiae et veritatis", quia "de plenitudine eius nos omnes accepimus" [...].

202. – Nota, quod haec praepositio de aliquando quidem denotat efficientiam, seu originalem causam, sicut cum dicitur, radius est vel procedit de sole; et hoc modo denotat in Christo efficientiam gratiae, seu auctoritatem, quia plenitudo gratiae, quae est in Christo, est causa omnium gratiarum quae sunt in omnibus intellectualibus creaturis [...].

Aliquando autem haec praepositio de denotat consubstantialitatem, ut cum dicitur, Filius est de Patre; et secundum hoc plenitudo Christi est Spiritus Sanctus, qui procedit ab eo consubstantialis ei in natura, in virtute et maiestate.

---

[1] Vgl. Origenes, *In Ioannem* VI § 32 (SC 157,153).
[2] Vgl. Augustinus, *In Ioannem tractatus* III 8 (CCL 36,24,1-4).
[3] Vgl. Johannes Chrysostomus, *In Ioannem homiliae* XIV 1 (PG 59,92).

<Lesung 10>

I. 16UND VON SEINER FÜLLE HABEN WIR ALLE EMPFANGEN, II. GNADE FÜR GNADE. III. 17DURCH MOSES IST DAS GESETZ GEGEBEN WORDEN, GNADE UND WAHRHEIT IST DURCH JESUS CHRISTUS GEKOMMEN.

I.

200. - [...] Diese Worte [...] werden auf zweifache Weise gedeutet. Nach Origenes sind sie noch gesprochen von Johannes dem Täufer, wie eine Bekräftigung des Vorigen: wahrhaftig, „er war früher als ich", denn „von seiner Fülle" [...] haben wir alle, nicht allein ich, sondern „alle", Propheten und Väter, „empfangen"; alle, welche die Gnade besitzen, besitzen sie durch den Glauben an das menschgewordene WORT [...].

Nach Augustinus und Chrysostomus aber sind dies Worte des Evangelisten Johannes [...], die sich anschließen an die Worte „voll der Gnade und Wahrheit" [...]. Zuerst also zeige der Evangelist, daß Christus der quellhafte Urgrund aller geistlichen Gnade ist; danach, daß durch ihn und von ihm her die Gnade uns zuströmt [...].

201. - Zuerst also sagt er, es sei auf Grund handgreiflicher Erfahrung offenbar, daß wir ihn gesehen haben „voll der Gnade und Wahrheit", denn: „Von seiner Fülle haben wir alle empfangen" [...].

202. - Hier ist zu bedenken, daß dies Verhältniswort „von" einmal Wirkkräftigkeit besagt oder Ursächlichkeit des Ursprungs, etwa: der Strahl ist oder kommt „von" der Sonne. In diesem Sinn bezeichnet es, auf Christus bezogen, die Wirkkräftigkeit oder Urheberschaft der Gnade, sofern die Fülle der Gnade in Christus die Ursache aller Gnade in aller geistigen Kreatur ist [...].

Ein anderes Mal bedeutet das Verhältniswort „von" soviel wie Gleichheit des Wesens - etwa wenn gesagt wird: der Sohn ist etwas „vom" Vater. So verstanden ist die Fülle Christi der Heilige Geist, der von ihm hervorgeht gleichen Wesens in seiner Natur, in seiner Kraft, in seiner Majestät.

Quamvis enim dona habitualia alia sint in anima Christi quam ea quae sunt in nobis, tamen Spiritus Sanctus, qui est in ipso, unus et idem replet omnes sanctificandos. I *Cor.* XII,11: "Haec omnia operatur unus atque idem Spiritus"; [...] *Rom.* c. VIII,9: "Si quis Spiritum Christi non habet, hic non est eius". Nam unitas Spiritus Sancti facit in Ecclesia unitatem [...].

Tertio modo haec praepositio de denotat partialitatem, sicut cum dicimus, accipe de hoc pane, vel vino, idest partem accipe, et non totum; et hoc modo accipiendo, notat in accipientibus partem de plenitudine derivari. Ipse enim accepit omnia dona Spiritus Sancti sine mensura, secundum plenitudinem perfectam; sed nos de plenitudine eius partem aliquam participamus per ipsum; et hoc secundum mensuram, quam unicuique Deus divisit. *Eph.* IV,7: "Unicuique autem nostrum data est gratia, secundum mensuram donationis" [...].

II.

204. – Dicit autem primo quod accepimus de plenitudine Christi hoc quod dico "et gratiam pro gratia". Sed per hoc quod ponitur, cogimur intelligere quod de plenitudine eius accepimus gratiam, et pro illa gratia accepimus aliam; et ideo videndum est quae sit prima gratia, pro qua secundam accepimus, et quae ipsa secunda.

Secundum Chrysostomum[4] autem, prima gratia, quam totum genus humanum accepit, fuit gratia veteris testamenti accepta in lege, quae quidem magna fuit [...]. Magnum enim fuit quod hominibus idolatris data sunt praecepta a Deo, et unius veri Dei vera cognitio [...]. Pro gratia ergo ista, quae prima fuit, secundam longe meliorem accepimus [...].

Sed numquid non sufficiebat prima gratia?

Respondeo dicendum, quod non, quia per legem solum cognitio peccati datur, non ablatio. "Neminem enim ad perfectum adduxit lex", *Hebr.* VII,19. Et ideo erat necesse quod alia gratia peccata auferens, et reconcilians Deo, veniret.

[4] Vgl. Johannes Chrysostomus, *In Ioannem homilia* XIV 1 (PG 59,92-93).

Obwohl nämlich die Gnadengaben in der Seele Christi nicht die gleichen sind wie die unseren, so erfüllt dennoch ein und derselbe Heilige Geist, der in ihm ist, alle, die geheiligt werden sollen. „Dies alles wirkt ein und derselbe Geist" (1 *Kor* 12,11); [...] „Wer den Geist Christi nicht hat, der gehört nicht zu den Seinen" (*Röm* 8,9). Die Selbigkeit des Heiligen Geistes bewirkt die Einheit in der Kirche [...].

Wieder ein anderes Mal bedeutet das Verhältniswort „von", daß nur ein Teil gemeint sei - wie wenn wir sagen: nimm von diesem Brot oder von diesem Wein, was besagen will: nimm einen Teil, nicht das Ganze. So verstanden besagt der Satz, daß die Empfangenden teilhaben an der Fülle Christi. Er nämlich hat, über alles Maß, alle Gaben des Heiligen Geistes empfangen, in vollkommener Fülle; wir aber haben durch ihn teil an seiner Fülle, und zwar nach dem Maße, das Gott einem jeden zugeteilt hat: „Einem jeden von uns ist die Gnade in dem Maße verliehen, in dem Christus sie austeilt" (*Eph* 4,7) [...].

II.

204. - Durch die Worte „Gnade für Gnade" werden wir zu der Erkenntnis geführt, daß wir aus der Fülle Christi eine Gnade empfangen haben und dann, an ihrer Stelle, eine andere Gnade. So ist also zu bedenken, welches die erste Gnade sei, „für" die wir eine zweite empfangen haben, und welches diese zweite selbst sei.

Nach Chrysostomus ist die erste Gnade, die das ganze menschliche Geschlecht empfangen hat, die Gnade des Alten Bundes gewesen, empfangen mit dem Gesetz. Diese Gnade war groß [...], denn es ist etwas Großes, daß den in Götzendienst verstrickten Menschen von Gott Gebote gegeben wurden und die wahre Erkenntnis des einen wahren Gottes [...]. Für diese Gnade nun, welche die erste war, haben wir eine zweite, weit größere empfangen [...].

Warum aber genügte die erste Gnade nicht?

Ich antworte: weil das Gesetz nur die Erkenntnis der Sünde gab, nicht aber ihre Nachlassung; „das Gesetz hatte die Vollendung nicht gebracht" (*Hebr* 7,19). Es war daher notwendig, daß eine andere Gnade kam, welche die Sünden wegnähme und uns mit Gott versöhnte.

III.

205. – Et ideo dicit "quia lex per Moysen data est; gratia et veritas per Iesum Christum facta est" [...].

206. – [...] Necessitas autem secundae gratiae est ex insufficientia legis, quae ostendebat quid faciendum et quid cavendum erat; sed ad implendum ea quae praecipiebat, non praebebat auxilium; immo per occasionem operabatur mortem quae tamen videbatur fuisse ad vitam; [...] Apostolus, II *Cor.* III, v. 9, dicit, legem ministram fuisse mortis: "Nam si ministratio damnationis in gloria est, multo magis abundat ministerium iustitiae in gloria". – Item promittebat auxilium gratiae, sed non solvebat [...]. – Item per sacrificia et caeremonias veritatem novae gratiae figurabat, ipso suo ritu clamans eam figuram; et ideo necesse fuit quod Christus veniret, qui per mortem propriam alienas mortes perimeret, et conferret auxilium novae gratiae, ut faciliter et delectabiliter adimpleremus praecepta, et moreremur transgressioni et conversationi antiquae; *Rom.* VI,6: "Vetus homo noster simul crucifixus est" et cetera. – Item ut manifestaretur veritas figurarum contentarum in lege, et ut promissiones factae patribus solverentur; II *Cor.* I [20]. Vel aliter, "veritas per Christum facta est", quantum ad sapientiam et veritatem occultam a saeculis, quam veniens in mundum aperte docuit, infra XVIII, v. 37: "In hoc natus sum, et ad hoc veni in mundum, ut testimonium perhibeam veritati".

207. – Sed si ipse Christus est veritas [...], quomodo per ipsum facta est veritas, cum nihil possit fieri a seipso?

Respondeo, dicendum est, quod ipse est per suam essentiam veritas increata; quae aeterna est, et non facta, sed a Patre est genita; sed per ipsum factae sunt omnes veritates creatae, quae sunt quaedam participationes et refulgentiae primae veritatis, quae in animabus sanctis relucent.

III.

205. – Und so heißt es: „Das Gesetz ist durch Moses gegeben worden; die Gnade und Wahrheit aber ist durch Jesus Christus gekommen“ [...].

206. – [...] Die Notwendigkeit der zweiten Gnade also liegt in dem Ungenügen des Gesetzes, das zwar zeigte, was zu tun und was zu lassen sei, zur Erfüllung seiner eigenen Vorschriften aber keine Hilfe bot; ja, es wirkte oft genug den Tod, obwohl es zum Leben gegeben schien [...]. Der Apostel sagt, das Gesetz sei ein Diener des Todes gewesen. „Wenn aber der Dienst der Verdammnis schon so sehr herrlich war, dann ist der Dienst der Rechtfertigung noch viel reicher an Herrlichkeit“ (2 *Kor* 3,9). – Das Gesetz versprach die Hilfe der Gnade, aber es löste dies Versprechen nicht ein [...]. – Es bildete durch Opfer und heilige Handlungen die wahre Wirklichkeit der neuen Gnade ab; der Vollzug selber zeigte deutlich, daß es nur ein Abbild sei. Und so war es notwendig, daß Christus kam, durch seinen Tod die Tode der anderen hinwegzunehmen und die Hilfe der neuen Gnade zu bringen, damit wir leicht und mit Freude die Gebote erfüllten und dem alten Wandel und der Übertretung stürben. „Unser alter Mensch ward mitgekreuzigt ...“ (*Röm* 6,6). – Notwendig war es auch, damit die Wahrheit der im Gesetz enthaltenen Bilder offenbar werde und damit die den Vätern gewordenen Verheißungen eingelöst würden: „In ihm ist alles wahr geworden, was Gott verheißen hat“ (2 *Kor* 1,20). Durch Christus ward Wahrheit, als er, in die Welt tretend, offen verkündete, was an Weisheit und Erkenntnis durch die Zeitalter hin verborgen gewesen war: „Dazu bin ich geboren und dazu bin ich in die Welt gekommen, daß ich der Wahrheit Zeugnis gebe“ (*Joh* 18,37).

207. – Wenn aber Christus selber die Wahrheit „ist“ [...], wie kann dann die Wahrheit durch ihn erst „werden“?

Ich antworte: Er ist durch sein Wesen die ungeschaffene Wahrheit, die ewige, nicht geworden, wiewohl vom Vater gezeugt. Durch ihn aber sind alle geschaffenen Wahrheiten geworden, die eine Art Teilnehmung an der ersten Wahrheit sind und ein Widerleuchten von ihr in den Seelen der Heiligen.

Lectio 11

I. [18]DEUM NEMO VIDIT UNQUAM.
II. UNIGENIITUS FILIUS, QUI EST IN SINU PATRIS,
III. IPSE ENNARAVIT.

I.

208. – [...]

210. – Quod autem hic dicit Evangelista "Deum nemo vidit unquam" contrariari videtur pluribus auctoritatibus divinae Scripturae. Dicitur enim *Is.* VI,1: "Vidi Dominum sedentem super solium excelsum et elevatum"; [...] *Matth.* V, v. 8, dicit Dominus: "Beati mundo corde, quoniam ipsi Deum videbunt".

Sed si aliquis responderet ad hoc ultimum, dicens, verum esse quod in praeterito nullus vidit, sed in futuro videbit, sicut Dominus promittit, Apostolus hoc excludit, dicens I *Tim.* ult. [VI],16: "Lucem habitat inaccessibilem, quam nullus hominum vidit, sed nec videre potest".

Sed quia Apostolus dicit: "Nullus hominum vidit", posset aliquis dicere, quod si non ab hominibus videri possit, saltem videtur ab Angelis; praesertim cum Deus dicat *Matth.* XVIII,10: "Angeli eorum in caelis semper vident faciem Patris".

Sed nec isto modo dici potest: quia, ut dicitur *Matth.* XXII, 30: "Filii resurrectionis erunt sicut Angeli Dei in caelo". Si ergo Angeli vident Deum in caelo, manifestum est etiam quod et Filii resurrectionis eum vident; I *Io.* III,2: "Cum apparuerit, similes ei erimus, et videbimus eum sicut est".

211. – Quomodo ergo intelligendum est hoc quod dicit Evangelista "Deum nemo vidit unquam?"

Ad huius ergo intellectum sciendum est, quod Deus dicitur videri tripliciter. – Uno quidem modo per subiectam creaturam, visui corporali propositam; sicut creditur Abraham vidisse Deum, quando "tres vidit, et unum adoravit"[1], *Gen.* XVIII; unum quidem adoravit, quia tres, quos prius homines reputaverat, et postmodum Angelos credidit, recognovit mysterium Trinitatis.

[1] Vgl. Augustinus, *Contra Maximinum Arrianum* II 26,7 (PL 42,809,32).

<Lesung 11>

I. [18]NIEMAND HAT GOTT JE GESEHEN.
II. DER EINZIGGEZEUGTE SOHN, DER IM SCHOSSE DES VATERS IST,
III. ER SELBST HAT KUNDE GEBRACHT.

I.

208. - [...]

210. - Wenn der Evangelist hier sagt: „Niemand hat Gott je gesehen“ - so scheint das vielen Aussagen der Heiligen Schrift zu widersprechen. Es heißt nämlich bei Jesaja: „Ich habe den Herrn gesehen, sitzend auf hohem und erhabenem Thron“ (*Jes* 6,1). [...] Und der Herr sagt: „Selig, die reinen Herzens sind, denn sie werden Gott anschauen“ (*Mt* 5,8).

Wenn aber einer zu diesen letzten Worten sagen wollte, es treffe zwar zu, daß in der Vergangenheit niemand Gott gesehen habe, doch werde ihn einer sehen in der Zukunft, gemäß der Verheißung des Herrn - so sagt hiergegen wiederum der Apostel: „Gott wohnt in unzugänglichem Licht, das kein Mensch sieht noch sehen kann“ (1 *Tim* 6,16).

Weil aber der Apostel sagt „kein *Mensch*“, so könnte jemand sagen, daß Gott, wenn nicht von den Menschen, so doch von den Engeln gesehen werden könne, zumal es heiße: „Ihre Engel sehen im Himmel allezeit das Antlitz des Vaters“ (*Mt* 18,10).

Hierzu wiederum könnte man zu bedenken geben, es heiße: „Die Söhne der Auferstehung werden sein wie Gottes Engel im Himmel“ (*Mt* 22,30); wenn also die Engel Gott im Himmel sehen, dann offenbar auch die Söhne der Auferstehung; es sei ja auch gesagt: „Wenn er erscheint, dann werden wir ihm ähnlich sein, und wir werden ihn sehen, wie er ist“ (1 *Joh* 3,2).

211. - Wie soll es nun zu deuten sein, daß der Evangelist sagt: „Niemand hat Gott je gesehen?“

Es kann in mehrfachem Sinn gesagt werden, einer sehe Gott. - Erstens durch eine den Augen sichtbare Kreatur, die Gottes Stelle vertritt. Auf solche Weise, so glaubt man, hat Abraham Gott gesehen, als er „Drei sah und Einen anbetete“ (vgl. *Gen* 18). Einen aber betete er an, weil er in den dreien, die er zuerst für Menschen, dann für Engel hielt, das Geheimnis der Dreieinigkeit erkannte.

Alio modo per repraesentatam imaginationem; et sic Isaias vidit "Dominum sedentem super solium excelsum et elevatum". Plures visiones huic similes in Scripturis reperiuntur.

Alio vero modo videtur per aliquam speciem intelligibilem a sensibilibus abstractam, ab his qui per considerationem magnitudinis creaturarum, intellectu intuentur magnitudinem creatoris, ut dicitur [...] *Rom.* I,20: "Invisibilia Dei a creatura mundi per ea quae facta sunt, intellecta conspiciuntur".

Alio modo per aliquod spirituale lumen a Deo infusum spiritualibus mentibus in contemplatione; et hoc modo vidit Iacob "Deum facie ad faciem", *Gen.* XXXII,30 quae visio, secundum Gregorium[2], facta est per altam contemplationem.

Sed per nullam istarum visionum, ad visionem divinae essentiae pervenitur: nulla enim species facta, sive qua informatur sensus exterior, sive qua informatur imaginatio, sive qua informatur intellectus, est repraesentativa divinae essentiae sicut est [...]: per nullam ergo speciem ad visionem divinae essentiae pervenitur.

Quod autem nulla creata species divinam essentiam repraesentet, patet: quia nullum finitum potest repraesentare infinitum ut est; omnis autem species creata est finita: ergo et cetera. Praeterea, Deus est suum esse; et ideo eius sapientia et bonitas, et quaecumque alia, idem sunt; per unum autem creatum non possent omnia ista repraesentari: ergo cognitio qua Deus per creaturas videtur, non est ipsius essentia, sed aenigmatica et specularis, et "a remotis". *Iob* XXXVI,25: [...] quia per omnes illas cognitiones non scitur de Deo quid est, sed quid non est, vel an est. Unde dicit Dionysius[3] libro *Mysticae theologiae*, quod perfectus modus quo Deus in vita praesenti cognoscitur, est per privationem omnium creaturarum, et intellectorum a nobis.

212. – Fuerunt autem aliqui[4] dicentes, quod divina essentia numquam videbitur ab aliquo intellectu creato, et quod nec ab Angelis vel beatis videtur.

---

[2] Vgl. Gregor der Große, *Homiliae in Ezechielem prophetam* II 2,12 (CCSL 142,233,284-291).

[3] Vgl. Ps.-Dionysius Areopagita, *De mystica theologia* 1 § 2 (ed. Heil/Ritter 143,3-7).

[4] Vgl. Amalrich von Bena, Wilhelm von Paris (nach H. Denifle, *Chartularium*, n. 128, I,170). – Dazu Thomas, *Summa theologiae* I 12, 1.

Zweitens: durch bildhafte Vergegenwärtigung. So sah Jesaja den Herrn, „sitzend auf hohem und erhabenem Thron". Es finden sich in der Schrift mehrere solcher Gesichte.

Auf eine andere Weise wird Gott durch einen von der sinnfälligen Wirklichkeit hergeleiteten geistigen Begriff gesehen – von denen, die in der Betrachtung der Größe der Schöpfung mit geistigem Schaublick die Größe des Schöpfers schauen [...]. „Das Unsichtbare Gottes wird seit Erschaffung der Welt in den Geschöpfen geistig erschaut" (*Röm* 1,20).

Wieder auf andere Weise wird er gesehen durch ein geistliches Licht, das Gott dem Geiste eingießt in der Beschauung. Auf solche Weise sah Jakob „Gott von Angesicht zu Angesicht" (*Gen* 32,31), welches Sehen, wie Gregor sagt, in der Tiefe der Kontemplation geschah.

Keine dieser Weisen des Sehens aber gelangt dahin, daß Gott in seiner Wesenheit geschaut werde. Denn kein geschaffenes Bild, ob es nun den Sinnen, der Einbildungskraft oder dem erkennenden Geiste sich einpräge, vermag die göttliche Wesenheit darzustellen, wie sie ist [...]. Und also vermag durch keines dieser Bilder einer dahin zu gelangen, die göttliche Wesenheit zu sehen.

Daß aber kein geschaffenes Bild die göttliche Wesenheit darzustellen vermag, ist offenkundig; denn etwas Endliches kann nicht das Unendliche darstellen; alles Geschaffene aber ist endlich. Ferner: Gott ist sein Sein; und darum sind seine Weisheit und seine Güte und alle anderen Eigenschaften ein und dasselbe. Ein einziges geschaffenes Wesen aber könnte niemals alle jene Eigenschaften insgesamt in sich darstellen. Also ist die Erkenntnis, in welcher Gott durch die Kreaturen erblickt wird, nicht Erkenntnis seines Wesens, sondern eine Erkenntnis in Spiegel und Gleichnis und „von weitem" (*Ijob* 36,25); [...] denn all jenes Erkennen bedeutet nicht ein Wissen davon, was Gott ist, sondern davon, was er *nicht* ist, und davon, *daß* er ist. Weswegen Dionysius in seiner *Mystischen Theologie* sagt, die vollkommene Weise des Gotterkennens in diesem gegenwärtigen Leben liege darin, daß wir aller Kreatur und alles dessen, was wir sonst wissen, ledig werden.

212. – Es haben nun einige gesagt, die göttliche Wesenheit werde niemals geschaut werden von irgendeiner geschaffenen Erkenntniskraft, sie werde auch von den Engeln und von den Seligen nicht geschaut.

Sed haec propositio ostenditur esse falsa et haeretica tripliciter.

Primo quidem, quia contrariatur auctoritati divinae Scripturae; I *Io.* III,2: "Videbimus eum sicuti est"; et infra XVII,3: "Haec est vita aeterna ut cognoscant te solum Deum verum, et quem misisti Iesum Christum".

Secundo quia claritas Dei non est aliud quam eius substantia: non enim est lucens per participationem luminis, sed per seipsam.

Tertio quia impossibile est quod aliquis perfectam beatitudinem consequatur, nisi in visione divinae essentiae: quia naturale desiderium intellectus est scire et cognoscere causas omnium effectuum cognitorum ab eo; quod non potest impleri nisi scita et cognita prima universali omnium causa, quae non est composita ex effectu et causa, sicut causae secundae. Et ideo auferre possibilitatem visionis divinae essentiae ab hominibus, est auferre ipsam beatitudinem [...].

213. - Quoad visionem autem divinae essentiae, oportet tria attendere.

Primo, quia numquam videbitur oculo corporali, vel aliquo sensu, vel imaginatione [...]; infra IV, v. 24: "Deus spiritus est".

Secundo, quia intellectus humanus quamdiu corpori est coniunctus, Deum videre non potest, quia aggravatur a corruptibili corpore, ne possit ad summum contemplationis pertingere. Et inde est quod anima quanto magis est a passionibus libera, et purgata ab affectibus terrenorum, tanto amplius in contemplationem veritatis ascendit, et gustat quam suavis est Dominus. Summus gradus autem contemplationis est videre Deum per essentiam; [...] *Ex.* c. XXXIII,20: "Non videbit me homo et vivet". Ad hoc ergo quod intellectus humanus divinam essentiam videat, necesse est ut totaliter deserat corpus; vel per mortem, sicut Apostolus dicit II *Cor.* V,8: "Audemus, et bonam voluntatem habemus magis peregrinari a corpore, et praesentes esse ad Dominum"; vel quod totaliter abstrahatur per raptum a corporis sensibus, sicut de Paulo legitur II *Cor.* c. XII,3.

Tertio modo, quod nullus intellectus creatus quantumcumque abstractus, sive per mortem, vel a corpore separatus, videns divinam essentiam, ipsam nullo modo comprehendere potest.

Es läßt sich aber zeigen, daß diese Meinung falsch und häretisch ist, und zwar auf dreifache Weise.

Erstens widerstreitet sie der Autorität der Heiligen Schrift: „Wir werden ihn sehen, wie er ist" (1 *Joh* 3,2); „Dies ist das ewige Leben: daß sie dich erkennen, den einen wahren Gott, und den du gesandt hast, Jesus Christus" (*Joh* 17,3).

Zweitens ist das Offenbarsein Gottes nicht etwas anderes als sein Wesen: er leuchtet nicht durch Teilhabe am Licht, sondern durch sich selbst.

Drittens ist es unmöglich, daß einer zu vollkommener Glückseligkeit gelange außer durch Schauung der göttlichen Wesenheit. Denn es ist die naturhafte Sehnsucht des Geistes, die Ursache alles dessen, was er erkennt, zu kennen und zu wissen, was aber nur geschieht, wenn die erste und umfassende Ursache aller Dinge gewußt und erkannt ist, die nicht wiederum, wie die Zweitursachen, aus Wirkung und Ursache zusammengesetzt ist. Wer also bestreitet, daß die Menschen Gott zu schauen vermögen, der bestreitet, daß sie glückselig werden können [...].

213. - Was aber nun das Sehen der göttlichen Wesenheit betrifft, so muß man drei Dinge bedenken.

Erstens, daß sie niemals wird gesehen werden mit den Augen des Leibes, noch mit den Sinnen sonst, noch durch die Einbildungskraft [...]; denn „Gott ist Geist" (*Joh* 4,24).

Zweitens vermag der menschliche Geist Gott nicht zu sehen, solange er mit dem Leibe verbunden ist, weil der vergängliche Leib ihn beschwert, daß er nicht hinaufdringen kann zum Gipfel der Beschauung. Je mehr er aber befreit ist von den Leidenschaften und gereinigt von der Zuwendung zum Irdischen, desto weiter dringt er empor zur Schauung der Wahrheit und kostet, wie süß der Herr ist. Der äußerste Grad der Kontemplation aber ist, Gott in seiner Wesenheit zu schauen [...]: „Kein Mensch schaut mich und bleibt am Leben" (*Ex* 33,20). Es ist also, damit der menschliche Geist die göttliche Wesenheit schaue, notwendig, daß er den Leib ganz und gar lasse, entweder im Tode („Wir wagen es und haben den Willen, lieber aus dem Leibe auszuwandern und gegenwärtig zu sein bei dem Herrn", 2 *Kor* 5,8) oder in der Entrückung aus dem Leben des Leibes, wie wir es von Paulus wissen (2 *Kor* 12,3ff).

Drittens vermag ein geschaffener Geist, und sei er, im Tode oder in der Verzückung, noch so sehr vom Leibe gelöst, auf keine Weise jemals die göttliche Wesenheit, selbst wenn er sie schaut, zu begreifen.

Et ideo communiter dicitur, quod, licet divina essentia tota videatur a beatis, cum sit simplicissima et partibus carens, tamen non videtur totaliter, quia hoc esset eam comprehendere. [...] qui non videt eum totaliter, non comprehendit eum. Comprehendere autem proprie dicitur aliquis aliquam rem cognoscendo, qui cognoscit rem illam quantum in se cognoscibilis est; alias, quamvis cognoscat eam, non tamen comprehendit [...].

Unumquodque enim tantum cognoscibile est, quantum habet de ente et veritate; sed ipse cognoscens tantum cognoscit quantum habet de virtute cognoscitiva. Omnis autem substantia intellectualis creata est finita: ergo finite cognoscit. Cum ergo Deus sit infinitae virtutis et entitatis, et per consequens infinite cognoscibilis, a nullo intellectu creato cognosci potest quantum est cognoscibilis; et ideo omni intellectui creato remanet incomprehensibilis; *Iob* XXXVI,26: "Ecce Deus magnus vincens scientiam nostram". Solus autem ipse comprehendendo contemplatur seipsum, quia tanta est eius virtus in cognoscendo quanta est eius entitas in essendo [...].

214. – Sic ergo, secundum praemissa, intelligitur "Deum nemo vidit unquam". – Primo sic: "nemo", idest nullus hominum, "vidit Deum", idest essentiam divinam, oculo corporali et imaginario. – Secundo "nemo", in hac mortali vita vivens, "vidit" divinam essentiam in seipsa. – Tertio "nemo", homo vel Angelus, "vidit Deum", visione comprehensionis.

Quod autem de aliquibus[5] dicitur, quod Deum viderunt oculo, seu viventes in corpore, intelligitur non per essentiam, sed per subiectam creaturam, ut dictum est.

Sic ergo necessarium erat quod reciperemus sapientiam, quia "Deum nemo vidit unquam".

II.

215. – Huius autem sapientiae sufficiens doctor nobis proponitur ab Evangelista, cum subdit "unigenitus Filius qui est in sinu Patris", in quo ostendit nobis doctoris ipsius facultatem per tria [...].

---

[5] Vgl. dazu Thomas von Aquin, *Summa theologiae* I 12, 3.

Darum sagt man gemeinhin, daß die Seligen zwar die ganze göttliche Wesenheit schauen, die ja völlig einfach ist und ohne Teile, daß sie diese aber dennoch nicht ganz schauen; denn das würde heißen, daß sie sie begreifen [...]. Wer Gott nicht ganz sieht, der begreift ihn nicht. Man sagt nämlich dann, jemand begreife ein Ding, wenn er es so sehr erkennt, als es in sich selbst erkennbar ist; sonst würde er es nicht begreifen, wenngleich er es vielleicht erkennt [...].

Ein jegliches Ding nämlich ist so sehr erkennbar, als es Sein und Wahrheit besitzt; der Erkennende aber erkennt so viel, wie er an Erkenntniskraft besitzt. Jedes geschaffene geistige Wesen aber ist endlich, also ist auch sein Erkennen endlich. Da aber Gott von unendlicher Kraft und Wirklichkeit ist und folglich von unendlicher Erkennbarkeit, kann er von keinem endlichen Geiste so sehr erkannt werden, als er erkennbar ist; so bleibt er also für jeden geschaffenen Geist unbegreiflich: „Siehe, ein großer Gott, der unser Wissen überwältigt" (*Ijob* 36,26). Er allein schaut sich selbst auf die Weise begreifenden Erkennens; denn seine Kraft zu erkennen ist ebenso groß wie seine Wirklichkeitsfülle im Sein [...].

214. - Demnach ist der Satz: „Niemand hat Gott je gesehen" folgendermaßen zu deuten. - Erstens so: „Niemand", das heißt, kein Mensch „hat Gott", das heißt, seine Wesenheit „gesehen" mit leiblichen Augen oder durch die Einbildungskraft. - Zweitens so: „Niemand hat" in diesem sterblichen Leben die göttliche Wesenheit in sich selbst „gesehen". - Drittens so: „Niemand", weder Mensch noch Engel, „hat Gott gesehen" in begreifender Schau.

Wenn aber von einigen gesagt wird, sie hätten Gott mit Augen gesehen oder im Leibe lebend, dann ist dies so zu verstehen, daß sie Gott nicht in seiner Wesenheit, sondern in einer Kreatur geschaut haben, wie schon gesagt.

So also war es notwendig, daß wir die Weisheit des Wortes lernten: „Niemand hat Gott je gesehen."

II.

215. - Einen vollkommenen Lehrer dieser Weisheit aber nennt uns der Evangelist, indem er hinzufügt: „der einziggezeugte Sohn, der im Schoße des Vaters ist". Wie sehr dieser fähig sei, uns zu lehren, erweist er dabei in dreifacher Weise [...].

216. – Per naturalem similitudinem, quia Filius naturaliter similitudinem Patris habet. Et inde est etiam quod intantum aliquis dicitur Filius Dei, inquantum similitudinem Filii naturalis participat; et intantum cognoscit, inquantum de similitudine eius habet; [...] "similes ei erimus, et videbimus eum sicuti est" [I *Io* III,2]. Et ideo in hoc quod Evangelista dicit "Filius", importatur similitudo, et aptitudo ad cognoscendum Deum.

217. – Sed quia iste doctor specialius quam alii filii Deum cognoscit, ideo Evangelista hoc insinuat per excellentiam singularem, cum dicit "unigenitus" [...], eamdem habens cum Patre naturam et cognitionem [...].

218. – Quamvis autem singulariter cognosceret, posset tamen sibi deesse facultas docendi, si non cognosceret totaliter; et ideo addit tertium, scilicet consubstantialitatem eius ad Patrem, cum dicit "in sinu Patris": [...]. Occultum autem Patris est [...]. In illo ergo sinu, idest in occultissimo paternae naturae et essentiae, quae excedit omnem virtutem creaturae, est unigenitus Filius [...]. I *Cor*. II, v. 11: "Quae sunt hominis, nemo novit nisi spiritus hominis (...) et quae sunt Dei, nemo novit nisi Spiritus Dei". Comprehendit ergo divinam essentiam, quae sua est.

219. – Anima autem Christi Deum cognoscendo non comprehendit, quia hoc non dicitur, nisi de unigenito, qui est in sinu Patris. Unde et Dominus dicit *Matth*. XI,27: "Nemo novit Patrem, nisi Filius, et cui voluerit Filius revelare" [...]. Nullus enim divinam comprehendit essentiam, nisi solus Deus Pater, et Filius, et Spiritus Sanctus.

Sic ergo patet facultas doctoris ad docendum [...].

III.

221. – Consequenter Evangelista modum tradendi ipsam doctrinam insinuat, cum dicit "ipse enarravit". Olim enim unigenitus Filius manifestavit Dei cognitionem per prophetas, qui eum intantum annuntiaverunt inquantum aeterni Verbi fuerunt participes. Unde dicebant: "factum est verbum Domini" et cetera. Sed nunc "ipse unigenitus", Filius, "enarravit" fidelibus. *Is*. LII,6: "Ego ipse qui loquebar, ecce adsum" [...].

216. – Erstens, weil der Sohn natürlicherweise dem Vater ähnlich ist – weswegen einer insoweit „Sohn Gottes" heißt, als er teilhat an der Ähnlichkeit dessen, der von Natur Sohn Gottes ist, und insoweit erkennt er Gott, als er ihm ähnlich ist: [...] „Wir werden ihm ähnlich sein und ihn sehen, wie er ist" (1 *Joh* 3,2). – Indem also der Evangelist sagt „der Sohn", sagt er zugleich Ähnlichkeit und Fähigkeit, Gott zu erkennen.

217. – Da nun aber jener Lehrer auf eine höhere Weise Gott erkennt als die anderen „Söhne Gottes", so macht der Evangelist, zweitens, diese Einzigartigkeit deutlich, indem er sagt: „der Einziggezeugte" [...]. Er hat die gleiche Natur und auch die gleiche Erkenntnis wie der Vater selbst. [...].

218. – Diese Einzigartigkeit des Erkennens aber bräuchte noch nicht zu bedeuten, daß die Erkenntnis erschöpfend sei; und darum fügt der Evangelist noch ein Drittes hinzu: „...der im Schoße des Vaters ist" [...]. „Schoß" meint das Geheimnis und das Verborgene des Vaters [...]. In diesem Geheimsten also der väterlichen Natur und Wesenheit, das jegliche Fassungskraft der Kreatur übersteigt, wohnt der einziggezeugte Sohn [...]. „Was im Menschen ist, weiß niemand als des Menschen Geist, und was in Gott ist, weiß niemand als der Geist Gottes" (1 *Kor* 2,11); er begreift also die göttliche Wesenheit, welche zugleich die seine ist.

219. – Die Seele Christi aber erkennt Gott nicht in der Weise des Begreifens; dies gilt allein von dem Einziggezeugten, der im Schoße des Vaters ist – weswegen der Herr sagt: „Den Vater kennt niemand als der Sohn und wem der Sohn es offenbaren will" (*Mt* 11,27) [...]. Niemand begreift das Wesen Gottes außer einzig Gott der Vater, der Sohn und der Heilige Geist.

So also ist deutlich, wie sehr dieser Lehrer vermögend ist zu lehren [...].

III.

221. – Danach bezeichnet der Evangelist die Weise, in welcher die Lehre mitgeteilt wird: „Er selbst hat Kunde gebracht." In der Vorzeit hat der einziggezeugte Sohn die Erkenntnis Gottes offenbart durch die Propheten, die Kunde von ihr brachten, soweit sie des ewigen WORTES teilhaftig geworden waren. Deswegen pflegten sie zu sagen: „Es geschah das Wort des Herrn ...". Jetzt aber hat der einziggezeugte Sohn selber Kunde gebracht: „Ich selbst, der da sprach – seht, ich bin da" (*Jes* 52,6) [...].

Et haec doctrina ideo omnibus aliis doctrinis supereminet dignitate, auctoritate et utilitate, quia ab unigenito Filio, qui est prima sapientia, immediate est tradita [...].

222. – Sed quid narravit nisi unum Deum? Hoc ipsum et Moyses enarravit, *Deut*. VI,4: "Audi, Israel: Dominus Deus tuus, Dominus unus est".

Quid ergo amplius Moyse? Multum per omnem modum, quia mysterium Trinitatis, et multa alia, quae nec Moyses, nec aliquis prophetarum narravit.

Und diese Lehre nun überragt alle übrigen Lehren an Würde, an Wirkkraft und an Nutzen, weil sie unmittelbar mitgeteilt ist durch den einziggezeugten Sohn, welcher die Erste Weisheit ist [...].

222. - Wovon aber hat er Kunde gebracht, wenn nicht von dem Einen Gott? Hiervon aber hat auch Moses gesprochen: „Höre, Israel, der Herr, dein Gott ist Einer" (*Dtn* 6,4).

Was also hat er kundgemacht, über Moses hinaus? Über die Maßen viel: das Geheimnis der Dreieinigkeit und vieles andere, wovon weder Moses gesprochen hat noch irgendeiner unter den Propheten.

Verzeichnis der von Thomas zitierten Autoren und Werke

Alkuin (735-804)
- *Commentarium in S. Ioannis evangelium,* in: J.-P. Migne, PL 100, Paris 1851 [ND Turnhout 1968], 734-1008.

Ambrosius von Mailand (339-397)
- *De fide [ad Gratianum] /Über den Glauben [an Gratian].* Lat.-dt., ed. C. Markschies (= FC, 47), Turnhout 2005.

Anselm von Canterbury (1033-1109)
- *Monologion,* ed. F.S. Schmitt, in: *Opera omnia,* vol. 1, Stuttgart ²1984, 5-87.

Aristoteles (384-322 v. Chr.)
- *Metaphysica:* Griechischer Text in: Aristotle, *Metaphysica,* ed. W. Jaeger (= SCBO), Oxford 1957. - Lateinischer Text zitiert nach: *Aristoteles Latinus, Metaphysica. Recensio et Translatio Guillelmi,* ed. G. Vuillemin-Diem (= AL, 25.3.2), Brügge - Paris 1970-1995.
- *Peri hermeneias (De interpretatione)*: Griechischer Text in: Aristotle, *Categoriae et Liber de interpretatione,* ed. L. Minio-Paluello (= SCBO), Oxford ⁴1966 (1949), 47-72 - Lateinischer Text in: *Aristoteles Latinus, De interpretatione vel Periermenias. Translatio Boethii, Translatio Guillelmi de Moerbeka,* ed. L. Minio-Paluello/ G. Verbene/ Desclée De Brouwer (= AL, 2.1-2), Brügge - Paris 1965.
- *Physica: Physica*: Griechischer Text in: Aristotle, *Physica,* ed. W.D. Ross (= SCBO), Oxford ²1956. - Lateinischer Text zitiert nach: *Aristoteles Latinus, Physica. Translatio vetus,* ed. F. Bossier/ J. Brams (= AL, 7.2), Paris - Brügge 1990.

Augustinus von Hippo (354-430)
- *Contra Maximinum Arrianum,* in: J.-P. Migne, PL 42,Paris 1865, 743-814.
- *Contra duas epistolas Pelagianorum ad Bonifacium libri quattuor,* in: J.P. Migne, PL 44, Paris 1865, 549-641.
- *De civitate Dei libri viginti duo,* ed. B. Dombart/ A. Kalb (= CCL, 47/48), Turnhout 1955.
- *De diversis quaestionibus octoginta tribus liber unus,* ed. A. Mutzenbecher (= CCL, 44A.8.2), Turnhout 1975, 11-249.

- *De haeresibus ad Quodvultdeum,* J.-P. Migne, PL 42,Paris 1865, 21-40.
- *De natura boni,* ed. J. Zycha (= CSEL, 25.2), Wien 1891/92, 855-889.
- *De trinitate libri quindecim,* ed. W.J. Mountain/F. Glorie (= CCL, 50/50 A), Turnhout 1968.
- *De fide spe et caritate liber unus* (= *Enchiridion*), ed. J. Zycha (= CSEL, 46), Wien 1900, 49-114.
- *In Iohannis evangelium tractatus CXXIV,* ed. D.R. Willems (= CCL, 36), Turnhout 1954.
- *Sermo* 117, in: Migne PL 38, Paris 1841 [ND Turnhout 1978], 661-671.

Basilius von Cäsarea (um 330-379)
- *Homilia XVI super "In principio erat Verbum",* in: J.-P. Migne, PG 31, Paris 1857, 472-482.

Beda Venerabilis (672/3-735)
- *In S. Ioannis evangelii expositio,* in: J.-P. Migne, PL 92, Paris 1850 [ND Turnhout 1969], 633-938.

Boethius, Anicius Manlius Severinus (um 480/5-524/6)
- *Liber de persona et duabus naturis contra Eutychen et Nestorium,* in: ders., *Die Theologischen Traktate,* lat.-dt., ed. M. Elsässer (= Philosophische Bibliothek, 397), Hamburg 1988, 64-115.

(Ps.-) Dionysius Areopagita (5. Jh.)
- *De divinis nominibus,* ed. B.R. Suchla, in: *Corpus Dionysiacum I* (= PTS, 33), Berlin - New York 1990, 107-230.
- *De mystica theologia,* ed. G. Heil/A.M. Ritter, in: *Corpus Dionysiacum II* (= PTS, 67), Berlin - New York [2]2012, 139-150.

Gregor der Große (um 540-604)
- *Homiliae in Ezechielem prophetam,* ed. M. Adriaen (= CCL, 142), Turnhout 1971.

Hilarius von Poitiers (um 315-367)
- *De synodis,* in: J.-P. Migne, PL 10, Paris 1845, 479-546.
- *De trinitate,* in: J.-P. Migne, PL 10, Paris 1845, 25-472; ed. P. Smulders (= CCL, 62/62A/62 B), 3 vol., Turnhout 1979-1980.

Johannes Chrysostomus (344/9-407)
- *In Ioannem homiliae,* in: J.P. Migne, PG 59, Paris 1862, 23-482.

Johannes Damascenus (um 650-754)
- *Expositio accurata Fidei Orthodoxae/Versiones Burgundionis et Cerbani*, ed. E.M. Buytaert (= Publications of the Franciscan Institute, Text Series, 8), St. Bonaventure N.Y. - Louvain - Paderborn 1955.

Johannes Scotus Eriugena (um 815-um 877)
- *Homilia in Prologum S. Evangelii secundum Ioannem/Homélie sur le Prologue de Jean*, ed. É. Jeauneau (= SC, 151), Paris 1969.
- *Commentarium super Evangelium s. Ioannis/ Commentaire sur l'évangile de Jean*, ed. É. Jeauneau (= SC, 180), Paris 1972.

Nemesius von Emesa (4./5. Jh.)
- *De natura hominis. Trad. de Burgundio de Pise*, ed. G. Verbeke/ J. R. Moncho (= CLCAG, Suppl. 1), Leiden 1975.

Origenes (185-um 254)
- *In Ioannem/ Commentaire sur Saint Jean*, ed. C. Blanc, vol. I-V (= SC, 120/157/222/290/385), Paris 1966-1992.

Verwendete Abkürzungen

AL	= Aristoteles Latinus, Paris - Brügge 1939ff.
CCL	= Corpus Christianorum, Series Latina, Turnhout 1953ff.
CLCAG	= Corpus Latinum Commentariorum in Aristotelem Graecorum, Leuven - Paris 1957ff.
CSEL	= Corpus Scriptorum Ecclesiasticorum Latinorum, Wien 1866ff.
FC	= Fontes Christiani, Freiburg/Br. 1990ff.
PG	= Patrologia Graeca, Paris 1857ff.
PL	= Patrologia Latina, Paris 1844ff.
PTS	= Patrstische Texte und Studien, Berlin 1963ff.
SC	= Sources Chrétiennes, Paris 1943ff.
SCBO	= Scriptorum Classicorum Bibliotheca Oxoniensis, Oxford 1900ff.

Bibelstellenregister

Personenregister

Kursiv sind jene Stellen vermerkt, wo die betreffende Person nur in der Fußnote genannt wird.

Autorenverzeichnis

JOSEF PIEPER, geb. 1904 in Elte/Westfalen, gest. 1997 in Münster. Studium der Philosophie, Rechtswissenschaften und Soziologie in Berlin und Münster. 1928 Dr. phil. an der Universität Münster: *Die ontische Grundlegung des Sittlichen nach Thomas von Aquin* (später u.d.T.: *Die Wirklichkeit und das Gute*). 1946 Habilitation an der Universität Münster: *Wahrheit der Dinge. Eine Untersuchung zur Anthropologie des Hochmittelalters*. 1950 bis 1972 Professor für Philosophische Anthropologie an der Universität Münster. Autor von über 80 Büchern, die in 15 Sprachen übersetzt wurden und ihn unter den Philosophen des 20. Jahrhunderts zum international meistgelesenen deutschen Autor machten. Mitglied mehrerer Akademien. Zahlreiche Preise und Ehrungen, darunter der internationale Balzan-Preis für herausragende Leistungen auf dem Gebiet der Geisteswissenschaften.

HANNS-GREGOR NISSING, geb. 1969 in Dinslaken/Niederrhein. Studium der Katholischen Theologie, Philosophie, Germanistik und Pädagogik in Münster, München und Bonn. 2004 Dr. phil. an der Universität Bonn: *Sprache als Akt bei Thomas von Aquin*. Seit 2012 Referent für Glaubensbildung im Geistlichen Zentrum der Malteser, Ehreshoven. Jüngste Veröffentlichung: (ed.), *Naturrecht und Kirche im säkularen Staat*, Wiesbaden 2016.

BERTHOLD WALD, geb. 1952 in Wipperfürth. Studium der Philosophie, Germanistik, Pädagogik und Katholischen Theologie in Freiburg/Br. und Münster. 1986 Dr. phil. an der Universität Münster: *Genitrix Virtutum. Zum Wandel des aristotelischen Begriffs praktischer Vernunft. Thomas von Aquin – Johannes Duns Scotus – Wilhelm von Ockham – Martin Luther*. 2002 Habilitation an der Universität Münster: *Substantialität und Personalität. Philosophie der Person in Antike und Mittelalter*. Seit 2002 Professor für Systematische Philosophie an der Theologischen Fakultät Paderborn. Herausgeber der Werke Josef Piepers (1995-2008). Seit 2008 Leiter der Josef-Pieper-Arbeitsstelle, Paderborn. Jüngste Veröffentlichung: (ed.), *Krise und Erneuerung der Kirche. Das Zweite Vatikanische Konzil*, Paderborn 2016.

Hinweis zur Erstveröffentlichung

Die Übersetzung „Thomas von Aquin: Das Wort" erschien erstmals 1935 im Jakob-Hegner-Verlag, Leipzig, sowie in einer 2. völlig neu bearbeiteten Auflage 1955 im Kösel-Verlag, München.

Mit dem *Kommentar zum Johannes-Prolog* übersetzte Josef Pieper jenen Text, der ihm zu eigenen Schulzeiten den ersten Zugang zum Denken des Thomas von Aquin vermittelt hatte und der von grundlegender Bedeutung für sein Verständnis des thomanischen Werks werden sollte. Pieper hat mehrfach von dieser ersten wegweisenden Begegnung berichtet, u.a. in seiner Autobiographie *Noch wußte es niemand. Autobiographische Aufzeichnungen 1904-1945* (1976): „Ich selbst hatte damals, mit ein paar Freunden, eben Kierkegaard entdeckt. Was uns an diesem Autor begeisterte, hatte allerdings wenig mit seiner wirklichen Bedeutung zu tun. Wir ergötzten uns vor allem an der ironisch-aggressiven Diktion. ‚Da unsere Zeit, wie der Friseur sagt, eine bewegte Zeit ist' – und so weiter. Eines Tages also las ich jenem Lehrer eine, wie ich fand, besonders witzige Passage aus dem *Buch über Adler* vor, verdeutscht übrigens durch den von uns, aus ähnlichen Gründen, geliebten Theodor Haecker. Mein kritischer Zuhörer, selber durchaus amüsiert, strich seinen Bart: ‚Nicht übel! Aber – das ist Konditor-Gebäck; was man braucht ist Brot, am besten Schwarzbrot.' Und dann schlug er mir vor, einmal Thomas von Aquin zu lesen, den *Doctor Communis;* und zwar nannte er mir – merkwürdigerweise, wie ich heute sagen muß – den *Kommentar zum Johannes-Prolog*. Es war nicht leicht, überhaupt an eine Ausgabe zu kommen; und eine deutsche Übersetzung gab es schon gar nicht. Aber wir haben uns zu zweit wirklich an die Lektüre gesetzt. Natürlich blieb den Primanern vieles unbegriffen; und sehr weit sind wir wohl auch nicht gekommen. Aber die großartig wortknappe Luzidität dieser Texte hat mich sogleich fasziniert. Fast anderthalb Jahrzehnte danach habe ich dann, unter dem Titel *Das Wort* die Verdeutschung dieser meiner frühesten Thomas-Lektüre an den Tag gebracht." [1]

---

[1] J. Pieper, *Werke. Bd. 10*, ed. B. Wald, Hamburg 2003, 62. – Vgl. ferner „Über Lesen und Vorlesen" (1993), in: ders., *Werke. Bd. 8,2*, 687: „Die ‚Lebenswende' aber, von der ich sprach, geschah wahrhaftig in ebendiesen Tagen, jedenfalls bereitete sie sich darin vor: ohne daß ich dessen deutlich gewahr geworden war, hatte sich die Begegnung mit meinem großen Lehrmeister ereignet, dessen Schüler ich bis heute geblieben bin."

Thomas von Aquin – Einführende Schriften

Übersetzt von Josef Pieper

Herausgegeben von Hanns-Gregor Nissing und Berthold Wald

Band 1:	**Das Wort** Kommentar zum Prolog des Johannes-Evangeliums (2017)
Band 2:	**Das Herrenmahl** Der Eucharistie-Traktat der Summa theologiae (III 73-83) (2018)
Band 3:	**Das Credo** Auslegung zum Apostolischen Glaubensbekenntnis (2019)
Band 4:	**Das Vater unser** Auslegung zum Herrengebet (2020)
Band 5:	**Die Zehn Gebote** Auslegung zum Dekalog und zum Doppelgebot der Liebe (2021)

PNEUMA VERLAG